KB116120

신성한 모독자

신성한 모독자

시대가 거부한 지성사의 지명수배자 13

유대칠 지음

추수밭

한 그루의 나무가 모여 푸른 숲을 이루듯이
청림의 책들은 삶을 풍요롭게 합니다.

| 들어가며 |

중세 천 년의 역사를 뒤흔든 '신성한 모독자'들의 연대기

국어사전에서 '이단'이란 자기가 믿는 이외의 도道 혹은 전통이나 권위에 반항하는 주장이나 이론을 말한다.

조선 후기 영남의 유학자 유건휴柳健休는 《이학집변異學集辨》(전 3권)이란 책을 펴냈다. 양명학을 비롯하여 불교, 도교 그리고 그리스도교를 포함하는 서학西學까지 당시 영남 유학자 유건휴의 마음에 불편했던 모든 학문에 대해 그는 '이학異學', 즉 이단의 학문이라 규정했다. 이 이단이란 말은 그저 '다른 길'을 의미하지 않는다. 어느 정도 도덕적인 판단도 포함되어 있다. '잘못된 길'이란 말이다. 유건휴는 후손들이 잘못된 길로 들어설까봐 세 권의 책을 쓰면서까지 이학에 대한 경계심을 가지게 했다. 노자老子, 열자列子, 장자莊子,

양주楊朱, 묵자墨子, 관자管子, 순자荀子, 양웅揚雄, 공총자孔叢子, 문중자文中子, 육구연陸九淵, 왕수인王守仁, 소식蘇軾, 도가道家, 기송학記誦學, 문장학文章學 등 당시 성리학의 외부에 있던 모든 학문에 대해 유건휴는 '이단'이라는 규정을 내렸다.

이러한 유건휴의 판단은 그 자신만의 것이 아니었다. 그 시대 성리학의 길을 걷던 많은 조선 후기 선비들의 마음이었다. 그들에게 정통은 공자孔子와 맹자孟子에서 시작하여 주희朱熹 혹은 주자朱子를 거쳐 이황李滉이나 이이李珥에 이르는 학문의 길을 의미했다. 이것이 정통이었다. 주희는 도 전승자의 계보를 '도통道統'이라 했다. 영구불변의 진리인 도가 역대의 성인聖人을 통해 계승된다는 생각은 《상서尙書》의 〈홍범편洪範篇〉과 《논어論語》의 〈요왈편堯曰篇〉 그리고 《중용中庸》에 이미 등장하는 말이다. 이를 주희는 상고上古의 신성神聖-요堯-순舜-우禹-탕湯-문왕文王과 무왕武王-공자-안연顔淵 그리고 증자曾子-자사子思-맹자-정호程顥와 정이程頤 형제 등에 이르는 계보를 통해 설명했다. 그리고 이러한 유학의 도통, 정통의 길 끝에는 자신이 내걸고 있는 정주학程朱學이 있음을 주장했다. 그리고 주희가 정한 길을 걸어간 수많은 후대 학자들, 즉 성리학의 길을 따라간 학자들은 도통이라는 이 하나뿐인 길의 외부를 모두 '이학'으로 규정했다.

그들에게 '우리와 다르다'는 말은 그저 '다르다'는 뜻이 아니었다. 영구불변의 진리를 거슬러 그 진리의 외부에 선 반역자 또는 역사의 방해물을 의미했다. 조선 성리학의 기초를 다진 율곡 이이는 그 대단한 학문적 깊이에도 불구하고 한때 잠시 스님으로 있었다는 사실 하나만으로 큰 곤욕을 치뤄야 했다. 정통의 입장에서는 기존의 틀에서 조금이라도 벗어난 어떤 요소가 너무나도 쉽게 눈에 띈다. 그렇기에 이단이란 더욱 그릇된 학문이며 경계해야 할 길로 여겨졌다.

조선 지식인은 오랫동안 이런 입장을 고수했다. 병자호란으로 나라가 심각한 위기에 빠졌을 때, 과거의 명분 때문에 현실의 고통을 묵살하는 조선 성리학의 오랜 관습에 대해 양명학자 최명길崔鳴吉은 현실을 모르는 소리라며 일갈했다. 그러면서 '화평론'을 제기했다. 감히 오랑캐와의 화평을 이야기하는 최명길, 그 자체로 도통의 길을 무시하고 지금의 어려운 순간만을 생각하는 잘못된 시각, 이단아로 비춰졌을지 모른다. 실제로 퇴계 이황은 양명학을 몰래 공부한 최명길을 도통의 길 밖의 위험한 이단으로 지목한 바 있다. 최명길의 주장을 받아들여 훗날 조선은 극단적인 위기에서 벗어나지만, 그는 이후 오랜 시간 비난의 대상이 된다. 도통의 길 외부로 조선을 내몬 나쁜 사람이기 때문이다. 그는 조국을 허망한 명분 놀음에서 구한 영웅이 아닌 이단아로 취급받게 된다.

이와 같이 이단 혹은 이학은 나쁜 것으로 취급받았지만 동시에 조국을 구하기도 했다. 임진왜란 때 일어난 불교의 승병도 무시할 수 없는 힘이었다. 근현대사에서 일어난 동학 운동도 마찬가지다. 그 길이 성리학의 외부임은 분명하지만 정말 우리 역사에서 나쁜 길이었을까?

이 책은 바로 그 이학과 이단의 여정을 이야기한다. 중세에서 근대 초기에 이르는 천 년 동안 지중해 연안에서 있어왔던 '신성모독자'들의 역사다. 조선의 이학과 마찬가지로 그곳에서도 이단이란 그저 다르다는 말이 아니었다. 도덕적 판단과 정죄로 낙인찍는 것이었다. 코페르니쿠스Nicolaus Copernicus와 갈릴레오Galileo Galilei의 지동설은 지금은 너무나 당연한 상식이지만 그때는 이단이었다. 도덕적으로도 비난의 대상이 되었다. 가톨릭교회는 노학자 갈릴레오의 입을 강제로 막았다. 개신교의 문을 연 루터Martin Luther와 칼뱅Jean Calvin도 《성서》를 무시한다는 이유로 코페르니쿠스를 사악한 이단아 혹은 이학자로 취급했다. 그러나 이단의 길은 어느 순간 상식이 되었다. 그리고 때론 자랑스러운 철학 전통의 한 부분이 되었다. 비록 그 이단아는 '신성모독자'라는 누명을 쓰고 죽었지만 말이다.

이단아의 삶과 그 외침은 외롭다. 경우에 따라서는 힘들고 고통스러운 여정을 아주 오랜 시간 견뎌야 한다. 자신의 다름이 올바른 진리를 향한 길이란 그 신념으로 이겨내야 한다. 자신이 외치는 소리가 바른 소리로 존재하는 시간을 향하여 살아내야 한다. 그 시간이 비록 더 이상 자신이 존재하지 않는 시간, 이미 죽어 사라진 시간이라 해도 말이다. 갈릴레오도, 코페르니쿠스도, 화형으로 온몸이 불에 타면서도 정통의 이름으로 웃고 있는 이들에게 일갈한 브루노Giordano Bruno도 살아 있는 동안에는 결코 진리를 맞이할 수 없는 시간을 보냈다. 그러나 이단의 숙명이란 그런 것이다. 이제 더 이상 옛 것으로 살기 힘든 순간, 또 다른 시대를 향하여 나아가기 위해 오랜 허물을 벗어야 할 때, 누군가 고통스럽게 스스로 그 허물이 되어 버림받아야 했다. 극한의 자기희생으로 새로운 시대를 준비한 사람, 그들이야말로 철학의 순교자이자 '신성한' 모독자였다.

정통의 길, 도통의 길을 배우고 익히기에도 부족한 요즘, 왜 굳이 이단의 길을 알아야 할까? 왜 그 길의 소중함을 알아야 할까? 오랜 시간 이단이란 정통의 입장에선 야만이었고 이성의 측면에선 비이성이었다. 그러나 바로 이 사실을 알아야 한다. 이단은 정통적인 역사의 흐름 외부에 있지 않으며, 역사의 방해물도 아니다. 오히려 정통의 역사를 구성하는 살아 있는 힘으로 존재해왔다. 이단은 정통을 존재하게 하는 모태이고 그 자신이 정통의 출발점이었다.

토마스 아퀴나스Thomas Aquinas는 1277년 3월 7일 이루어진 파리에서의 금지령과 같은 해 3월 18일에 있었던 옥스퍼드에서의 금지령으로 인해 사실상 이단 판정을 받는다. 1286년 4월 30일에도 그는 다시 옥스퍼드에서 사상 일부가 이단성을 가진 것으로 판명되어 금지 대상이 된다. 1274년에 토마스 아퀴나스가 죽었으니 사후 얼마 지나지 않아 이단아가 된 것이다. 천상에서 이 사실을 내려다본 그의 기분은 어땠을까?

그러다가 사후 49년이 되던 1323년 7월 18일 그는 다시 가톨릭교회의 성인으로 시성되었다. 동시에 그를 향한 이단아라는 시선도 철회되었다. 그 후 그의 신학은 오랜 시간 가톨릭교회의 기둥과 같은 역할을 했다. 많은 철학자들은 아리스토텔레스와 토마스 아퀴나스의 계보를 철학의 도통으로 보고, 자신도 그 길에 함께 서는 것을 자랑스럽게 여긴다. 재미난 일이다. 아리스토텔레스Aristotle의 철학 역시 오랫동안 이교도의 철학이라 여겨졌고 힘든 시간을 보냈다. 토마스 아퀴나스의 사상 가운데 일부 역시 한동안 이단으로 취급됐다. 그런데 어느 순간 그런 이단을 서구 사상의 도통으로 여기는 이들이 생겼고, 그것이 아리스토텔레스-토마스 아퀴나스 계통으로 정립되어 오랜 기간 유지되었다는 사실이 재미있다.

사실 예수도 붓다도 모두 그 시대 많은 이들에겐 이단이었다.

에리우게나Johannes Scottus Eriugena는 인간의 이성을 긍정하였기에 살아서 두 번 이단으로 낙인찍히고 죽어서도 13세기 초반 다시 이단으로 비판받는다. 그러나 우린 그의 시대를 그의 이름으로 기억한다.

이슬람의 철학자 이븐 시나Ibn Sina와 이븐 루시드Ibn Rushd도 서유럽 철학과 유대교 철학에 큰 영향을 줄 정도로 각자의 자리에서 최고의 모습을 보여주었지만 이단 선고를 피할 수 없었다.

로저 베이컨Roger Bacon은 경험을 중시하고 관찰과 실험에 근거하여 빛과 무지개의 원리를 밝혀냈다가 '신의 신비'에 대한 인간 이성의 침범이라며 이단 선고를 받았다.

근대 정치철학의 문을 열었다는 오컴William of Ockham과 마르실리오Marsilius Ficinus 그리고 단테Dante Alighieri는 모두 이단아였다. 오컴의 책은 불살라졌고, 사후에도 그의 책은 금서로 지정되어 탄압을 받았다. 지금 생각하면 너무나 당연한 국민주권과 정교분리의 사상을 담았다는 이유로 말이다.

존재하는 모든 것에서 신을 마주한 에크하르트Meister Eckhart역시 이단으로 금지의 대상이었다. 지금 너무나 많은 독자를 가진 중세 사상가가 그의 시대에선 이단아였다.

의학에선 파라켈수스Paracelsus도 마찬가지였다. 그는 의학적 성과에도 불구하고 이단아로 규정되어 힘겨운 삶을 살았다.

세르베투스Michael Servetus는 종교개혁에 앞장섰던 칼뱅의 삼위일체 신학에 문제를 제기했다가 이단으로 규정되어 화형에 처해졌다.

지금은 국제법의 아버지로 여겨지고 있으며 근대 초기 가톨릭 교회의 학자와 개신교회의 학자 모두에게서 존경을 받은 프란시스코 수아레스Francisco Suárez도 이단의 시간을 피할 수 없었다.

너무나 유명한 데카르트René Descartes도 개신교 신학자 보에티우스Gisbertus Voetius에겐 이단아였다. 그는 이성의 자발성과 주체성을 강조함으로써 오랫동안 수호되었던 진리의 길 외부로 사람들을 유혹하는 위험한 인물이었다.

스피노자Benedictus de Spinoza는 유대교와 그리스도교 모두에게서 추방되는 위험한 선택을 감행하면서도 평범하게 존재하는 모든 것에서 신을 발견하는 혁신적인 사상을 펼쳐내어 오늘날까지 읽히는 철학자가 되었다.

이들 모두가 이단아들이다. 이들의 힘들고 고통스러운 외침, 그 이단의 외침 없이 정통의 역사는 존립하기 어렵다. 이븐 시나, 이븐 루시드, 토마스 아퀴나스, 오컴, 에크하르트 없는 철학사가 온전한 중세철학사라고 할 수 있을까? 아니다. 이단 없이 정통의 길은 없다. 사상사란 과거를 고집하는 이와 그 과거를 향하여 도전하는 이들 사이의 치열한 다툼의 역사다. 그 새로운 도전을 두고 많은 사람들은 이단이라 했다. 이단이라는 딱지는 그들에 대한 잔인한 시선을 도덕적으로 정당화시켜주기도 했다. 도덕적인 폭력이 이단아를 향해 가해졌다. 그럼에도 이단아들은 현실의 굴레에 종속되지 않고 스스로를 미래적인 존재로 투사하여 치열하게 생존했다. 그들의 삶은 존재 자체로 곧 투쟁이었다. 슬픔, 고립, 소외, 궁핍 때로는 죽음을 마주하며 말이다.

이단의 길을 걷는 이들은 정통의 길을 걷는 이들의 도덕적 폭력 앞에서 두려움을 느끼며 산다. 두려움은 그들에게 피할 수 없는 하나의 숙명이다. 그들이라고 과연 두려움이 없었겠는가. 두렵지만 반드시 가야 하는 길이기에 뚜벅뚜벅 걷는 것이 또 이단의 운명이다. 그 이단이 어느 순간 정통으로 인정받아 영웅담으로 사용되는 시간이 온다 해도, 이단아는 그 시간을 온전히 누리지 못한다는 것도 이미 역사가 보여주고 있다. 그들은 글로만 끄적거리는 것이 아니라, 실제로 목숨을 걸어야 한다. 자신이 없을 시간을 위해 온몸을 바쳐야 하는 것이다.

여기, 한 사람이 있다. 그는 관행으로 오랫동안 이어져온 회사의 어떤 전통이 어느 순간 악습으로 다가왔다. 모두가 이미 충분히 악습이라 느끼고 있었지만 누구도 소리치지 않았다. 이것이 비합리적이고 비효율적인 악습이라고 말이다. 그는 가만히 있을 수 없었다. 그것이 나쁜 길이라 소리쳤다. 그러나 그에게 돌아온 것은 주변 사람들의 질책이었다. 그동안 해오던 방식이 가장 좋은 것이니, 다른 생각은 말고 그대로 가자는 말만 되풀이했다. 원래 세상은 그렇다고 말이다.

그런데, 사실 그 말이 가장 두려운 것이다. 지극히 비합리적이고 비효율적인데 단지 '원래 그렇다'는 이유로 기존의 방식을 강요하는 것말이다. 그는 용기를 내 외쳤다. 그 오래된 길이 나쁜 길이라고. 그리고 그는 회사의 이단이 되었다. 그는 자신의 합리성이 희망이라 생각했지만, 그 합리성도 오랫동안 쌓인 폐단을 이기지 못했다. 회사는 좀처럼 변하지 않았고, 그는 회사에서 버려졌다. 그의 치열한 노력에 함께 아파하던 많은 벗들도 오랜 시간 이어져온 권력의 힘 앞에서 침묵해 버렸다.

하지만 회사 밖의 세상은 빠르게 변화했다. 그는 새로운 사업을 시작했고 결국 자신을 버린 회사보다 더 큰 회사를 만들었다. 그의 이단적인 생각은 더욱 열린 공동체를 만들었다. 그는 구성원이 각자의 자리에서 서로 다른 여러 대안을 머릿속에 그리는 새로운 조직을 구상했다. 그는 자신이 만든 회사에 따로 정통을 두지 않았다. 도덕적 판단 없이 그저 각자가 서로 다른 '이단'의 모습으로 있을 수 있게 했다. 그러자 저마다 자신의 생각을 자유롭게 이야기하며 '대화'가 이루어지기 시작했다. 그 다양한 소리의 어울림이 회사의 큰 힘이 되었다. 정통의 외부를 철저히 침묵시키는 경직된 회사와 달랐다. 그는 한 가지 사고방식에 사로잡히지 않고 대화의 과정 속에서 더욱더 치열하게 답을 찾으며 스스로를 계속 이단으로 단련했다.

지금 우리의 시대는 그와 같은 인물이 필요하다. 서로가 서로를 '이단(다른 길)'으로 대해야 할 때다. 가치도, 종교도, 성향도 다른 수많은 사람들이 각자의 길에서 저마다의 삶을 살아간다. 중심을 잃었다는 말이 나쁜 말이 아닌 그런 시대를 살고 있다. 어떤 위대한 독재자의 통치 아래 있기보다는 자신의 삶을 돌아보고 고민하며 이를 정치적으로 표현하고자 촛불을 드는 것도 마다하지 않는 시대다. 그 팔이 진보건 보수건 상관없이 말이다. 바로 이렇게 어떤 때보다 '다양성'의 가치가 요구되는 시대에 우린 더욱더 이단의 철학을 살펴볼 필요가 있다. 시대의 중심, 시대의 정통으로부터 벗어나 새로운 사상이 정착하기까지 홀로 그 혼란스럽고 잔인무도한 역경의 시기를 견뎌냈던 이단아들의 삶과 철학을 들여다봐야 할 때다.

국어사전에서 이단이란 자기가 믿는 이외의 도 혹은 전통이나 권위에 반항하는 주장이나 이론을 말한다. 그렇다. 그래서 이단의 철학이 필요하다. 자기 이외의 타인의 가치도 중요한 시대, 타인과 다른 자신으로 살아가야 하는 시대, 서로가 서로에게 이단이 되어 살아가는 시대, 때로는 서로에 대한 날이 선 비판으로 치열하게 답을 모색해야 하는 그런 시대를 살아가기 위해서 말이다. 이제 그 '이단적 학문'의 이론과 '신성한 모독자'들의 생존기를 읽을 때다.

이것이 나의 '독이학지도讀異學之道'다.

| 차례 |

첫 번째 신성한 모독자

요하네스 스코투스 에리우게나

810?-877?

천국은 모두의 것이다.

407

menclaturā sciens omitto quos ipse nosti, & [illegible]

[illegible] C. Calen. Augusti, anno à Christo seruatore nato M. D. XLIX. Basileæ.

[illegible]

Q [illegible] noratus do[illegible] Bonifaci us A[illegible]bachi⁹ [illegible]asmi Roterodami no[illegible] a nobilissimo [illegible] pictore [illegible] Holbei[illegible] [illegible] oribus a[illegible] nefœlicite[illegible] cō[illegible] mi[illegible], exc[illegible] de utcunque [illegible], in gratia[illegible] appo[illegible] libuit[illegible] non fo[illegible] adu[illegible] & inte[illegible]

gram, quatenus [illegible] Hollandiæ descriptione proposuimus, sed & [illegible]

쉽게 살려 한다. 조금 더 편하게 살고 싶어 한다. 피할 수 없는 인간의 본능이다. 조금 더 고생하고 더 많이 아파하고 더 힘들게 죽어가길 원하는 사람은 없다. 만일 매순간 고통과 아픔을 찾아다닌다면, 당장 정신과 병원을 찾아야 할지 모른다. 보통의 사람에게 그런 사람은 정말 미친 사람으로 보일 것이다.

편하게 살고 싶어 한다. 그래서 돈도 필요하다. 우리 사회의 학벌이나 권력이란 것도 어찌 보면 조금 더 편하게 살기 위해 필요한 것이다. 이런저런 수사어구를 통해 있는 그대로의 인간 욕망을 가리고자 하지만 실상은 간단하다. 그냥 편하게 살고 싶어 한다. 아리스토텔레스의 이런 명언이 있다. "인간은 원래 좋은 것을 찾는다." 맞는 말이다. 피하기 힘든 인간의 가장 자연스러운 본질이자 본성이다.

그러나 쉽게 생각하지도, 편하게 살지도 않는 사람이 있다. 자신이 생각하는 더 나은 삶이 그러한 모습이 아니기 때문이다. 스스로 더 힘든 길을 자처하는 에리우게나와 같은 사람도 있다.

철학이란 무엇인가

질문 하나 하겠다. 철학은 도대체 왜 하는가?

외국어로 된 위대한 철학자들의 경구를 읽는다고 철학을 하는 것은 아니다. 이런 것은 외국어학원에서 배우는 편이 좋을지 모른다. 사실 이 물음에 대한 답은 간단하다. 행복해지고 싶어서다. 철학은 행복해지기 위한 인간의 지적 몸부림이다. 플라톤Plato(BC 428?~BC 348?)의 철학도 아리스토텔레스Aristotle(BC 384~BC 322)의 철학도 결국은 인간이 어떻게 행복하게 살지에 대해 답한다. 어쩌면 동양의 노자老子(BC 604?~BC 531?)와 공자孔子(BC 551~BC 479)도 크게 다르지 않을 것이다. 철학적 고민의 마지막 질문은 '어떻게 행복해질 것인가'이다.

철학의 행복은 많이 먹어서 오는 것도 아니고, 많은 돈을 벌어 얻는 것도 아니다. 사실 철학의 행복은 쉽지 않다. 어렵다. 플라톤은 이상적인 국가를 현실에서 추구하는 가운데 행복할 수 있다고 했다. 그 말은 이 땅에서 이루어질 수 없는 불가능한 것을 향하여 죽을 때까지 달려가자는 말로 들린다. 그런데 그런 사람들이 철학을 한다. 철학의 행복은 당장의 목적을 쟁취함으로 얻어지는 것이 아니라, 목적 너머에 있는 더 큰 미래와 진리를 향하여 나아가는 삶의 여정에서 온다. 남들이 미친놈이라 소리쳐도 상관없다. 스스로와 진리 앞에서 당당하면 된다. 주변의 조롱과 비난에도 불구하고 자신의 지성과 합리성 그리고 치열한 궁리함을 믿고 쉼 없이 앞으로 나아갈 용기가 필요하다. 때론 홀로 가지 않고 함께 가자 소리칠 용기도 필요하다. 이 땅에서는 절대 찾아볼 수 없는 곳을 향하여 함께 가자 소리칠 용기가 필요하다.

이렇듯 철학의 행복은 참 어렵다. 결코 쉽지 않다. 그러나 그 힘겨움이 불행은 아니다. 조금의 타협보다 자기 고민의 힘겨움을 선택하고, 그 힘겨움도 행복으로 받아들이는 사람이 바로 철학자다.

요하네스 스코투스 에리우게나가 바로 그런 사람이다. 그의 삶에 대하여 우리가 아는 것은 그렇게 많지 않다. 하지만 하나는 확실하다. 그는 중세의 대표적인 이단아다. 살았을 때도 죽었을 때도 그는 무엇이 그리도 나빴는지 쉼 없이 이단으로 낙인이 찍히고 그의 책을 가지는 것도 죄로 여겨졌다. 그런 인물이기에 그 삶에 대한 자세한 기록이 남아 있지 않은 것도 어찌 보면 당연하다.

그가 어떤 사람인지 간단한 예를 들어 설명하겠다. 인사이동의 시기다. 승진을 기다리는 나름 탁월한 능력을 가진 사람이 있다. 그때 그의 인사권에 영향을 줄 수 있는 사람이 찾아와 어떤 일을 부탁했다. 그는 그 일을 검토하였다. 그런데 그 일은 자신의 이성으로는 도저히 들어줄 수 없는 것이었다. 부당했다. 일을 부탁한 이유는 이해하지만 그 방식이 너무나 비합리적이었다. 그는 두 가지 길 사이에서 고민에 빠졌다. 상급자의 말을 들어주고 쉽게 승진을 하거나, 거부하고 자신의 길을 가는 것이다. 상급자의 말을 거부하면 승진을 포기해야 할지도 모른다. 대체로 이런 부탁은 이미 정해진 답을 기대하는 경우가 많다. 이때 에리우게나는 정해진 답을 벗어나 '당신의 생각은 틀렸다'고 이야기할 줄 아는 사람이다. 그리고 돌아오는 힘겨운 시간을 담담하게 받아들이는 사람이다. 이제 그가 어떤 사람인지 대충 그려볼 수 있을 것이다.

원래 세상이 그렇다고?

모두가 당연하다고 생각할 때 철학자는 그 '당연'을 의심한다. 오랜 시간 노예제는 당연한 제도였다. 누구도 그 당연을 의심하지 않았다. 노예는 당연히 말을 잘 듣는 존재라고 생각하는 무서운 시대가 있었다. 사람을 매매하고 다른 사람의 주인으로 군림하며 소유권을 주장하던 그런 무서운 시대가 있었다. 그런데 그 '무서움'이 당시에는 '당연한' 것으로 받아들여졌다.

철학자는 그 당연에 대해 고민한다. 물론 그 고민으로 얻은 답이 세상을 단숨에 변화시키지는 못한다. 세상은 생각보다 천천히 변화한다. 역사란 순식간에 변화하지 않는다. 하지만 당연에 대한 의심과 생각은 그 변화를 위한 분기점이 될 수 있다. 그리고 많은 이들에게 그 변화를 위해 용기를 내라는 응원이 될 수 있다. 그렇게 사상사와 정치사는 서로가 벗이 되어 같은 길로 나아간다.

13세기 영국의 〈대헌장Magna Carta〉이 곧바로 지금의 의회민주주의로 직결된 것이 아니었다. 그 이후 오랜 투쟁의 역사를 거치고 나서야 비로소 인류는 지금의 의회민주주의를 얻을 수 있었다. 프랑스 혁명 역시 일시에 모든 것을 바꾸진 못했다. 한국도 마찬가지다. 동학 농민 운동과 같은 주체적 혁명의 움직임이 여럿 있었지만 모든 것을 바꾸지 못했다. 오히려 오랜 시간 누적된 사회적 편견에 부딪히고 한계에 봉착했다. 그러나 변화의 물꼬는 서서히 사회 전체로 확대되었다.

이것이 문제다. 변화는 아주 조금씩 일어나지만 이를 체감하지 못하는 사람들은 현실에 안주하게 된다. 그냥 가만히 있으려 한다. 노력해도 원하는 만큼의 변화가 없으니 말이다. 그저 '원래 그런 세상'이라는 패배감을 당연한 것으로 받아들이고 산다. 그러나 철학자는 바로 그 순간에도 사람들을 설득한다. 가만히 앉아 바뀌는 것은 없다며 쉬지 않고 설득한다.

모두가 숨죽여 안주하려는 사회에서 소수의 '변화'를 향한 몸짓은 권력자들에게 '도전'이자 '반란'이다. 비록 소수라 할지라도 다른 생각의 전파는 다른 사회를 향한 열망으로 이어질 수 있다. 따라서 권력자들은 다른 생각을 지닌 이들을 사회를 파괴하는 사악한 무리라 규정하고 획일화를 강요한다. 다른 생각에 대한 폭력을 정당화하고 심지어 도덕적인 행위로 만든다.

'이단아'는 기존의 당연한 삶을 살아가는 이들에겐 '반역자'이다. 하지만 이단아의 또 다른 모습이 있다. 바로 '성공한 이단아'다. 그들은 다가올 미래를 준비한 '선구자'로 기억된다. 이성으로 치열하게 고민하며 기존 질서가 가진 여러 문제와 비합리성을 고발한 선구자로 기억된다는 말이다. 오랫동안 쌓인 폐단을 청산하려는 혁명이 이단아에 의해 시작된다. 이렇게 이단아는 반역자와 선구자 사이를 오가는 사람이다.

그런데 이단아는 그저 생각으로만 이단인 사람이 아니다. 삶으로는 침묵하며 그저 생각만으로 이단을 구상하는 이들이 아니다. 그런 이들은 반역자도 선구자도 될 수 없다. 그들이 반역자나 선구자가 될 수 있는 것은 그들의 '삶' 때문이다. 반역자의 반역도, 선구자의 혁명도 아닌 침묵의 길은 절대 이단아의 길이 아니다. 실천해야 한다. 이단아는 삶으로 소리친다. 그 외침이 실패이건 성공이건 그것은 중요하지 않다. 오랜 시간 당연하다 여겨지며 고착화된 그 고집과 권위에 대한 도전이라면, 적어도 상대방에게 작은 상처라도 남기게 된다. 그 상처의 대가가 '쉽지 않은 삶'이다.

탁월한 선생 에리우게나

요하네스 스코투스 에리우게나는 이단아였다. 이단아의 삶은 대체로 온전히 기록되어 전해지지 않는다. 권위에 도전한 반역자의 삶을 자세히 기억할 필요는 없었기 때문이다. 그가 사제인지 수도자인지 아니면 평신도인지도 정확하게 알지 못한다. 그 정도로 우린 그에 대해서 아는 것이 없다. 사실 오랜 시간 많은 철학사가들은 영웅을 통해 과거의 시대를 이해하고자 했다. 이단아인 에리우게나를 통해 그 시대를 알아보려는 철학사가는 거의 없었다.

하지만 아무리 그에 대한 기억을 흐리게 해도 그가 남긴 확고한 흔적을 지울 수는 없었다. 그는 그 시대의 위대한 스승 중 한 명이었다. 그는 고대 그리스어에 능통했다. 그가 번역한 위-디오니시오스Pseudo-Dionysius(5~6세기?)•의 글들은 이후 중세 신학과 철학의 큰 기둥이 되었다. 그의 번역을 읽고 공부하면서 많은 철학자와 신학자들이 새로운 철학의 틀을 만들어갔다. 그는 자신의 철학을 구축하기에 앞서 이렇게 번역을 통하여 과거의 고민과 미래의 고민을 연결하기도 했다. 그리고 에리우게나의 번역 가교는 매우 뛰어나 많은 이들이 애호하였다.

그는 번역가에 그치지 않는 탁월한 주해가이기도 했다. 조선의 선비들도 그렇지만 서구의 철학사에서 주해는 철학의 주요한 방법이었다. 그들은 과거의 고민이 담긴 고전을 자신의 현실 공간에서 새로운 해석으로 풀이하며 철학을 만들어갔다. 이황李滉(1502~1571)

• 오랫동안 아테네의 아레오파구스 사람인 디오니시오스로 알려져 왔다. 하지만 그는 실상 아레오파구스 사람이 아닌 것으로 확인되어 그 이후는 대체로 위-디오니시오스라고 한다. 그의 사상은 이후 그리스도교 신학과 철학에 큰 영향을 준다.

위-디오니시오스를 그린 성화. 그는 5세기 말부터 6세기 초까지
기독교 신학자이자 철학자로서 활동하며 명성을 떨쳤고,
에리우게나에 의해 더욱 그 이름이 알려지게 되었다.

과 이이李珥(1536~1584)가 주해한 주희朱熹(1130~1200)가 후기 조선 성리학계에 큰 영향을 주었듯이 에리우게나의 위-디오니시오스도 서유럽의 많은 학자들에게 영향을 끼쳤다.

우리는 에리우게나가 어느 지역 출신인가를 그의 이름으로 추측해볼 수 있다. 그의 이름은 '요하네스'다. 영어로는 '존John'으로 유명한 이름이다. 사실 '에리우게나'는 그의 별명이다. 'Ériu'는 '아일랜드'를 뜻하며, 라틴어에서 나온 단어인 'gena'는 '출신'을 뜻한다. 그러니 결국 '에리우게나'는 '아일랜드 출신' 혹은 '아일랜드 사람'이란 뜻이다. 그의 또 다른 명칭인 '스코투스' 역시 '아일랜드 사람' 혹은 '게일 사람Gaelic'을 뜻한다. 결국 '요하네스 스코투스 에리우게나'는 '아일랜드 출신의 게일 사람 요한' 정도다. 어느 문헌에서는 간단히 '스코티게나Scottigena', 즉 '아일랜드 출신'이라는 말을 사용하기도 했다.

에리우게나의 약력에 대해 알려진 사항은 여기까지다. 그러나 그가 남긴 철학적 결과물을 통해 우리는 그의 실존적 활동을 짐작할 수 있다. 그는 매우 열정적으로 연구하는 학자였음이 분명하다. 845년 무렵 고향을 떠나 프랑스에 도착하여 당시 최고의 학교인 카롤링거 왕가의 궁중 학교에서 선생으로 활동하기 시작했다. 이 학교의 선생은 아무나 할 수 있는 것이 아니었다. 그 유명한 카롤루스 대제Carolus Magnus(742~814)가 세운 이 학교는 카롤링거 르네상스의 문을 연 영국인 학자 요크의 알퀴누스Flaccus Albinus Alcuinus(735~804)가 초석을 다진 그러한 곳이었다. 단순 학교를 넘어 최고의 학자들이 모여 있는 왕립 학술원과 같은 곳이었다. 에리우게나는 이곳에 부임한 새로운 선생 한 명 그 이상의 존재였다. 당시 유럽 사상계를 지배하던 '카롤링거 르네상스'를 절정에 이르게 한 인물이었기 때문이다. 바다 건너 아일랜드 출신의 사람이 최고의 명문 학교이자 학술원의 선생 내지는 학자의 자리까지 올라갔던 것이다. 치열한 지적 노력만으로 말이다.

하지만 이러한 그의 삶에 변화가 일어난다. 프랑스로 가 활동한 지 6년이 지난 851년의 일이었다. 당시 유럽엔 골치 아픈 문제가 있었다. 이단아 고트샬크Godescalcus Fulgentinus(803?~869?)로 인한 문제였다. 그 역시 합리적인 이단이었다. 그 합리적인 이단을 침묵하게 하기 위해선 마찬가지로 정통 신앙의 입장에서도 매우 합리적인 학자가 필요했다. 그저 《성서》를 들고 찾아가 사탄이라 소리친다고 해결될 문제가 아니었다.

랭스의 주교 잉크마르Hincmar(806~882)와 리옹의 주교 파르둘루스Pardulus Laudunensis는 이 일을 해줄 뛰어난 합리성을 가진 인물이 누구인지 알았다. 바로 에리우게나였다. 그에게 이 골칫거리를 해결해 달라 부탁했다. 그들의 부탁은 이미 어떤 답을 요구하고 있었다. 고트샬크는 나쁜 이단아이고, 정통 신앙은 바른 것이란 논리를 만들어내면 그만이었다. 그러면 에리우게나는 교회의 골칫거리를 해결한 사람으로 더욱 높은 자리를 욕심내볼 만했다. 교회 권력자의 유명한 도구가 될 수 있음을 보여준다면, 분명 다른 일이 생겨도 그를 찾을 것이고, 그렇게 많은 기회가 올 때마다 그는 한 단계씩 더 지위를 높일 수 있었다.

하지만 그는 851년의 기회를 그냥 포기해버린다. 그는 고트샬크를 치열하게 분석하고 그의 주장이 그릇되었음을 밝혔다는 점에서는 교회 권력자와 같은 입장이었다. 그러나 그 문제를 해결하는 과정에서 에리우게나는 고트샬크와 또 다른 이단이 되어버렸다. 그에게 기회를 준 교회 권력자들은 더욱 분노하였다. 855년과 859년 그는 두 번에 걸쳐 이단으로 지명되었다.

고트샬크의 전지전능한 신

고트샬크는 '이중예정설double predestination'을 주장했다. 그의 주장에 따르면 인간의 모든 행위는 이미 예정되어 있다. 지옥에 갈지 천국에 갈지 이미 모든 것이 결정되어 있다. 자유란 없다. 우리는 자장면을 먹을지 아니면 짬뽕을 먹을지 이도 아니면 볶음밥을 먹을지 고민하고 있지만, 실상 이러한 자유로운 고민은 다 허상이다. 착각이다. 인간에겐 자유가 없다.

이러한 고트샬크의 주장은 나름 합리적인 구조를 가지고 있었다. 신은 전지전능하다. 신은 모르는 것이 없다. 신이 모르는 것이 있다면 적어도 그 부분에서 신은 무식한 존재가 된다. 무식한 신이란 신의 본질에 맞지 않다. 그렇다면 신은 인간의 미래도 알아야 한다. 인간의 미래 앞에서 신은 무식해서는 안 된다. 신이 인간의 미래에 대해서도 지식을 가지고 있다면, 그리고 그것이 필연적 진리라면, 인간의 미래는 이미 결정됐다고 보아야 한다. 아무리 우리가 이런저런 고민을 하며 선택을 해도 다 무용지물이다. 결국 모든 것이 결정되어 있다. 자유란 존재하지 않는다.

에리우게나는 이러한 고트샬크의 합리성을 두고 고민한다. 에리우게나는《성서》에서 시작하지 않는다. 철저하게 합리성에 근거하여 논박한다. 상대방을 설득시키려 한다.

우선 자유가 없다는 것은 선한 신에게 어울리지 않는다. 구원의 대상을 미리 정해 놓았다는 것, 천국에 갈 사람과 지옥에 갈 사람을 미리 정해 두었다는 것은 선한 신에게 어울리지 않는다. 아무리 열심히 선하게 살아도 지옥에 갈 사람은 지옥에 간다. 그리고 악하게 살고 싶지 않은 사람도 이미 정해진 운명에 따라 악하게 살다 지옥에 간다. 이 모든 것이 선한 신에게는 어울리지 않는다. 불행할 수밖에 없는 운명의 존재를 만들어 그것을 관전하는 신은 결코 선한 신의 본성에 어울리지 않는다. 이것은 그리스도교의 교리와도 어울리지 않는다. 자기 행위의 결과와 무관한 처벌과 자유 없는 인간을 선한 신이 창조했을 리 없다.

예수의 십자가 고난은 모든 죄인을 위한 것이라고 하지만, 이것 역시 구원이 이미 정해진 자들만을 위한 고난이며, 실상 지옥행이 결정된 사람들은 그 사랑에서 아예 배제된다는 것도 문제다. 예수의 사랑은 보편성을 상실하며 천국행이 결정된 자들만을 위한 사랑으로 한정된다. 다른 외부는 예수 혹은 신으로부터 철저하게 배제된 존재가 된다.

결국 고트샬크는 전지전능한 신을 설명하면서 선한 신을 잊고 있었던 셈이다. 그러나 신의 선함을 설명하기란 힘들다. 인간의 자유의지와 예수의 십자가 고난을 전지전능한 신과 조화롭게 설명하기는 쉽지 않다. 고트샬크는 자신만의 방식으로 이 문제를 해결하려 노력했다. 전지전능함 속에서 모든 것을 보았다. 하지만 인간의 자유의지와 신의 사랑에 대한 이해는 정통 그리스도교의 가르침에서 너무나 멀리 떨어져나가게 되었다.

에리우게나의 사랑이 넘치는 신

에리우게나는 신이 정말 전능한 존재라면 답답한 논리정식 속에서 작동하는 존재는 아닐 것이라 말한다. 또 스스로 미래를 바꿀 수도 있는 존재라야 한다. 닫힌 논리 속에서 작동하는 신, 필연적인 신에게는 사랑이 없다. 에리우게나는 사랑 없는 신은 생각하기 힘들다 한다. 그에게 신의 전능함은 곧 사랑의 가득함이다.

에리우게나의 신은 선하고 사랑으로 가득하다. 그냥 선한 정도가 아니다. 절대적으로 선하다. 그런 신은 모든 인간이 구원받길 원한다. 이것은 너무나 자연스러운 것이다. 지옥으로 떨어질 운명을 만들어 놓고 그저 바라보기만 하는 기계와 같은 신이 아니다. 누구를 저주하고 누구를 사랑하는 그런 신이 아니다. 존재하는 모든 것을 사랑하는 신이다.

그러나 모두가 천국에 가고 구원받게 된다는 것은 정통 그리스도교의 교리엔 어울리지 않는다. 이단이다. 교회를 열심히 나오고 신앙생활을 열심히 해야 한다. 그것이 구원의 유일한 길이다. 신이 모두를 사랑하며 모두의 구원을 원한다는 것은 기존 교회의 길과는 너무나 다른 잘못된 생각이다.

에리우게나는 인간의 자유의지도 믿었다. 인간은 자유의지를 가지고 자기 삶을 스스로 일구어가는 존재다. 자유라는 착각 속에 살아가다 정해진 운명에 따라 죽어버리는 그러한 존재가 아니다.

지옥에 대한 생각도 에리우게나는 달랐다. 그는 공간적으로 존재하는 지옥은 인정하지 않았다. 그는 자기 죄에 대한 참회 그 자체가 지옥이라 보았다. 그는 우리의 상상이 만들어내는 '지옥도'와 같은 지옥을 인정하지 않았다. 신이 어떤 특수한 방식의 장소를 만들어 죄인을 모아 고통을 주고 벌을 내린다는 식의 생각을 그는 인정하지 않았다.

에리우게나에게 신은 그렇게 악한 존재가 아니다. 에리우게나는 모든 존재가 신을 반영한다고 믿었다. 아무리 사소한 것도 신에게 참여함으로 존재하게 된다 믿었다. 모든 존재의 뿌리는 신이다. 신의 존재 가운데 모든 존재는 형제요 가족이다. 존재가 어떤 특성을 가졌다고 해서 함부로 무시당해서는 안 된다. 그 존재는 신의 존재 가운데 한 몫을 하는 신성한 존재다. 비록 경우에 따라 더 선하고 덜 선할 수 있지만, 근본적으로 악한 것은 없다.

신에게 있는 신성을 통해 모든 존재들은 보편적 화해를 하며 신 가운데 이를 수 있으며 이것이 그들에겐 구원이다. 이러한 보편적 화해 속에서 모든 존재는 행복을 누릴 수 있게 된다. 모두가 행복해지고 모두가 구원받게 된단 말이다. 이것이 에리우게나의 신이 원하는 인류의 미래다. 이것이야말로 선한 사랑 가득한 신에게 적절한 우주론적 기획라 에리우게나는 믿었다. 그러나 모두가 천국에 간다는 것, 이것 때문에 그는 고트샬크와 마찬가지로 이단으로 판정된다.

지옥행을 예정한 신이란 처음부터 선하고 사랑 가득한 신에게 어울리지 않는다. 그런 잔혹한 계획을 세울 신이 아니다. 에리우게나에게 전지전능한 신은 '사랑의 전능'이다. 에리우게나와 고트샬크는 이단 대 이단으로 마주하게 되었다. 당시 그리스도교회의 입장에서는 방식만 조금 다를 뿐 둘 다 하나같이 사악한 이단이었다. 하지만 에리우게나와 고트샬크로서는 합리 대 합리의 대결이었다. 도덕적으로 단죄한다고 해결될 것이 아니고, 주장과 반박의 과정을 통해 논리를 세우고 답을 찾아가야 하는 과제였다.

결국 에리우게나는 이단을 처리해 달라는 교회의 부탁에 또 다른 이단이 되어 돌아왔다. 855년과 859년 그의 철학은 공식적으로 금지되었다. 죽은 지 오랜 시간이 지난 1225년 교회는 그를 공식적인 이단으로 다시 확인했다. 사랑 가득한 신은 모두가 구원받길 원하며, 모든 존재하는 것은 신성하며, 종국엔 모두가 사랑하며 모두가 행복하게 될 것이라는 그의 생각이 그렇게 위험했나 보다.

참된 종교는 참된 철학에서 나온다

철학은 행복하기 위한 것이라 했다. 그러면 에리우게나의 철학도 결국은 행복하기 위함이다. 이단의 낙인이 찍혀도 그는 고개 숙이지 않고 자신의 길을 갔다. 인간은 이성적 동물이다. 그 말은 이성적인 행복을 누릴 수 있는 존재라는 뜻도 된다. 이성적으로 이해할 수 있을 때 인간은 확신에 찬 삶을 살 수 있다. 그리스도교가 이성적 동물인 인간의 종교라면, 그리스도교의 신앙도 이성적이어야 한다. 이성적이지 않은 것을 인간은 이해할 수 없다. 이해할 수 없는 것은 인간 삶에 녹아들 수 없다. 에리우게나는 '참다운 철학'과 '참다운 종교'는 하나라고 한다.

이 세상의 모든 진리가 하나의 근원 혹은 신으로부터 나온 것이라면, 이성과 신앙도 결국 그 근원은 하나여야 한다. 하나의 근원으로부터 나온 것이기에 이성의 치열한 고민으로 도달하는 곳과 신앙의 간절함으로 도달하는 곳은 서로 다를 수 없다. 신학과 철학의 관계도 마찬가지다. 신앙과 신학의 우위에서 이성과 철학을 흡수한다는 의미가 아니다. 오히려 경계의 무너짐 속에서 어우러지는 '하나됨'으로 나아가야 한다.

《신적 예정론De Divina Praedestinatione》 속에 나타나는 에리우게나의 논리는 매우 합리적이다. 그러나 이러한 합리성이 신앙과 반대되지 않는다. 그는 이성적 동물인 인간이 자기 본질에 충실하기 위하여 더욱더 이성적으로 고민해야 한다고 말한다. '자기 이성의 자발성'을 믿으며 말이다. 교회 권력으로부터 계시를 받았다고 소리치는 이 앞에서 고개 숙이는 신앙이 아니라 이성적 동물로서 자신의 진짜 신앙을 찾아 치열하게 고민해보라 말한다. 행복 혹은 구원은 그저 가만히 수동적으로 받아들인다고 누릴 수 있는 것이 아니니 말이다. 에리우게나의 말을 직접 들어보자.

> 어느 누구도 철학이 아니면 천국에 들어서지 못한다.
>
> Nemo intrat in caelum nisi per philosophiam.[1]

이성의 자발성과 치열한 고민으로 행복을 이룬다는 것은 쉬운 일이 아니다. '원래 이 세상은 그런 것'이라는 말에 분노할 수 있어야 한다. 오랜 시간 유지된 권위라도 나의 삶 속에서 나의 이성으로 따지고 들어가 봐야 한다. 누가 시키는 대로 살아간다면 당장은 편하겠지만, 나의 생각으로 숙고하거나 납득하지 못한 것이기에 참다운 행복이 아니다. 그의 또 다른 글을 읽어보자.

> 참된 이성으로부터 권위가 주어진다. 권위로부터 이성이 주어지지 않는다. 참된 이성의 지지를 받지 않는 권위는 빈약한 것이며, 참된 이성은 권위의 동의에 의하여 확증되는 것이 아니라, 스스로의 힘으로 굳건하고 불변한 것이 된다.[2]

'세상은 원래 그렇다'는 말은 없다. 이성으로 따져봐야 한다. 참된 이성의 지지를 받지 못하는 권위는 참된 권위가 아니다. 나의 고민으로 만들어지지 않은 것을 그저 따르는 삶은 나의 행복에 도움이 되지 못한다. 이러한 에리우게나의 외침이 교회 권력자들에게 좋게 보이지 않았음은 당연하다. '계시 진리'라는 최고의 진리를 오직 자신만이 독점한다는 생각을 지닌 이들에게 에리우게나의 이야기는 매우 불편한 주장이었다. 그들의 그 권위란 것도 이성적으로 따져봐야 한다. 신이 허무맹랑한 것을 계시하거나 교회 권력자와 기득권자의 탐욕이나 행복을 위한 존재는 아닐 테니 말이다.

생각하며 살아간다는 것, 그것이 권력자들의 눈엔 그렇게도 불편했나 보다. 곧 에리우게나의 책을 가지는 것은 범죄가 되었고, 대학에선 그의 철학을 강의하거나 연구하는 것도 금지되었다. 권력자들은 그의 철학을 존재하지 않는 것으로 만들려 했다. 그의 존재 자체를 사상사에서 지우려 했다. 13세기 초반 그의 사상과 유사한 논의를 하던 당시 지식인들의 철학이 모두 금지의 대상이 되었다. 이렇게 그는 정통의 길에서 완전히 벗어난 이단이 되었다.

오랜 시간이 흐르고 나서야 그는 금지 대상에서 풀려났다. 1585년 교황 그레고리우스 13세Gregorius XIII(1502~1585)는 정리된 형태로 에리우게나의 책을 다시 출판한다. 근대 초에 유럽 철학을 비롯해 다양한 학문을 이끌던 예수회를 적극 지지하고 아시아 선교에 힘을 쓴 그로 인해 에리우게나의 책들은 부분적으로 읽어도 되는 것이 되었다.

데카르트가 태어나기 바로 전, 수동적인 인간에서 벗어나 자신의 이성으로 치열하게 고민하며 능동적으로 세상을 이해하고 고민하려는 움직임이 강하게 일어나던 때, 갈릴레오가 있었고, 예수회 철학자들이 우주를 두고 치열하게 고민하던 그 시기에 에리우게나는 조심스럽게 다시 읽어도 되는 철학이 되었다. 9세기가 그가 살아가기엔 너무나 과거였나 보다. 그는 16세기의 후반에 와서야 조심스럽게 얼굴을 내밀게 되었다. 《신적 예정론》에서 그는 다음과 같이 말한다.

> 합리적으로 신을 추구하고 겸손하게 경배하며 참된 종교의 법칙을 정하는 것을 빼면, 철학이 다루는 것이 무엇인지요? 참된 철학은 참된 종교이며, 다른 말로 참된 종교는 참된 철학입니다.[3]

중세인에게 신은 절대 진리다. 철학은 절대 진리를 자신의 이성으로 사고하고 겸손하게 따르는 것이다. 그러한 철학이 바로 종교다. 그러나 이성의 치열한 고민 없는 종교는 참된 종교가 아니다. 이성적 동물인 인간에게 이성은 신이 허락한 가장 소중한 인간 존재의 핵심이다. 치열하게 사고하고 고민한다는 것은 인간답게 살아간다는 말이다. 인간에게 가장 고유한 행복은 치열한 고민으로 얻어지는 이성적 행복이다. 고민의 열정과 깊이만큼 행복도 깊어진다.

에리우게나의 초상이 들어간 아일랜드의 5파운드 화폐.
1976년 아일랜드에서는 그의 철학적 업적을 기려
화폐 인물로 선정하여 1982년까지 발행했다.

쉬운 행복은 없다

부당한 세상 앞에서 외롭게 소리칠 때, 많은 이들은 원래 세상은 그러한 곳이라 이야기한다. 부유한 사람의 자녀는 편하게 사회의 높은 자리에 올라서고, 가난한 사람의 자녀는 아무리 노력을 해도 가난에서 벗어나기 힘든 시대를 두고 분노하여도 '세상은 원래 그렇다'라고 말한다. 때론 권위라는 이름으로 다른 생각을 막아선다. 이제까지 해오던 삶과 생각을 강요한다. 그리고 그 생각과 삶이 유지되면 이익을 누리는 자들이 있다. 바로 기득권을 가진 자들이다. 그들은 다른 생각을 바라지 않는다. 새로움을 싫어한다. 생각하는 사람들을 싫어한다. 에리우게나는 바로 이러한 인간 사회의 모습에 분노한 철학자다. 권위도 이성으로 따져야 한다. 고민하며 누리는 행복이 인간에게 진정으로 필요한 행복이다. 철학적 행복이 진짜 행복이다.

에리우게나의 삶은 쉽지 않았다. 하지만 그는 불행하지도 않았다. 힘든 삶이 불행한 삶은 아니다. 고민하며 사는 세상은 쉽지 않다. 인간에게 허락된 가장 인간다운 행복은 달콤한 것을 먹고 웃는 것이 아니다. 비록 이단의 삶이라 손가락질 당해도 자신의 이성으로 고민하는 삶이 인간에게 허락된 가장 소중한 행복이다. 행복은 쉽지 않다. 어렵다. 에리우게나는 어려운 삶을 살았다. 그렇다고 그 어려움이 불행의 이유는 아니다. 충분히 멋지게 살았다. 이단이었으나 선구자였고, 자신의 온 삶으로 철학이 무엇인지를 가르쳐준 철학자였다.

에리우게나, 그의 철학은 우리에게 이렇게 말한다. 힘들어도 생각하며 살아라. 생각 없는 행복은 없다. 어렵지 않은 행복은 없다. 힘들지 않은 행복은 없다.

두 번째 신성한 모독자

이븐 시나

980~1037

자기 이성을 믿어라.
자신감을 가져라.

menclaturā, sciens omitto quos ipse nosti,

Ca len. Augusti, anno à Christo seruatore nato M. D. XLIX. Basileæ.

moratus, do

us

rodami no

bilissimo

tum,

non

'페르시아'라고 하면 무엇이 떠오르는가? 개인적으로는 페르시아 고양이 생각이 난다. 그리고 역사 시간에 들은 듯한 '페르시아 제국'이란 말이 떠오르기도 한다. 그러나 참 멀리 있는 말이다. 지금의 나와는 아주 멀리 떨어진 곳의 이야기로 들린다.

반면에 유럽의 '르네상스'라고 하면 무언가 친근하다. 그것 역시 남의 역사이자 흔적이지만, 이상하게 우리의 역사 속 한 부분이라도 되는 듯이 반갑다. 많은 사람들은 르네상스의 흔적을 찾아 유럽으로 여행을 가기도 한다. 반면 페르시아 혹은 조금 확대하여 '이슬람 문화권'이라 하면 조금 다른 반응을 한다. 하지만 기억해야 하는 것이 있다. 우리에게 그렇게 친숙한 르네상스의 토대이자 가장 중심이 되는 사상이 바로 당시 이슬람 철학이란 사실이다.

역사는 순수하지 않다

유럽의 수학이 더 높은 차원으로 발전하기까지 아라비아 숫자의 영향은 지대했다. 지금 우리도 일상 속에서 아라비아 숫자를 사용한다. 이슬람 수학자의 작품들은 이후 라틴어로 번역되어 중세 유럽 수학에 큰 영향을 주었다. 의학, 광학, 철학, 신학 등 어느 하나 영향을 주지 않은 분야가 없을 지경이다. 10세기 이슬람은 사상사의 황금기를 이룬다. 고대 그리스 사상을 비롯하여 인도의 학문적 성과들을 자신들의 언어로 번역하고 주해함으로써 하나의 거대한 학문적 체계를 만들어갔다.

에리우게나가 유럽에서 새로운 분위기를 만들어가고 있을 때, 이슬람교에서는 알-킨디al-Kindi(801?~873)가 논리학, 심리철학, 수학, 천문학, 음악 이론에 이르기까지 활발한 활동을 하고 있었다. 그 후 알-파라비al-Farabi(872?~950?)와 이븐 시나 그리고 이븐 루시드를 거치면서 이룬 그들의 학문적 성과는 실로 대단했다. 사상의 전체 역사에서 보면 그들의 등장 전과 후가 선명하게 다를 정도의 큰 성과라고 할 수 있다.

특히 그들은 그리스 의학을 번역 계승하여 이를 발전시켰다. 알-라지al-Razi(854~925)는 박학한 인물로 200여 권의 저서를 남겼으며 그 가운데 117권이 의학서였다. 그는 조건반사, 천연두, 소아질환, 홍역 등을 연구했고 당시로서는 상당히 진보한 의학적 지식을 가진 인물이었다. 그의 117권의 의학서 가운데 최고는《의

학대전al-Kitab al Hawi》이다. 이 책은 의학 백과사전으로 1279년 시칠리아 섬의 한 그리스도교 의사에 의해 처음으로 라틴어로 번역된 이후 네 차례의 재간을 거치면서 1542년 초에 완간이 되어 읽힌 책이었다. 이 책도 유럽 르네상스 의학 발전의 한 축을 담당하였다.

그뿐만이 아니다. 이븐 루시드는 눈의 망막 작용에 대해 상세히 기술하고 천연두의 면역성에 대해 논하기도 하였다. 이븐 루시드의 책도 유럽 여러 대학의 의학부 교재가 되었다. 이슬람의 의학적 성과 가운데 단연 최고로 꼽히는 것은 이븐 시나의《의학전범Canon Medicinae》이다. 이 책은 12세기 유럽 대학 의학부의 필독서였고 17세기까지 최고의 지위를 유지하였다. 그는 또한 유럽의 우표에 가장 많이 등장하는 동양인이기도 했다. 이처럼 이븐 시나와 이븐 루시드의 의학은 르네상스 의학사에서 빼놓을 수 없는 중요한 자리를 차지한다. 당시에는 이들의 학문을 거치지 않고는 의사가 될 수 없었다. 오늘날 우리가 편하게 의사의 진료를 받을 수 있는 것도 과거 이들의 노고가 있었기 때문이다.

뿐만 아니라 지금 우리가 사용하는 안경, 망원경, 현미경 등도 이슬람 광학의 성과가 없었다면 불가능했다. 물체가 눈을 통하여 인지되는 과정과 뇌의 역할에 대해 연구한 이븐 알-하이삼Ibn al-Haytham(965~1039)은 이후 유럽의 근대 시각 이론에 엄청난 영향을 주었다. 현대 기하학의 근원이 되는 이론들 가운데 하나인 반사광 경로에 대한 논의도 그의 작품이다. 또 무지개나 후광 등에 대해서도 그를 제외하고 논할 수 없다. 이븐 알-하이삼의 연구는 이후 로저 베이컨과 케플러Johannes Kepler(1571~1630)로 이어져 서구 광학의 수준을 높였다.

우리는 안경과 현미경 등의 원산지를 유럽으로 알고 있다. 지금의 서양 의학도 서양의 노력으로 이루어진 것으로 알고 있다. 세계 최초의 대학이라면 자연스럽게 유럽의 대학을 생각한다. 그러나 사실 그렇지 않다. 세계 최초의 대학이자 유럽을 비롯한 지중해 연안에 큰 영향을 준 대학은 이슬람 여성 상인인 파티마 알-피흐리Fatima al-Fihri(800~880)가 859년 모로코 페스에 세운 알 카라윈Al Quaraouiyine 대학이다. 이 대학은 교황 실베스테르 2세Silvester II(946~1003)가 한때 수학과 자연학을 공부한 곳이기도 하다. 철학과 의학 그리고 수학의 역사에서 무시할 수 없는 천재들이 이 대학에서 공부하거나 관련된 활동을 했다. 우리가 '순수한 유럽의 것'이라 생각한 많은 것들이 사실 유럽의 것이 아니다. 크게 보면 구약성서의 하느님을 믿는 이슬람의 것이고, 때론 유대의 것이기도 하다.

'유럽의 것'이란 순수하지 않은 혼합물이다. 우리도 마찬가지다. 우리네 불상에 보이는 함박웃음도 무표정도 아닌 은은한 미소는 고대 그리스의 '아르카익 스마일archaic smile'에서 기인한 것이다. 그리스에서 간다라를 거쳐 신라에 이른 것이다. 또 석굴암의 천장은 로마 판테온의 모양을 하고 있다. 옛 불상에서 볼 수 있는 광배 가장자리 불꽃 모양은 중앙아시아의 종교였던 조로아스터교의 영향이다. 불교의 금강역사는 사자 가죽을 어깨에 얹은 헤라

세계 최초의 대학으로 알려진 알 카라윈 대학의 오늘날 모습.

클레스에서 기인했다. 이 모든 것이 '신라'라는 이름으로 한곳에 모여 신라의 아름다움이 되었다. 그리스와 중앙아시아, 중국에서 들어온 혼합물이 신라의 이름을 지닌 고유한 문화유산이 되었다.

타자 없이 순수한 자아란 없다. 수많은 타자와의 만남 속에서 지금의 '나'라는 존재가 있는 것처럼, 이슬람을 비롯한 다양한 문화와의 교류 속에서 '유럽의 것'이 만들어질 수 있었다. 물론 이슬람의 많은 것은 또 그리스와 인도에서 왔다. 이와 같이 정통이란 수많은 '이단'으로 이루어져 있다. 철학과 인간의 역사에서 '순수'란 없다. 우리가 정통으로 생각하는 르네상스, 그 가운데 이슬람이 있다는 것도 이렇게 생각하면 이상하게 여길 게 아니다.

천재 이븐 시나의 영향력

천재란 어떤 사람일까? 국어사전에서 '천재'를 찾아보자. 선천적으로 타고난, 남보다 훨씬 뛰어난 재주 또는 그런 재능을 가진 사람을 천재라고 한다. 여기서 더 엄밀하게 들어가면 천재란 남들이 해놓은 업적을 그저 따라하거나 암기력이 대단한 사람이 아니다. 잘 수용하는 사람이 아니라, 무언가 새로운 것을 만들어내는 사람이다.

그런데 여기에서도 중요한 사실이 있다. '무無'에서 '유有'를 만들어 내는 것은 신만이 가능한 일이다. 아무것도 없는 것에서 무엇인가를 만들어낼 수 없다. 토마스 아퀴나스Thomas Aquinas(1225?~1274)의 천재성은 그의 스승이며 그의 고민의 원천이 되었던 대 알베르토Albertus Magnus(1200~1280)•를 비롯하여 이븐 시나, 이븐 루시드 그리고 그와 논쟁한 동시대의 인물들이 있었기에 가능했다. 그들의 존재가 새롭고 고유한 창조적인 존재의 등장에 밑바탕이 되었다. 거름 없이 위대한 창작물은 존재할 수 없다. 인간의 창의성이란 그러한 것이다.

13세기 서구 사상사에 매우 중요한 천재들이 등장한다. 중세 이슬람 철학자들은 그 천재들에게 주요한 거름을 제공해 주었다. 그러나 중세 이슬람 철학자들이 단지 유럽 철학자들의 거름이 되기 위해 존재한 것은 아니다. 누군가의 거름이나 병풍이 되기 위해 고민하는 철학자는 없다. 그들은 각자의 자리에서 가장 합리적인 답을 얻기 위해 치열하게 고민했던 철학자였다.

이븐 시나의 천재성은 어느 정도였을까. 르네상스 시대까지 이븐 시나의 의학을 두고 많은 사람들이 그의 편이냐 아니냐를 두고 다투었다. 그 정도로 이븐 시나의 영향력은 대단했다. 토마스 아퀴나스 역시 초기 작품인 《원소들의 결합에 대하여De Mixione Elementorum》에서 이븐 시나와 이븐 루시드 사이에서 어떤 견해에

• 대 알베르토는 라틴어로 'Albertus Magnus'이다. '위대한 알베르투스'라는 뜻이다. 그는 13세기 스콜라 철학의 거목이었다. 토마스 아퀴나스와 에크하르트 등이 그의 제자로 남아 철학을 일구었다. 박학다식한 인물로 널리 알려진 그를 당시 사람들은 위대한 알베르토 혹은 대 알베르토라고 불렀다.

손을 들어야 할지를 두고 고민했다.

13세기 이후 많은 철학자와 의학자 그리고 광학자들은 하나같이 이븐 시나의 영향력에서 자유로울 수 없었다. 그의 작품들은 단지 한 사람의 책이나 한 권의 책 그 이상이었고 그 시대 학문의 절정이었다. 그가 쓴 의학서인 《치유의 서Sufficientia》는 18권으로 이루어진 백과사전이었고, 윤리학이나 정치학과 같은 실천학을 제외한다면 당시 존재한 거의 모든 학문을 다룬 책이었다. 라틴어로 번역된 《형이상학 혹은 제1철학Metaphysica sive prima philosophia》은 이후 수많은 유럽 철학자들이 고민한 문제의 출발점이 되었다. 그 책의 등장 전과 후가 다를 정도로 그 영향력은 대단했다. 많은 유럽의 철학자들은 이 책에 등장하는 물음에 답해야 했다. 피할 수 없었다. 대표적인 신학자인 토마스 아퀴나스도 피할 수 없었다.

그는 천재였다. 그의 선생들이 여럿 있었지만 그를 압도하는 선생은 많지 않았다. 그는 어찌 보면 '독학파'다. 때론 홀로 치열하게 고민하는 것이 더 소중한 선생이 될 때가 있다. 이븐 시나는 바로 그 치열한 고민과 독서를 선생으로 삼은 인물이다.

천재는 어떻게 탄생하는가

이븐 시나는 유럽인도 그리스도교 신자도 아니다. 아랍어와 페르시아어로 글을 쓴 지금의 우즈베키스탄 출신의 학자다. 그는 이슬람 신도였지만, 아랍인은 아니다. 아랍어가 아닌 페르시아어를 모국어로 사용한 페르시아 지역에서 태어났다. 이 사실은 많은 것을 생각하게 한다. 그는 유럽인의 관점에서 보면 '탁월한 주변인'이다. 토마스 아퀴나스의 철학을 예비한 인물일 뿐이다. 그러나 그렇지 않다. 그는 서구의 사상에 기여하기 위한 철학자가 아니었다. 스스로 치열하게 고민한 독립된 철학자였다. 변방의 철학자로 남기 위해 철학한 인물이 아니라, 매우 자존심이 강한 주체적인 철학자였다. 그러나 너무나 오랜 시간 우린 그를 유럽의 관점에서 이해했다. 그러면서 그를 그 자신도 모르는 이름으로 불러왔다. 바로 '아비첸나Avicenna'다. 아비첸나는 이븐 시나를 라틴어로 부른 이름이다. 처음에는 그리스인들이 그를 '아빗지아노스Αβιτζιανός'라고 불렀지만 점점 라틴어로 변용된 이름인 아비첸나를 많이 쓰게 되었다. 그러나 지금 타임머신을 타고 그에게 찾아가 아비첸나라고 부른다면 그는 그 이름에 반응하지 않을 것이다. 그것은 유럽인들이 만들어낸 이름일 뿐이기 때문이다.

그는 이성의 주체성과 능동성을 바탕으로 끊임없이 자기 답을 궁리한 학자였다. 그의 이러한 주체성은 아버지로부터의 영향이 클지 모른다. 그의 아버지는 토론의 공간을 열어 아들 이븐 시나가 자유로운 토론을 경험하도록 도왔다. 어린 이븐 시나에게 토론은 그저 주워듣는 시간이 아니다. 들으며 말하는 시간이다. 학문적인 지식과 논리가 소비되며 동시에 생산되는 시간이다. 토론 중에 한마디라도 제대로 된 말을 하려면 자연히 많은 독서를 해야 했고 자신의 생각을 다시금 논리적으로 다듬어야 했다. 이렇게 독서와 논리력은 점점 깊어졌다.

이븐 시나의 논리학 저작은 그냥 생긴 것이 아니다. 그는 논리의 중요성과 독서의 유익함이 얼마나 큰지 이미 어려서부터 알고 있었다. 간혹 이븐 시나의 어렸을 적 천재성을 무리하게 과장하기도 한다. 그러나 그가 어렸을 때 읽은 책은 아주 어려운 고전들이 아니었다. 대부분 개론서의 특징을 가지고 있었다. 하지만 이것이 그의 천재성을 막은 것은 아니다. 그는 개론서를 통해 이후 자신이 활용할 학문의 기본을 철저하게 다질 수 있었다. 이렇게 다져진 기본이 이후 그의 사상에 든든한 토대가 되었다.

추상과 구체를 연결한 의학자 이븐 시나

그렇다면 천재는 오직 토론과 독서만으로 이루어지는가? 그렇지 않다. 이것이 도움이 되지만 진정한 천재라면 지식과 삶을 직접적으로 연결할 수 있는 고리가 필요하다. 비록 철학의 많은 논의들이 추상적인 것이라 하여도 그 추상이 현실을 떠나서는 안 된다. 이것은 의학에서도 마찬가지다. 구체적 현실과 추상적 보편은 서로 떨어져 있지 않다. 이러한 이븐 시나의 생각은 그의 사상 전반에 매우 큰 역할을 한다. 이를 두고 이븐 시나 자신이 한 말을 들어보자.

중세 유럽인들이 생각했던 역대 최고의 의학자들의 모습.
오른쪽부터 히포크라테스, 이븐 시나(아비첸나), 갈레노스의 모습이 묘사돼 있다.

사실 의학은 그리 어려운 학문이 아니었다. 오래지 않아 난 뛰어난 수준에 도달할 수 있었다. 유명한 의사들이 날 찾아와 의학 서적의 내용을 배웠다. 난 곧 직접 환자를 치료하기 시작했다. 그때 경험에서 얻은 지식은 글로 표현할 수 있는 것이 아니었다. 책이 아닌 실제 치료 경험으로 익힐 수 있는 의술을 얻었다.[4]

그의 자신감을 읽을 수 있는 구절이다. '사실 의학은 그리 어려운 학문이 아니다'라는 첫 구절이 그렇다. 자신감이다. 하지만 겸손의 모습을 읽을 수 있다. 책을 열심히 읽으면 된다. 모르면 더 쉬운 설명을 찾아 내려가면 된다. 그리고 다시 올라오면 된다. 그러나 중요한 것이 있다. 바로 '현실에 대한 경험'이다. 현실에 대한 경험 없는 지식은 무용하다. 의학도 보편을 추구한다. 시간과 공간을 넘어선 원리 속에서 치료법을 궁리한다. 그러나 그 보편이 구체적 현실 속에서 구현되는 방법을 모른다면 무용지물이다. 이것을 이븐 시나는 알고 있었다.

그는 지금과 같은 의과대학에서 의학을 익히지 않았다. 그는 독학으로 의학의 기본을 익혔다. 하지만 혼자 독서로 익힌 의학으로는 깊은 의학의 세계로 들어가는 데 무리가 있었다. 그는 사람들에게 가르치고 또한 가르침 받으며 그동안 익힌 의학 지식을 바탕으로 정치 권력자에게 자신의 의술을 적용하는 기회를 얻게 된다. 치료에 성공하면서 그는 비범한 천재성에 도달한다.

그때 술탄 만수르의 병은 외과 의사들을 당황하게 하는 난치병이었다. 그 외과 의사들 사이에서 이미 나는 어려운 철학과 의학 관련 책을 읽어 제법 실력을 가진 이로 유명했다. 그래서인지 그들은 나를 병을 치유할 사람으로 추천하였다. 나 역시 그 부름에 응하였다. 그리고 나는 그 병을 치료해보였다. 술탄을 치료함으로 나는 더욱 유명해졌다.[5]

이븐 시나가 지닌 지식과 실력에 대한 자신감은 자만이 아니었다. 할 수 없는 것을 할 수 있다 거짓말하지 않고, 할 수 있는 것을 할 수 있다 말하는 자신감이었다. 그의 자신감은 독선도 아니었다. 앞서 보았듯 그는 추상적 원리로 재단하기에 앞서 현실에 대한 경험을 무시하지 않았다.

보편과 구체의 조화, 이븐 시나의 철학을 관통하는 특징이다. 그는 중세의 대표적인 형이상학자이자 의학자였다. 초월적이며 추상적인 철학을 다루는 동시에 신체와 질병을 다루는 의학의 구체성을 탐구했다. 심지어 수학에서도 그는 추상과 구체의 조화를 시도했다. 이러한 그의 학문적 태도는 아버지 덕으로 보인다. 그의 이름 '이븐 시나'는 '시나의 아들'이란 뜻이다. 하지만 그의 아버지의 이름은 '시나'가 아니다. '시나'는 그의 증조할아버지다. 어찌 보면 '이븐 시나'는 '시나 집안사람' 정도의 뜻일 수 있다.

그의 아버지의 이름은 '압둘라 파 이븐 알 하산'이었다. 그는 사만 제국 정부에서 일했다. 그는 자녀를 위해 독서와 토론을 장려한 인물이다. 필요하다면 좋은 선생을 찾아 교육시키기도 했다. 이븐 시나의 《꾸란》과 문학 그리고 철학 선생은 대부분 아버지가 찾아준 인물이었다. 그러나 이븐 시나의 아버지를 그저 값비싼 선생을 찾아주는 정도의 인물로 볼 수 없다. 아버지에게 가장 소중한 것은 단순한 지식이 아닌 현실 세계에서 살아 있는 지혜를 알려줄 선생이었다.

> 내 아버지는 인도 산수를 사용하는 장사꾼에게 날 한동안 보내 산수를 배우게 했다. 그곳에서 나는 그들의 셈법을 배웠다.[6]

사실 수학은 무척이나 추상적이며 보편적인 학문이다. 동시에 일상 가운데 가장 빈번하게 사용되는 학문이다. 추상적이고 보편적이지만, 동시에 매우 구체적이고 현실적이다. 이런 수학의 특성을 가장 잘 접할 수 있는 장소가 바로 시장이고 가장 좋은 선생이 '장사꾼'이다. 그의 아버지는 이를 알았다. 거기에 당시 선진화된 산술능력을 가진 인도 산수를 활용하는 장사꾼이라면 더욱더 좋은 선생이었다.

천재 이븐 시나는 독학으로 일정한 수준에 오른 자력 천재다. 여기에 현명한 아버지 덕분에 그는 보편과 구체의 관계를 터득했다. 토론을 통해 치열한 독서와 논리의 필요성을 알게 되었다. 의학에서도 그는 단순한 독서 그 이상의 무엇이 있음을 발견했다. 천재 이븐 시나는 태어난 것이 아니라, 그렇게 만들어져 갔다. 그

치열한 노력으로 만들어졌다.

위대한 형이상학자 이븐 시나

이븐 시나는 의학이나 수학만큼이나 철학에서도 엄청난 인물이다. 특히 존재론 혹은 형이상학의 역사에서 그는 절대 함부로 대할 수 없는 위치에 있다. 그러나 형이상학은 그에게 큰 좌절감을 가져다준 학문이기도 했다. 의학을 쉬운 학문이라 부른 그가 처음으로 좌절감을 드러낸 학문이 바로 형이상학이었다. 그는 우선 아리스토텔레스의 《형이상학Metaphysica》을 읽고 또 읽었다. 그러나 그 참뜻을 파악하지 못했다. 도대체 이해가 되지 않았다. 독학의 한계였다. 그때 그는 제2의 아리스토텔레스라 불리는 한 사람의 책을 우연히 접하게 된다. 바로 알-파라비의 책이었다. 그 책은 그에게 형이상학의 새로운 세계를 열었다.

> 논리학, 자연학 그리고 수학을 통달한 나는 신학에 다다랐다. 나는 아리스토텔레스의 《형이상학》을 읽었지만 그 의도와 내용이 매우 혼란스러워 이해하지 못했다. 나는 이를 해결하기 위해 40번이나 읽고 그 글을 외우고 다닐 지경이 되었다. 그러나 나는 달라지지 않았고, 나 자신에게 매우 실망하여 이렇게 말할 뿐이었다. '이 책을 이해할 길이 없구나.'

그러던 어느 날 오후 나는 책 장사꾼의 집에 있었다. 장사꾼은 어떤 책을 들고 팔기 위해 큰 소리로 말했다. 장사꾼은 손에 든 책을 나에게 권했지만, 나는 개별적 학문엔 사용되지 않는 것이라 쉽게 판단하고 상한 마음으로 거절하였다. 그러나 그는 다시 나에게 이야기했다. "이것을 사세요. 이 책의 주인은 지금 돈이 필요합니다. 그리고 그 돈은 그리 비싸지 않아요. 이것을 당신에게 3디르함에 팔겠습니다." 그때야 그 책을 샀다. 그 책은 바로 알-파라비의 《형이상학의 목적에 대하여Fi aghrad al-Hakim fi kitab al-huruf》였다. 나는 집에 돌아와 그 책을 급한 마음에 읽었다. 그리고 한번에 《형이상학》의 목적이 드러나 버렸다. 나는 이미 《형이상학》을 암기하고 있었기에 쉬웠다. 나는 기뻤다. 그리고 다음 날 신에게 감사한 마음을 담아 가난한 이들에게 도움이 될 구호품을 내어 놓았다.[7]

알-파라비의 책은 이븐 시나에게 빛이었다. 신에게 감사의 마음을 가지고 가난한 이를 위한 구호품을 내어 놓을 정도였다. 책 장사꾼에게서 우연히 알-파라비의 책을 사는 그 순간은 사실 철학사의 한 순간이다. 그렇게 그가 우연히 손에 넣은 책은 포기했던 형이상학을 다시 잡게 만들었다. 중세를 대표하는 형이상학자의 등장은 이렇게 우연히 이루어졌다. 그의 형이상학이 주는 영향 속에 대 알베르토, 토마스 아퀴나스, 둔스 스코투스Duns Scotus(1266~1308), 데카르트 등 많은 중세와 근대 철학자들의 사상

카자흐스탄에 있는 알-파라비의 동상.

이 나타난 것을 생각하면 이 순간은 철학사의 위대한 순간이다.

형이상학자가 되면서 그는 존재라는 모든 것을 자신의 지성 앞에 두고 고민하기 시작했다. 그리고 바로 이 지점에서 그는 이단이 된다. 위대한 형이상학자가 되는 바로 그 순간이 시대와 타협할 수 없는 이단아가 된 시점이라니. 참 재미있다.

이슬람 학파들 사이의 대립과 이븐 시나의 대답

당시 이슬람 사회는 창조신과 피조물 사이의 관계를 두고 고민하였다. 한 사회가 어떤 고민을 가지고 있다는 것은 철학의 자리가 생겼다는 말이고, 이는 당시 철학이 어떤 기능을 수행하고 있었다는 의미이기도 하다. 그리고 이는 이븐 시나라는 천재의 가치가 드러나는 자리가 마련됐다는 뜻도 된다.

당시 이슬람 사상계에 등장한 합리주의자들이 있었다. 바로 무타질라파다. 이들은 피조물과 신 사이에 어떠한 유사성도 인정하지 않는다. 피조물인 인간의 언어 속에 신이란 존재를 온전히 담을 수 없다. 피조물과 신 사이의 존재론적 간격이 너무나 크기 때문이다. 신에 대하여 위대하다 혹은 전지전능하다 해도 인간이 생각하는 모양 그대로 신이 있지는 않을 것이다. 그리고 전지전능함과 위대함과 선함 등 신에 대한 다양한 서술에 모두 일치하는 식으로 신이 구성되어 있지도 않을 것이다. 다양한 것의 합성물이 신이 될 수는 없기 때문이다. 신은 절대적으로 단순하다. 그러니 굳이 신에 대하여 이야기한다면, '신은 존재한다' 정도면 충분하다 생각했다.

그러면 《꾸란》에 등장하는 신에 대한 서술은 무엇인가? 그 경전도 인간의 언어로 신에 대하여 서술하고 있지 않은가 말이다. 무타질라파는 《꾸란》에 서술되는 신과 완전히 같은 모양으로 신이 있다고 생각하지 않았다. 《꾸란》에 서술되는 신에 대한 이야기들도 영원한 진리가 될 수 없다. 신은 그런 인간의 언어를 초월한 존재이기 때문이다. 또 논리적으로 생각해보자. 만일 《꾸란》의 내용도 영원하다면 이 세상엔 신과 《꾸란》, 이렇게 영원한 것이 둘이 되어야 한다. 무타질라파는 이러한 것은 말이 되지 않는다고 보았다.

이런 무타질라파의 《꾸란》에 대한 입장은 그들의 존재론적 입장과 무관하지 않았다. 그들은 《꾸란》에 등장하는 신에 대한 '무엇임'에 대한 서술들은 있는 그대로의 신과 하나를 이루지 못한다고 보았다. 《꾸란》에 등장하는 신의 본질은 인간의 관념 속에 주어진 존재다. 인간의 언어로 쓰인 것은 바로 인간의 이성 가운데 주어진 것에 대한 반영이다. 인간의 의식 속에 관념으로 있는 것, 즉 인간의 언어로 있는 것이 인간 영혼 외부에 존재하는 신과 하나일 수 없다.

또 무타질라파의 신은 항상 공평하고 정의롭다. 절대 악의 원인이 될 수 없는 존재다. 인간에게 악을 명령할 수도 없는 존재다. 그러니 악이란 것은 인간의 자유의지에 의해 만들어진 인간의 탓이다. 자유 결단에 의하여 만들어진 것이다. 그 악의 정도에 따라 죽은 이는 처벌을 받는다. 이런 무타질라파의 철학은 상당히 논리적이다. 많은 부분 플로티노스Plotinus(204~270)와 같은 그리스-로마 철학의 영향 가운데 있으며 매우 합리적인 생각을 한다. 그들은 치열하게 고민했다. 그들은 이성을 매우 강조하며 계시로 인간에게 주어진 것도 결국 이성으로 논의될 수 있다고 보았다. 인간에게 주어졌다면, 이미 인간이 이해 가능한 이성의 영역 속에 있다는 말이 되기 때문이다.

아샤리파는 무타질라파의 이러한 논의를 거부했다. 진리는 오직 계시를 통하여 주어질 뿐이다. 인간은 그 앞에서 수동적으로 받아들이면 그만이다. 무타질라파는 인간의 자유의지를 긍정했지만 아샤리파는 부정한다. 아샤리파에 따르면 신과 신의 계시의 도움 없이 인간은 어떤 것이 선한지 악한지 알지 못한다. 그럴 능력이 없다. 이성의 자발성을 긍정한 무타질라파와 너무나 다르다. 그들에겐 오직 신의 계시가 필요할 뿐이다. 더 극단적으로 말하자면 신의 '개입'이 필요하다. 그들은 인간 의식의 내면과 외면에서 일어나는 모든 사건에 신이 직접적으로 개입한다고 믿었다. 신이 그 원인인 것이다.

《꾸란》은 세상사를 다스리는 신이 내린 계시다. 그 자체로 영원한 진리다. 그러니 판단 능력 없는 인간은 그저 《꾸란》에 나온 내용을 그대로 따르면 그만이다. 인간이 경험할 수 있는 가장 신에 가까운 것이기 때문이다. 《꾸란》에 서술된 신에 대한 '무엇임', 즉 본질은 신의 존재로 일치한다. 이러한 아샤리파의 유명한 학자로는 알-라지, 알-가잘리al-Ghazali(1056~1111) 등이 있다. 이 가운데 알-가잘리는 이븐 시나의 철학을 비판한 인물로도 유명하다.

한편은 《꾸란》을 영원한 진리가 아니라 하고 다른 한편은 영원한 진리라 한다. 한편은 《꾸란》에 쓰인 신의 본질과 신의 존재는 하나를 이루고 있지 않다고 보고 다른 한편은 《꾸란》에 쓰인 신의 본질이 신의 존재와 하나를 이룬다고 본다. 이 문제는 형이상학적인 고민이다.

이븐 시나는 이 두 갈림길에서 고민했다. 그리고 자신만의 고유한 답을 제시하였다. 물론 알-파라비의 영향을 무시할 수 없다. 이븐 시나에게 피조물은 그 본질과 존재가 일치하지 않는다. 존재는 '있는가 없는가'의 문제다. 하지만 본질은 '무엇인가 혹은 누구인가'의 문제다. 이 둘은 서로 다른 방식의 질문이다. 지금 눈앞에 휴대폰이 있다고 가정하자. 그것이 '있는가 없는가'의 물음과 그것을 두고 '무엇이냐'라고 묻는 것은 그 물음의 방식이 다르다. 같지 않다.

이븐 시나는 다른 것에 의존하여 존재하지 않고 스스로 존재하는 것, 즉 자존하는 것을 '필연 존재'라 한다. 필연 존재는 다른 원인을 가지지 않는다. 인간은 다른 원인을 가진다. 당장 부모로부터 비롯된 생물학적 몸을 가진다. 음식도 먹어야 한다. 스스로 자존하지 못한다. 이븐 시나는 다른 원인이 필요한 존재, 다른 존재에 자신의 존재를 의존한 존재를 '가능 존재'라 한다. 우리가 마주하는 모든 것들은 가능 존재다. 다른 것에 그 존재를 의존한다. 스스로 자존하지 않는다. 이븐 시나는 '가능 존재'를 존재할 수 있도록 하는 존재, 다시 그 존재를 존재 가능하게 하는 존재로 거슬러 올라가면 다른 것에 의존하지 않으며 스스로 존재하는 '제1원인'이 있다 한다. 이러한 '제1원인'에 대한 생각은 토마스 아퀴나스의 신 존재 증명에도 영향을 주었다.

이븐 시나는 무타질라파와 달리 신의 존재와 신의 본질은 동일하다 한다. 왜일까? 필연 존재는 스스로가 존재의 근원이며, 항상 존재한다 설명했다. 이러한 존재는 자존하며, 자기 존재 이외에 어떤 다른 본질도 가지지 않는다. 존재와 본질이 하나란 말이다. 신을 제외한 다른 것들은 존재와 본질이 하나가 아니다. 필연 존재는 사라지지 않는다. 항상 존재한다. 그러나 가능 존재들은 다른 것에 의존하여 존재하기에 우연 존재다.

하지만 이븐 시나는 무타질라파와 같이 신의 절대적 단순성을 믿었다. 또 그 단순성 속에서 신은 존재와 본질이 나뉘어 있지 않다고 보았다. 여기서 이븐 시나는 아샤리파와도 다르다. 아샤리파와 달리 이븐 시나는 인간 이성이 무력하다고 보지 않았다.

형이상학의 이단아가 되다

무력하지 않은 인간 이성으로 이븐 시나는 신과 우주 그리고 창조에 대하여 고민하였다. 그리고 얻은 답은 그를 이단아로 만들어버렸다. 우주론에서 이븐 시나는 아샤리파와 확실히 다른 길을 간다. 아샤리파는 아무것도 없는 '무'의 상태에서 신이 세상을 창조했다 믿었다. 즉, '무로부터의 창조creatio ex nihilo'를 믿었다. 그러나 이븐 시나는 그렇게 생각하지 않았다. 이 세상을 무로부터의 창조가 아닌 신적인 존재로부터의 '발현'으로 보았다. 여기에서 발현이란 신플라톤주의의 논리다. 이 세상에 존재하는 모든 것은 가장 신적인 존재, 즉 '필연 존재'로부터 유출 혹은 발현되었다는 식이다. 필연 존재가 다른 존재에 의존하지 않고 영원하기에 그 유출 역시 영원하다. 그리고 이 세상도 영원하다. 세상의 영원성은 무로부터의 창조라는 당시 그리스도교와 이슬람교의 교리에 크게 어긋나는 주장이었다. 결국 이 주장으로 이븐 시나는 이슬람 신학자는 물론이고, 이후 그의 영향을 받은 많은 유럽의 학자들마저 이단으로 만들어버리고 만다.

신으로부터 이 세상이 유출되어 존재한다면, 결국 신으로부터 흘러나온 것이라면, 이 세상에 존재하는 악은 또 무엇인가? 신으로부터 유출된 존재가 악할 수 있는가? 신은 오직 좋음과 완전성의 근원일 뿐이어야 하지 않은가? 이븐 시나 역시 신을 악의 근원이라 보지 않는다. 이븐 시나는 악을 두 가지로 분류한다. 하나는

이란에 있는 이븐 시나의 동상.

'근원적인 악'이고 다른 하나는 '우연적인 악'이다. '근원적인 악'은 선의 결핍이다. 결핍이란 결국 '없음'이다. 그러나 '우연적인 악'은 그렇지 않다. 태양은 작물이 자라기 위해 필요하다. 구름이 그 빛을 가리고 있다고 하자. 그렇다고 구름을 두고 근원적인 악이라 하지 않는다. 구름은 작물에 필요한 비를 만들고, 이는 구름의 좋은 특성이다. 단지 구름은 어떤 상황 속에서만 우연적인 악으로 나타날 뿐이다. 물질로 존재하는 것이 항상 최고의 모습으로 나타나지는 않는다. 여기서 구름의 창조주 신이 악의 창조자라 할 수 있을까? 이븐 시나는 아니라고 본다.

이븐 시나의 주장은 충격적이었다. 많은 사람들이 그를 이단이라 판단했다. 무로부터의 창조를 거부했다는 것, 즉 우주의 영원성을 인정했다는 것은 무로부터의 창조를 믿는 종교에게 공공의 적이 되어 버림을 의미했다. 실제로 이슬람 사상가뿐 아니라 보나벤투라Sanctus Bonaventura(1218~1274)와 토마스 아퀴나스와 같은 서구의 신학자들도 우주의 영원성이라는 그의 주장에 대해 비판했다. 그리고 이단이라 선언했다. 그는 신을 이성의 틀 속에 구속해 버린 사람이라 여겨졌고 경우에 따라서는 무신론자라는 비판을 받기도 했다. 독학으로 이룬 이븐 시나의 자신감도 이젠 잘난 척으로 들리기 시작했다. 많은 사람들은 그를 건방진 독선에 빠진 인물이라 생각했다.

그의 시대에게 너무나 위대했던 이단아, 이븐 시나

설사 그가 이단이란 이유로 많은 이들의 미움을 받는다고 해도 권력자들은 쉽게 그를 버릴 수 없었다. 그는 이미 너무나 합리적인 액세서리였다. 옆에 두고 자랑하고 싶은 뛰어난 액세서리였다. 비록 이단으로 선고되었다는 점이 마음에 걸렸지만, 자신들의 건강을 관리하는 뛰어난 의사이자 선진 과학에 정통한 철학자로서 그의 가치는 대단했다. 쉽게 포기할 수 없었다.

이븐 시나는 권력자들이 왜 자신을 도와주고 후원하려는지 알았다. 순수한 마음으로 자신의 학문을 후원하지 않는다는 것도 알았다. 하지만 순수란 없다. 그 역시 그들을 이용해야 한다. 이단아인 자신은 누군가의 보호를 받아야 했다. 하지만 자존심 강한 그가 누군가의 액세서리로만 존재하길 원하지 않았음은 분명하다. 그는 항상 갈등했다. 그리고 그 갈등은 그를 떠돌게 만들었다. 한 권력자에게 안주하기보다 이리저리 떠돌았다. 권력자들에게도 그는 그리 쉽지 않은 사람이었다.

어떤 곳에선 왕을 도와 민정과 군대를 돌보았다. 그때의 기억으로 군사에 대한 책을 쓸 정도로 그는 주어진 일에 열심이었다. 그러나 그곳의 군대는 이븐 시나의 통솔을 받는 것을 싫어했다. 군인들은 이븐 시나의 집을 찾아가 그를 잡아 가두고 왕에게 그를 추방할 것을 요구했다. 하지만 왕은 쉽게 그를 포기할 수 없었다. 때마침 병으로 고생했던 왕은 이븐 시나를 불러 치료를 받는다. 그는 그렇게 버릴 수 없는 존재였다. 그의 철학이 이단인 것보다 더 중요한 것은 그의 탁월한 의학이며, 그의 천재적인 학문 수준이었다. 그러나 그를 향한 사람들의 미움은 쉽게 사라지지 않았다. 반역죄의 위기에 처해 있던 그는 타인의 옷을 몰래 빌려 입고 탈출하기도 했다.

이렇게 힘겨운 삶이었지만 그는 마지막 15년을 자신이 사랑한 이스파한에서 대표작《치유의 서》를 쓰며 보냈다. 그는 주변의 모든 사람들에게 소외되는 상황 속에서도 항상 자신감을 잃지 않았다. 아래 글은 그의 자신감을 느끼게 해준다.

> 나란 사람이 위대해졌을 때, 날 품어 안을 만큼 위대한 도시는 없었으며, 나의 가치가 높아졌을 때, 어느 누구도 날 구하려 하지 않았다.[8]

이븐 시나는 그런 사람이었다. 절대 허세가 아니었다. 치열하게 고민하여 자신의 철학을 일구어간 철학자였다. 하지만 고민이 깊어지고 그의 철학이 위대해질수록 그를 안아줄 도시와 사람은 없었다. 그는 자신이 이단이란 사실, 미래의 선구자라는 사실을 이미 잘 알고 있었다. 그에게 그의 시대는 어울리지 않았다. 그의 위대함을 받아주기에 그 시대는 너무나 작았다.

이븐 시나는 이단으로 살다 죽었지만, 그의 의학과 철학은 이후 수백 년 동안 지중해 연안에 가장 강력한 영향력을 끼친 사상이 된다. 고개 숙이지 않고 자신의 이성을 믿으며 강인한 자신감으로 살아갔던 이븐 시나. 하지만 많은 이들의 미움을 산 그는 그렇게 이단의 삶을 살다가 갔다. 선구자의 모습으로 말이다.

세 번째 신성한 모독자

이븐 루시드

1126~1198

합리적 신앙은 가능하다.

Liber III. 407

menclaturā sciens omitto quos ipse nosti,

. Ca len. Augusti, anno à Chri sto seruatore nato M. D. XLIX. Basileæ.

스페인은 유럽이다. 유명한 대성당을 가진 그리스도교의 공간이다. 하지만 그곳도 이슬람교를 믿는 이들이 살던 곳이었다. 스페인은 유럽과 북부아프리카가 마주한 곳이다. 그리스도교와 이슬람교가 마주한 곳이란 의미도 된다. 많은 이슬람 사상이 그곳을 거치며 그리스도교에 유입되었다. 번역가들은 아랍어로 쓰인 이슬람의 많은 학문적 성과를 라틴어로 번역하였다. 그리고 이렇게 유입된 자료들은 유럽 사상계의 주요한 거름이 되었다.

스페인에서 번역된 철학 서적들은 그리 멀지 않은 파리 대학에 소개되었고, 파리 대학은 13세기 이슬람 철학으로부터 유입된 비非그리스도교적 합리성으로 인하여 몸살을 겪게 된다. 많은 철학자들이 이단으로 낙인이 찍히고 금지의 대상이 되었다. 지금 생각하면 이해하기 힘들다. '이슬람'이라고 하면 테러리스트를 떠올리는 사람들이 많은 지금과 그때는 너무나 다르다. 그때의 이슬람은 유럽에 비해 너무나 앞서 있었고 학문적 수준도 이미 놀라운 경지에 올라 있었다. 유럽은 페르시아어로 쓰인 이븐 시나의 책들과 아랍어로 쓰인 글들을 모두 라틴어로 번역해야 했다. 그것이 시급했다. 지금과 달리 그때는 유대교 사상가들도 이슬람 철학자들의 글을 히브리어로 번역하여 읽고 많은 영향을 받았다. 이렇게 이슬람의 학문적 성과는 중세 지중해 연안의 많은 학자들에게 가뭄의 단비와 같은 것이었다.

아리스토텔레스의 전문가 이븐 루시드

스페인이 낳은 중세 최고의 철학자는 바로 이븐 루시드다. 그의 책은 이븐 시나와 함께 유럽을 흔들었다. 그의 책을 읽지 않고 철학계에 있을 수 없을 정도로 당시 이븐 루시드의 영향력은 대단했다. 그러나 그는 그 시대의 대표적인 이단이기도 했다.

13세기 유럽 사람들은 고대 이후 오랜 시간 유럽을 떠나 아랍 지방에 있던 아리스토텔레스 철학의 귀환에 환호했다. 그러나 아리스토텔레스의 철학은 너무 어렵기만 했다. 이때 이븐 루시드는 아리스토텔레스를 공부하려는 이들의 가장 좋은 참고서와 같은 인물이었다. 그 당시 대학에선 '바로 그 철학자philosophicus'라는 말로 아리스토텔레스를 표현했다면, '바로 그 주해가commentator'라는 말로 이븐 루시드를 표현하였다. 그야말로 아리스토텔레스라는 철학자를 가장 잘 풀이한 인물이라 여겨졌고, 비록 다른 종교인이었지만 그 권위를 인정할 수밖에 없었다.

그는 설명의 대가이자 탁월한 선생이었다. 특히 그의 주해는 소주해jami, 중주해talkhis, 대주해tafsir로 나뉘어 있었다. 이렇게 주해를 다양하게 한 것은 교육의 목적을 위해서였다. '소주해'는 일종의 개요synopses다. '중주해'는 부연설명paraphrase이다. '대주해'는 각각의 문장에 대한 세밀한 분석으로 전체 문헌을 고찰한다.

이븐 루시드의 '주해'라는 방식의 독특한 철학은 단지 아리스토텔레스에 국한된 것이 아니었다. 그는 플라톤의 책도 주해하였다. 그의 주해는 유럽 대학에까지 영향을 미쳤다. 13세기 파리 대학과 옥스퍼드 대학 등에서 일어난 이단에 대한 가혹한 폭풍의 중심에 그의 철학이 있었다. 그의 철학은 과연 어떤 것이기에 유럽의 대학을 흔들고 그 많은 이단을 양성했으며 또 다른 한편 유럽 문화사의 두드러진 성과인 르네상스의 토대를 다진 것일까? 언뜻 서로 모순되는 것처럼 보이는 다양한 모습이 어우러진 이븐 루시드의 철학이란 과연 무엇일까?

위대한 지식인에서 이단이 되기까지

이븐 루시드는 이슬람력으로 520년 스페인의 코르도바에서 태어났다. 서기西紀 달력으로는 1126년이다. 이슬람력은 사실 우리에게 익숙하지 않다. 우리는 그리스도교 문화의 산물인 서기를 사용한다. 예수 탄생을 기준으로 역사와 시간을 이해하고 나눈다. 이슬람은 자신들만의 기준을 가지고 있다. 그 기준에 따르면 이븐 루시드는 520년에 태어났다. 이븐 루시드의 이름은 '아베로에스Averroes'라는 라틴어로 퍼졌다. 이븐 시나를 아비첸나라고 했듯이 라틴어로 표기하여 그의 이름을 불렀다. 이븐 루시드 자신도 모르는 또 다른 이름이 있는 셈이다.

이븐 시나는 비록 이단이었지만 탁월한 의술을 인정받아 활동했다. 이븐 루시드는 이븐 시나와 다른 삶을 살았다. 이븐 루시드는 학문과 예술로 유명한 코르도바 출신이다. 이곳은 당시 많은 그리스도교 학자들도 유학을 다녀간 곳이었다. 그는 무타질라파가 주장하는 이성에 따른 자유로운 해석보다 아샤리파의 해석을 마음에 들어 했다. 교리와 《꾸란》은 인간의 마음대로 해석될 수 없는 영원한 진리라고 생각했을 것이다. 이러한 이븐 루시드의 입장은 존재론적 사유에 영향을 주었다.

이븐 루시드는 독학파가 아니다. 유명한 스승이 있었고, 스승과 지인들은 그의 삶에 큰 영향을 주었다. 세비야의 유명한 의사이며 아리스토텔레스 철학에 정통한 알-투르잘리al-Turjali(?~1180)는 좋은 선생이 되어 주었다.

1146년 코르도바에서는 알-모라비드 왕조에서 알-모하드 왕조로 권력의 이동이 있었다. 1153년 새로운 왕조는 이븐 루시드를 북아프리카로 보냈다. 아브드 알-무민Abd al-Mu'min(1094~1163)

왕은 그곳에 새로운 대학을 세우려 했고, 이븐 루시드는 이를 위한 유용한 인재로 보였다. 실제로 그는 왕의 정책을 도왔다.

그렇게 공적인 일을 하던 중 철학자이며 천문학자이고 의사인 이븐 투파일Ibn Tufail(1100~1185)을 만나게 되었다. 이븐 투파일은 그를 야쿱 유수프Abu Yaqub Yusuf(1135~1184)에게 소개했다. 야쿱 유수프를 만난 것은 이븐 루시드의 삶에 있어 큰 사건이었다. 야쿱 유수프는 마라케시를 1163년에서 1184년까지 통치한 권력자였다. 이븐 루시드는 그가 죽을 때까지 그의 도움을 받으며 학문을 이어갔다. 이븐 시나와 같이 여러 곳을 떠돌 필요가 없었다.

그러다가 1169년 그는 세비야의 법관이 되었고, 1171년엔 코르도바에서 아리스토텔레스의 작품을 주해하였다. 이어 1182년엔 이븐 투파일의 뒤를 이어 야쿱 유수프의 주치의가 되었다. 권력자의 보호 속에 이븐 루시드는 큰 고생 없이 학문을 일구어갔다. 아리스토텔레스의 저작 대부분을 주해하는 거대한 작업이 가능했던 것은 그의 학문의 조건이 안정적이었기 때문이다.

1185년 야쿱 유수프가 사망하며 그의 지위에도 변화가 왔다. 하지만 그의 후계자인 야쿱 알-만수르Yaqub al-Mansur(1160~1195)는 이븐 루시드를 포기하지 않았다. 이븐 루시드는 10년 더 권력의 보호 속에서 학문을 이어갔다. 그러나 야쿱 알-만수르마저 1195년에 죽는다. 이제 그를 지켜줄 권력자는 없었다.

때마침 스페인의 종교적 분위기도 달라졌다. 그리스도교는 점점 무시할 수 없는 세력으로 커져갔다. 알-만수르의 아들 무함마드 나시르Muhammad al-Nasir(?~1213)가 통치하던 시기는 과거와 같지 않았다. 그리스도교 세력을 격파했던 알-만수르의 세상과 달랐다. 이베리아 반도에선 그리스도교의 십자군이 위협하고 있었다. 적어도 이븐 루시드가 살아가는 공간에서 이슬람 세력은 서서히 약해지고 있었다.

위축되는 이슬람 세력들은 더욱더 보수화되었다. 보수주의자들의 눈에 이븐 루시드의 주장은 인간의 이성이 신의 계시보다 더 높다고 생각한 위험한 이단아였다. 지금도 일부 이슬람 국가에선 여성의 인권이 문제다. 이븐 루시드는 이성이란 남성과 여성을 가리지 않는다고 했다. 여성을 이성이 없는 금수나 식물로 보려는 태도에 대하여 비판적이었다. 지금으로서는 당연한 상식이 당시는 이단의 이유가 되었다.

더 이상 권력자의 보호를 받지 못하던 노년의 이븐 루시드는 결국 보수주의자의 표적이 되고 말았다. 루체라로 잠시 몸을 피하지만 시대적 흐름을 피할 순 없었다. 자신이 대법관으로 있던 코르도바의 법정에 죄인이 되어 서게 된다. 굴욕이었다. 70대의 노인 이단아가 된 이븐 루시드는 유죄 판결을 받는다. 그의 책은 금서가 되어 불태워졌다. 그런 노년의 굴욕 속에 마라케시에서 1198년 사망한다. 죽은 그의 몸을 노새 한 마리가 금지된 그의 책과 함께 고향 코르도바로 데려다주었다. 그의 죽음은 이렇게 외로웠지만, 그는 곧 13세기에 서유럽의 곳곳에서 위대한 사상가로 화려하게 부활한다.

이븐 시나의 철학에 반론하다

중세철학의 대표적 논쟁 가운데 하나가 '존재'와 '본질'의 관계 문제다. 이븐 시나는 존재와 본질을 구분했다. 그러면서 본질을 존재에 앞선다고 했다. 본질이 더 근본적이며 존재는 우연한 것이다. 청룡을 생각해보자. 우린 그것이 무엇인지 안다. 그러나 존재를 가지고 있지 않다. 청룡은 실제로 존재하지 않는다. 그런데 신이 그 청룡의 본질에 존재를 부여한다는 생각을 하면 청룡은 하나의 당당한 존재자가 된다. 신이 지금 멸종한 티라노사우루스를 생각한다면, 즉 본질에 존재를 부여한다면, 지금 당장 티라노사우루스가 나타나 여기저기 돌아다닐 것이다. 이때 잘 보자. 논리상 본질이 존재를 앞선다. '무엇임'이 먼저이고 다음에 그것이 존재할 수 있게 된다. 여기서 존재는 신의 의지라는 우연한 요소에 의존한다.

이븐 루시드의 생각은 달랐다. 본질과 존재는 구분되는 것이 아니다. 이 둘은 하나다. 단지 사고의 측면에서 서로 다를 뿐이다. 생각하는 방식에 따라서 서로 다르게 보이는 것이지 사실은 하나란 말이다. 인간과 신의 차이가 있다. 인간은 무엇인가를 생각한다고 해서 그것이 현실적으로 실재하게 되지 않는다. 아무리 1,000억을 생각한다 해도 눈앞에 1,000억이 생기지 않는다. 그러나 신은 다르다. 신은 무엇인가를 계획하고 그 계획에 따라서 재료를 구하고 만들 필요가 없다. 신은 본질을 생각하면 바로 그 존재를 가진다. 인간과 다르다.

인간은 어떤 것을 계획하고 그것이 현실화되길 기대한다. 그 기대가 좌절될 수도 있다. 그것이 인간이다. 그러나 신은 절대 좌절하지 않는다. 그가 생각한 모든 본질은 그 자체로 존재를 가진다. 이러한 논리가 더욱더 아리스토텔레스의 철학에 적절하고 동시에 신에 대한 바른 입장이라 이븐 루시드는 생각했다.

인간은 가능성에 놓인 것을 현실화시켜야 한다. 그러나 원하는 모든 것이 현실화되지는 않는다. 여기서 '가능성'과 '현실성'이란 개념으로 우주를 읽어내려는 것은 사실 아리스토텔레스적인 접근이다. 그는 아리스토텔레스로부터 받아온 개념을 두고 그 기반 위에서 합리적으로 우주를 읽어가려 했다. 신조차도 그 개념 위에서 이해하려 했다. 그에게 가장 좋은 철학적 사고의 도구는 바로 아리스토텔레스의 철학이었다.

영원한 우주,
쉼 없는 창조의 공간으로서의 우주

우주는 영원하다. 무로부터의 창조는 없다. 이븐 시나의 생각이다. 이 우주는 영원한 신으로부터의 유출로 존재하며 그 유출이 영원하듯이 우주도 영원하다. 이런 생각은 신플라톤주의에서 나왔다. 신플라톤주의는 '하나의 신적인 것hen'이 있다 믿는다. 그것은 모든 존재하는 것의 원천이다. 그 '하나의 신적인 것'으로부터 '정신'과 '생명' 그리고 '물질'이 나왔다. 이 '하나의 신적인 것'은 다른 어떤 것에 의하여 존재하는 것이 아니다. 즉 스스로 존재하며 존재의 처음을 가지지 않는다. 한마디로 영원하다. 끝도 없다. 무한하다. 그러한 것으로부터 유출되어 존재하는 이 우주도 영원하다. 이것이 이븐 시나의 '우주 영원성'에 대한 논의다.

이븐 루시드는 동의하지 않았다. 이븐 루시드에게 가장 기준이 되는 방법론인 아리스토텔레스의 철학에서 보아도 이것은 올바른 것이 아니다. 또 순수한 아리스토텔레스 철학이라 부를 수도 없었다. 신플라톤주의라는 이물질이 탁월한 아리스토텔레스의 철학을 오염시킨 모습이었다. 이븐 루시드 역시 우주의 영원성을 주장하지만 이븐 시나와는 다른 방식이었다. 이븐 시나의 것은 오염되어 있었기 때문에 따를 수 없었다.

이븐 루시드는 사실 순수한 아리스토텔레스 철학을 복원하려 했다. 과연 아리스토텔레스는 우주를 영원하다고 했을까? 아리스토텔레스는 자신의 《자연학Physica》에서 이러한 물음에 도움을 준다. 모든 존재하는 것은 그 존재에 앞선 원인을 가진다. 앞선 원인의 결과로 존재한단 말이다. 물질계의 모든 존재는 바로 이렇게 존재한다. 존재하던 것에서 또 다른 존재가 나온다. 영원히 말이다. 무엇인가 있다면, 항상 그보다 앞선 무엇이 원인으로 있어야 한다. 이것이 그리스적 사고다. 그리스적 사유에는 없는 것으로부터 있는 것을 창조한다는 그리스도교의 창조관이 없다.

집을 생각해보자. 집이 세워지기 전에 설계도가 없다면, 벽돌과 목재가 없다면, 과연 집은 가능할까? 목재 역시 숲속 나무가 없다면 가능할까? 아리스토텔레스는 항상 가능태로 있는 것이 현실태로 이행함으로써 변화가 일어난다고 보았다. 변화는 항상 결과보다 앞선 원인이 가능태로 있어야 한다는 말이다. 그렇게 된다면 우주는 영원해야 한다. 존재하는 모든 것은 앞선 존재를 가져야 하고, 이것은 영원으로 거슬러 올라가고 또한 영원으로 내려간다. 이렇게 우주는 영원한 것이 된다. 이븐 시나와 다른 방식이지만 그 역시 우주의 영원성을 주장한다. 창조로 우주의 시작을 이야기하는 종교에겐 수용할 수 없는 논리다. 이븐 루시드는 이미 여기서도 이단의 모습을 가지고 있다. 이단의 내용을 담은 책들은 라틴어로 번역되면서 그리스도교 사회에 확대된다. 이슬람에서 이단이던 그는 이제 그리스도교 사회에서도 이단이 된다. 그것도 아주 대표적인 이단이 된다.

결국 모든 개인은 '하나'다

종교를 가진 사람이라면 사후세계에 관하여 관심을 가진다. 죽어서 어떻게 될까? 이븐 루시드의 답은 당시 종교를 가진 대부분의 기대와는 너무나 달랐다. 연옥도 지옥도 천국도 없어 보였다. 그 논리는 당시 사람들에게 너무나 충격적이었다.

지금 눈앞에 수많은 사람들이 있다. 서로 다른 얼굴 모양에 서로 다른 사회적 배경을 가진, 어느 하나 같은 것이 없는 수많은 사람들이 있다. 그렇게 서로 다른 사람들이 하나같이 '인간'이라 서술된다. '인간'이란 서술은 어느 한 사람으로 대표되는 것이 아니다. 서로 다른 시간과 공간의 모든 사람들에게 적용된다. 저 멀리 아프리카 대륙의 누군가도 '인간'이라 서술되고, 조선시대와 신라와 백제 그리고 고구려의 누군가도 '인간'이라 서술된다.

어떻게 이것이 가능할까? 분명히 서로 다른 물리적 조건임에도 어떻게 모두에게 동일한 것으로 서술 가능한 것일까? 세계 곳곳에서는 지금 이 순간에도 누군가 죽거나 사라진다. 그러나 '인간'은 죽지 않았다. '인간'은 사라지지 않고 여전히 있다. 그렇다면 '인간'이란 존재는 개인으로 존재하는 것이 아니라, 서로 다른 모든 개인들을 하나로 포괄한 단 하나의 존재로 있는 것은 아닐까?

인간을 인간으로 존재하게 하는 것은 '이성'이다. 어쩌면 그 이성은 서로 다른 여럿으로 존재하지 않고 오직 하나로 존재하는 것이 아닐까. 만일 그렇다면 고대 그리스에서 소크라테스가 죽고 조선에서 이황이 죽고 독일에서 칸트가 죽었지만, 사후 서로 다른 이들은 하나의 존재로 있는 것이 가능해진다. 살아 있을 때는 비록 하나의 이성을 가졌다고 하지만 이들 모두가 서로 다른 물리적 조건으로 인해 다르게 보였다. 그러나 그 물리적 조건이 사라진 후 인간은 서로 다른 여럿이 아니라 하나의 모습으로 존재하는 것이 가능해진다. 사회적 지위가 아무리 높아도 혹은 아무리

낮아도 결국 죽은 이후는 동일한 하나의 존재로 있게 된다는 말이다.

이러한 이븐 루시드의 주장은 이후 유럽 사람들에게 큰 충격을 주었다. 그렇다면 선행을 한 누군가와 악행을 한 누군가가 그들 행위의 차이에도 불구하고 죽은 이후는 동일한 존재가 된단 말인가? 이것이 힘든 조건 속에서 선행을 한 이에겐 얼마나 억울한가 말이다. 그리스도교 사회에선 천국과 지옥을 믿는다. 가톨릭교회든 개신교든 아니면 동방정교회든 천국와 지옥의 존재를 믿는다. 그런데 서로 다른 삶을 살아온 모두가 죽어서 결국 동일한 형태로 존재하게 된다면 신앙을 간직하고 살아간 이들은 얼마나 억울하겠는가 말이다.

결국 그리스도교 사회는 이븐 루시드를 이단으로 규정하였다. 그의 철학은 도덕신학을 무시한 무서운 논리로 여겨졌다. 그러나 그의 논리는 날카로웠다. 분명 서로 다른 다수의 사람들이 하나의 서술어 '인간'을 공유한다. 다르지 않다. 그리고 그 '인간'이란 단어가 참된 말이면, 하나로 나타나는 '인간'이란 존재가 있어야 한다. 있지 않은 것에 대한 말은 아니어야 한다. 그 말이 의미를 가지는 말이라면, 어쩌면 서로 다른 개인의 차이를 넘어 하나의 존재가 있어야 한다. 그렇게 된다면 인간의 사후는 신앙인이 원하는 형태와 다를 수 있다. 논리적으로 생각하면 말이다.

신앙과 이성의 조화를 위하여

이단 이븐 루시드의 생각은 여기에서 그치지 않는다. 종교인에게 참된 행복은 어디에서 오는가 묻는다면, 대부분 신으로부터 온다 답할 것이다. 누군가는 '오직' 신으로부터 온다 말할 것이다. 그러면 참된 행복을 위해 인간은 '신앙'을 가져야 한다. 그러나 이븐 루시드는 또 다른 이야기를 했다. 바로 철학의 행복이다. 인간 이성의 힘으로 인간은 행복해질 수 있다는 말이다. 참된 행복은 오직 종교의 몫이라던 이들의 주장에 반론을 제기한 셈이다.

종교를 가진 사람이라면 신앙과 이성을 조화시키기는 쉽지 않은 문제다. 특히 초자연적인 것을 이야기하는 종교라면 더욱 그렇다. 예수의 부활과 같이 종교가 말하는 기적 같은 이야기는 이성적으로 받아들이기 힘든 경우가 많다. 그런데 믿어야 한다. 하지만 인간은 이성적 동물이다. 합리적으로 이해가 되어야 온전히 믿을 수 있고 행동할 수 있다. 전혀 이해되지 않은 것을 그저 정답이라며 믿고 살아가는 것은 합리성을 추구하는 이성적 동물인 인간에게 어울리지 않은 모습이다. 신의 창조물이자 가장 소중한 보물인 이성을 간직한 인간에겐 어울리지 않는다는 말이다.

그렇다고 종교에서 말하는 모든 것을 이성으로 철저하게 따지고 분석해버리면 초자연의 대부분은 인간이 만든 이야기가 되어버릴 수 있다. 그것도 문제다. 적어도 이븐 루시드가 살아가던 시기에는 많은 이들이 종교에서 초자연적인 무엇인가를 기대했기 때문이다. 이븐 루시드는 철학의 행복을 이야기했다. 계시 진리만을 유일한 행복의 길이라 믿고 살아가는 이들에게 이성의 치열한 고민과 합리적인 사고 역시 인간을 행복하게 해준다 말했다. 이것은 어떤 이에게는 신앙을 모독하는 소리로 들렸을 것이고 종교의 권위에 도전하는 것으로 들렸을 것이다. 이븐 루시드가 《종교적 믿음의 증명 방법에 대한 설명Kitāb al-kashf》에서 말하는 한 구절을 읽어보자.

> 종교는 덕을 추구하고 악덕을 금하라고 명한다. 이론뿐만 아니라 실천의 측면에서 인류 전체의 행복에 대한 명확한 기준을 제시한다.[9]

이븐 루시드는 종교가 필요 없다고 하지 않는다. 종교는 덕을 추구하라 하며, 또한 행복의 기준을 제시하기도 한다. 이븐 루시드는 이러한 종교와 철학을 서로 대립되는 것으로 보지 않는다. 종교는 종교의 온전한 가치를 구현하기 위해 철학을 요구한다고 해석한다. 생각 없는 신앙이 종교가 바라는 것은 아니다. 철학하는 삶과 종교는 대립하는 것이 아니라 그는 확신했다. 이븐 루시드의 《결정적 논고Fasl al-Maqal fi ma bayn al-Hikma wa al-Shariah min Ittisal》의 한 구절을 읽어보자.

> 왜냐하면 종교는 참이면서 동시에 진리에 대한 인식에 이르

> 게 하는 철학을 요구하기 때문이다. 우리 무슬림 공동체는 논증적 연구가 종교가 우리에게 부여한 것과 서로 충돌하지 않는다는 것을 분명히 알 수 있다. 진리는 진리에 반대되지 않고 오히려 하나이며, 서로에게 증거가 되기 때문이다.[10]

종교는 분명 덕을 권하고 악덕을 금한다. 그러나 이러한 보편적 지혜를 이루기 위해 인간은 현실의 구체적 삶의 공간에서 고민해야 한다. 즉 이성으로 생각해야 한다. 그 고민과 생각은 종교가 부여한 것과 서로 충돌하지 않을 것이다. '진리'와 '진리'는 서로 충돌하지 않고 서로가 서로의 근거가 되기 때문이다.

'오직 신앙'만을 주장하는 이들에게 신앙과 이성의 조화는 패배로 느껴질 수 있다. 어느 하나 양보할 수 없다는 이들에게 조화는 어설픈 타협으로 느껴질 수 있다. 실제로 그리스도교의 많은 신학자들은 이븐 루시드의 신앙과 이성의 조화가 마음에 들지 않았다. 그러나 모든 인간은 이성적 고민 없이 합리적 진리에 도달할 수 없다. 즉 철학 없이 합리적 진리에 도달할 수 없다. 그 합리적 진리는 신앙이 이야기하는 계시 진리와 서로 모순되지 않는다. 이븐 루시드는 이슬람교의 진리가 절대 아리스토텔레스로 대표되는 철학적 행복과 서로 모순된다고 보지 않았다. 비록 종교가 신앙에 토대를 두고 이야기하고, 철학이 이성에 토대를 두고 이야기하지만 서로 다른 것은 아니라 보았다.

결국 '신학자의 일'과 '철학자의 일'은 크게 다르지 않다. 신학자는 이성을 포기하지 않고 자신의 시각으로 종교적 문헌을 읽는다. 그저 쓰인 대로 그대로 믿기보다는 그 문헌이 담고 있는 진리를 '비유적으로allegorically' 해석한다. 해석은 매우 능동적인 인간 이성의 활동이자 산물이다. 이처럼 이븐 루시드에게 인간은 그저 종교적 권위 앞에 수동적인 존재가 아니다. 치열하게 고민하는 능동적 존재다. 이러한 능동성이 또 그를 이단으로 만들었다. 감히 인간의 이성으로 신의 영역을 재단하려 한다는 이단의 죄목을 덮어씌우게 했다.

르네상스를 연 이븐 루시드

진보의 방향은 하나지만 그 길은 다양하다. 이븐 루시드의 길과 이븐 시나의 길은 다르다. 하지만 인간 이성의 자발성 속에서 살아가려는 그 방향은 같다. 존재와 본질에 대한 설명이 서로 다르고, 우주의 영원성에 대한 설명도 서로 다르다. 그러나 이 둘은 인간의 이성을 긍정했다. 철학의 가치를 긍정했다. 고민하는 삶을 이야기했다. 이븐 시나의 철학에 알-가잘리가 도전했을 때, 비록 서로 다른 길이지만 철학의 가치를 지키기 위해 알-가잘리를 비판한 이는 이븐 루시드였다. 다른 철학적 입장을 가졌지만 이성을 추구한다는 점에서 같은 방향이었기에 아예 그 방향을 거부하는 알-가잘리에 대항해 그는 이븐 시나의 편에 섰던 것이다. 결국 이

라파엘로 산치오의 유명한 그림 〈아테네 학당〉과
이 그림에 등장하는 이븐 루시드의 모습.
유럽에서의 그의 영향력을 짐작해볼 수 있다.

븐 시나와 이븐 루시드는 13세기 파리 대학을 비롯한 유럽의 대학에서 금지와 비난의 대상이 된다. 하지만 그 비난의 크기만큼이나 강한 영향을 준 게 또 이들이었다.

이성의 자발성 속에서 우주를 보려는 이븐 루시드의 노력은 르네상스의 밑바탕이 되었다. 이븐 루시드의 의학은 이븐 시나만큼이나 유럽에 영향을 주었다. 의학이 발달한 이탈리아는 이미 이븐 루시드가 얼마나 대단한 이성을 지닌 인물인지 알 수 있었다. 이미 그가 어떤 사람인지 알아본 이탈리아 학자들에게 이런저런 금지는 소용없었고, 그의 철학은 이탈리아를 넘어 유럽 전역에서 쉼 없이 연구되었다.

외로운 죽음이었다. 힘든 노년이었다. 비교적 편한 삶을 살아왔기에 노년의 괴로움은 더욱 크게 느껴졌을지 모른다. 이단으로 규정된 이후 그의 삶은 결코 평탄치 않았다. 그러나 그는 반역자에서 선구자로, 이단의 길을 일구어간 위대한 사상가로 기억된다. 지금도 말이다.

네 번째 신성한 모독자
로저 베이컨

1214~1294

'신비의 빛'에서 '자연의 빛'으로 나아가자.

Liber III. 407

menclaturã sciens omitto quos ipse nosti, [illegible]

[illegible] Calen. Augusti, anno à Christo seruatore nato M. D. XLIX. Basileæ.

[illegible]

Q[illegible] noratus [illegible] us, B[illegible]iface[illegible]us A[illegible]bachi[illegible] [illegible]asmi Roterodami no[illegible] a nobilissimo [illegible] pictore [illegible] Holbeini[illegible]oribus a[illegible] bene [illegible] com[illegible], exc[illegible] [illegible] in gratia[illegible] appo[illegible] libuit [illegible] non solum adu[illegible] & integram, qualem [illegible] Holandiæ descriptione propos[illegible], sed & [illegible]

[illegible]

'아집我執'이란 변하지 않으려는 욕심이다. 과거의 모습에서 벗어나지 않으려는 자기 욕심의 중력이다. 그리고 많은 이들은 이러한 아집으로 살아간다. 그것이 편하다. 원래 있던 그대로 있는 것이 편하다. 굳이 다르게 되는 것보다 익숙한 모습으로 살아가는 것이 편하다. 오늘도 어제처럼 살고 내일도 어제처럼 사는 것이 편한 사람들이 많다. 생각보다 너무나 많다.

마치 미래를 과거와 같이 살아가려는 이들이 있다. 항상 같은 모습으로 산다. 안주安住하는 삶에 만족하며 산다. 변화로 일어난 새로움이 가져다줄 두려움보다는 안주하는 삶을 선호하며 말이다. 그러나 다른 사람도 있다. 안주하기보다는 탈주脫走하는 삶을 선호하며 살아간다. 날마다 어제와 다른 나로 살아갈 것을 다짐하고 매 순간 다름을 긍정하며 어떤 한 곳에 머물지 않는 삶을 살아가는 이도 있다. 설사 좁디좁은 감옥에 있을지라도 머릿속으로 끝없이 고민하며 자신의 삶을 일구어가는 그러한 이들이 있다. 아무리 자유로운 환경에 있어도 안주하는 사람이 있는 반면, 아무리 억압당하는 환경에 있다 해도 탈주하는 사람이 있다.

로저 베이컨은 오랜 시간을 감옥에서 지냈다. 그러나 그는 막혀 있지 않았다. 감옥을 나오자마자 그는 노년의 몸이지만 마지막 작품을 남겼다. 치열하게 생각하고 또 고민하는 이의 탈주는 감옥이라도 막지 못한다. 현재를 살아가기에 너무나 미래의 사람이었던 그의 모습을 기억해본다.

질문하는 사람 로저 베이컨의 등장

로저 베이컨은 1214년 영국의 한 귀족 가문에서 태어났다. 당시 영국은 정치적인 상황에서 큰 혼란기였다. 바로 〈대헌장〉이 나온 시기였으며, 평범한 사람들이 서서히 자신의 목소리를 내기 시작한 때였다. 바로 그 시기에 로저 베이컨이 태어났다. 그는 어려서부터 훌륭한 교육을 받으며 자랐다. 하지만 둘째 아들이었던 로저 베이컨은 많은 재산을 물려받지 못했다. 주변에서도 수도자 혹은 사제로서의 삶을 바랐다. 그는 13세가 되던 해 옥스퍼드 대학에 입학했고 1237년 파리 대학에서 라틴어, 논리학, 기하학, 산술을 익혔다.

당시 파리에서는 훗날 토마스 아퀴나스의 스승이 될 대 알베르토와 장차 교황이 될 페트루스 히스파누스Petrus Hispanus(1215~1277) 그리고 로버트 킬워드비Robert Kilwardby(1215~1279)와 같은 거물급 학자들이 공부하고 있었다. 베이컨도 그러한 곳에서 수학을 했다. 1247년 그는 다시 옥스퍼드로 돌아왔다. 1247년과 1248년 사이 광학에 대한 그리스어와 아랍어로 쓰인 대부분의 문헌을 섭렵하였다. 이 무렵 빛에 대한 연구로 유명한 그로스테스트Robert Grosseteste(1175~1253)의 영향을 받게 된다. 이븐 알-하이삼의 《광학의 서Optica》를 탐독하며 많은 것을 배운 시기도 아마 이때일 것이다. 그의 광학에 대한 관심은 주로 렌즈와 거울이 대상을 확대하고 축소하는 것과 관련되어 있었다.

1256년 그는 프란치스코 수도회에 입회한다. 수도자가 된 셈이다. 이후에도 그의 학문에 대한 열정은 변함이 없었다. 1260년 유황과 목탄 등을 혼합하여 흑색화약을 만들었다. 또 같은 시기 달력이 가지는 문제점을 파악하고 이를 해결하고자 했다. 태양력과 달력 사이 오차로 발생하는 이 문제에 대한 해법을 그는 교황 클레멘스 4세Clemens IV(1190~1268)에게 건의했다. 하지만 그의 생각이 실현된 것은 무려 300여 년이 지나서였다.

1266년 베이컨은 과학을 교육하는 방법에 대한 고민을 담아 《경험 학문에 대하여De Scientia Exprementalis》라는 저서를 펴냈다. 이때부터 베이컨은 《대저작Opus Majus》, 《소저작Opus Minor》 그리고 《제3저작Opus Terius》을 연달아 써내며 교황에게 바친다. 하지만 그의 이러한 헌정 작품을 받아보지도 못한 채 1268년 교황은 세상을 떠났다. 이러한 상황에서도 그는 쉼 없이 고민하고 작품을 내놓았다. 동일한 해에 《수학 일반Communia Mathematica》을 써낸 뒤 1271년 그의 철학을 망라한 《철학 요강Compendium Philosophiae》이란 작품도 내놓았다. 하지만 1278년 그는 이탈리아의 한 감옥에 투옥된다. 10년 이상의 긴 감옥 생활 후 1292년 풀려난 그는 마지막 작품 《신학 연구 요강Compendium Studii Theologiae》을 남긴다. 그리고 1294년 옥스퍼드에서 생을 마감한다.

그의 삶은 질문의 연속이었다. 그 질문의 답을 구하기 위해 그는 선배 철학자의 영향을 받아 연구하기도 하고, 이슬람 철학자들의 성과물을 깊이 연구하고 수용하기도 했다. 그는 책이나 글로 마무리되는 답보다는 감각 실험으로 자신이 도달한 답을 증명하고자 하였다. 그는 오랜 시간 무시 받은 인간 신체의 인식 수단인 감각을 무시하지 않고 그 가치를 높이 보았다. 그와 동시에 질문하고 합리성을 추구하는 이성의 가치 역시 높이 보았다. 감각과 이성은 서로 다른 것이 아니었다. 매순간 질문하고 그 질문의 답을 얻기 위해서는 감각과 이성 둘 중 하나만을 선택해서는 안 되었다. 이 둘을 모두 사용해야 온전한 답을 구할 수 있다 믿었다. 그는 무엇보다 질문하는 사람이었다. 공교롭게도 그와 이름이 같았던 후배 철학자 프랜시스 베이컨Francis Bacon(1561~1626)은 이런 말을 남겼다.

적절한 질문을 할 때 이미 반은 아는 것이나 다름없다.

Interrogatip prudens dimidium scientiae.[11]

맞는 말이다. 질문은 누구나 할 수 있는 것이 아니다. 제대로 된 질문을 하기 위해서는 대답하는 사람만큼의 치열한 고민이 있어야 한다. 남들의 눈엔 사소하게 보일 수 있지만 누구보다 깊이 고민하고 바라보는 시선이 있어야 한다. 그래야 제대로 된 질문을 할 수 있다. 일상의 당연함에 대해 '왜'라는 도발적인 물음을 던짐으로써 시대를 흔드는 질문을 할 수 있게 되며, 설사 그 답을 구하지 못하더라도 세상에 큰 울림을 주게 된다.

제대로 된 질문은 변덕스러운 답을 구하는 것이 아니다. 보편성과 필연성을 가진 답을 원한다. 언제 어디서나 답이 될 수 있는 그러한 질문이다. 데카르트가 구하고자 한 그 답, 즉 명석판명明晳判明한 답을 유도할 수 있어야 한다. 지금 당장 그 답을 구할 수 없더라도 절대 의심할 수 없는 그 원리를 향하여 나아간다. 어쩌면 그것이 철학과 학문의 여정이다.

도대체 제대로 된 질문과 답은 어디에 있단 말인가? 감각할 수 있는 세상의 것은 끝없이 변화한다. 아무리 아름다운 것도 시간의 흐름에 따라 사라져간다. 거대한 산도 평지가 되어가고, 사막도 사라진다. 단지 천천히 사라질 뿐이다. 그런 이유에서 누군가는 변덕스러운 감각의 세상에 답이 없다 했다. 그래서 어떤 변화도 없는 관념의 세상 속에서 답을 구하려 했다. 삼각형과 같은 관념은 시간의 흐름에 따라 변화하지 않으니 말이다. 늙지도 죽지도 소멸되지도 마모되지도 않으니 말이다.

하지만 로저 베이컨에게는 이 모두가 문제다. 과연 이 가운데 하나만이 답의 장소일지 의문을 가진다. 관념의 세상은 변화하지 않지만, 우린 관념 속에 살지 않는다. 경험 가능한 감각의 세상 속을 살아간다. 그러면서도 우리는 관념의 세상 속에서 가치를 판단하고 합리적으로 이해하며 살아간다. 인간은 이 둘 모두에 걸쳐 존재한다. 로저 베이컨은 수학과 기하학의 원리에서 그 답의 공간을 찾은 듯하다.

추상과 구체를 이해하는 수학의 힘

수학은 무척이나 추상적인 학문이다. 그러나 우리의 현실 세계에서 수학만큼 흔하게 사용되는 학문은 없다. 당장 장사를 할 때에도 수학을 사용한다. 경제의 흐름을 이해하거나 인구의 성장과 감소를 이해할 때에도 수학을 쓴다. 매우 추상적인 학문이지만 우리가 살아가는 이 감각과 경험의 세상을 이해하는 가장 빈번한 수단이 바로 수학이다. 수학은 한국에서의 답과 독일에서의 답 그리고 남극과 달에서의 답이 모두 동일하다. 조선 시대의 답과 지금의 답과 앞으로 1,000년이 지난 뒤의 답도 다르지 않다. 한마디로 보편성과 필연성을 가진다. 너무나 추상적인 동시에 구체적인 상황에서 적용되는 학문이 바로 수학이다. 경험 과학의 서로 다른 여러 경험치를 하나의 통일된 형태로 이해하게 하는 것도 수학의 힘이다. 로저 베이컨은 이렇게 말한다.

> 의심할 수 없는 확실성에 도달하려 한다면, 또한 어떤 오류도 없는 진리에 도달하고자 한다면, 수학 가운데 자신이 구하고자 하는 바로 그 앎의 근본을 두어야 한다.[12]

그에게 수학이란 그러한 것이다. 진리에 도달하기 어려운 나약한 인간이 신이 창조한 이 우주의 원리를 이해하기 위해 꼭 필요한 것이다.

> 수학 없이 이 세상에 대한 어떤 것도 제대로 인식되질 않는다.[13]

베이컨의 말, 수학을 모르면 이 세상을 이해할 수 없다는 말은 지금도 마찬가지다. 우린 수학의 언어로 우주를 이해한다. 경제학도 우주론도 물리학도 생물학도 수학의 언어에서 완전히 독립해 있을 수 없다. 수학의 도움으로 이해한다. 참 대단하다. 그렇게 우리 삶에 익숙한 학문이다. 하지만 너무나 추상적인 대상을 다루는 학문이 수학이다. 이 세상의 누구도 숫자 1을 경험하지 못했다. 숫자 7의 생김새나 맛을 아는 사람은 없다. 이들 숫자는 경험 대상의 밖에 있다. 그러나 마치 항상 경험하는 듯이 우리의 가까이에 있다.

전혀 변덕스럽지 않은 보편성과 필연성을 가진 모습으로 우리의 옆에서 우리가 우리 외부의 대상을 이해할 수 있게 도와준다.

베이컨은 바로 그 '수학'과 '기하학'이란 원리에 따라 감각 경험을 수단으로 우주를 읽어나갔다. 베이컨은 이를 '광학'에서 입증해보였다. 철저하게 경험적이지만 철저하게 기하학적인 학문, 철저하게 구체적인 사례에 집중하는 동시에 보편적인 본성에 집중하는 학문, 바로 광학을 대하는 베이컨의 모습에서 확인해볼 수 있다.

하늘의 빛을 지상에 끌어내린 이단아

'빛'에 대한 학문이 광학이다. '빛'은 그 자체로 신비하다. 아니 신성하다. 그래서 빛을 두고 다양한 '문학적 표현'이 있어 왔다. 신앙이 아닌 인간 이성으로 우주를 이해할 때 이를 두고 '자연의 빛'이라 표현한다. 신으로부터 내려온 신비한 지식 영감도 '조명illuminatio'이라 부르며 빛과 관련하여 이해했다. 아우구스티누스Sanctus Aurelius Augustinus(354~430)는 "우리는 당신의 빛에서 빛을 봅니다in lumine tuo lumen videmus"라고 했다. 그 역시 조명을 이야기하며 신에 대한 인식과 빛을 연결시키는 문학적 표현을 사용하였다.

'계몽enlightenment', 즉 지식수준이 낮거나 인습에 젖은 사람을 가르쳐서 깨우친다 할 때도 '빛'과 관련된 용어를 사용했다. 영어

enlightenment의 중간을 살펴보자. light, 빛이 있다. 빛은 본다는 말과 관련이 깊다. 즉 시각과 관련된다. 플라톤의 '이데아idea'도 '본다'라는 의미의 '이데인idein'이란 말에서 파생되었다. 빛의 신성함과 그 신성함을 받아들이는 시각, 그래서인지 감각 가운데 많은 철학자를 자극한 것은 시각이었다.

그렇다면 과연 빛은 무엇인가? 이 물음은 오랜 시간 화두로 남아 있었다. 하지만 빛에 대한 논의는 쉽지 않았다. 빛은 신비의 영역이었다. 감각 대상으로 있지만 동시에 빛은 신의 영역에 있는 것으로 여겨졌다. 그것을 인간의 감각과 이성으로 분석한다니 이를 원치 않는 이들이 많았다. 빛을 신의 고유한 언어로 보았기 때문이다. 그 빛을 다루는 것은 신에 대한 도전으로 여겨졌다. 그 가운데 특히 무지개가 그랬다. 무지개는 신이 인간에게 내려준 표시였다. 신의 또 다른 언어였던 셈이다. 아래 〈창세기〉의 글을 보자.

> 하느님께서 또 말씀하셨다. "너뿐 아니라 너와 함께 지내며 숨 쉬는 모든 짐승과 나 사이에 대대로 세우는 계약의 표는 이것이다. 내가 구름 사이에 무지개를 둘 터이니, 이것이 나와 땅 사이에 세워진 계약의 표가 될 것이다."[14]

감히 인간 이성이 무지개를 따지고 들어 신이 허락한 그 신성한 계약의 표시를 보통의 자연 현상으로 만들어버리길 원하지 않았다. 그냥 무지개의 신성함을 그대로 두길 원했다. 그러나 로저 베이컨에게는 무지개 역시 광학의 논의 대상일 뿐이었다. 실험과 기하학으로 합리적으로 설명할 수 있는 자연의 한 부분일 뿐이었다.

거울은 빛을 반사한다. 강물도 빛을 반사한다. 빛이 사물에 반사된다는 것은 빛이 직선 운동을 하다가 어딘가에 부딪친다는 것이다. 로저 베이컨은 빛에 대한 중세 이슬람 철학자들의 성과와 알-하이삼의 이론을 이미 충분히 알고 있었다. 알-하이삼의 《광학의 서》는 1270년 라틴어로 번역되어 서유럽의 학자들 사이에서 읽히고 있었고, 로저 베이컨은 알-하이삼의 빛과 반사에 대한 이론을 응용하여 무지개를 설명할 수 있다는 것도 알았다. 이미 무지개는 신의 언어가 아닌 광학으로 설명 가능한 자연의 한 부분이었다.

무지개를 신이 허락한 신성한 신의 언어라고 생각하는 이들에게 무지개의 색은 그저 아름다운 색 그 이상의 의미를 가졌다. 신비였다. 그러나 베이컨은 이러한 환상을 깨버린다. 입에 물을 가득 머금고 뿜어 보이며 무지개를 입 앞에 재현해 보였다. 그러면서 이것은 신의 언어가 아닌 빛의 자연스러운 현상임을 드러냈다. 무지개는 구름 속 가득한 물방울이 구슬 모양 거울의 기능을 하기에 상像이 휘어서 생기는 것, 즉 빛의 굴절로 만들어진다는 것을 눈앞에서 보여주었다. 초자연적인 현상이라 믿던 이들의 환상은 무너져버렸다.

로저 베이컨은 수도자다. 그는 신비 체험을 부정하지 않는다. 그러나 그는 신앙과 인간의 이성이 충돌한다고 생각하지 않았다. 자연은 있는 그대로 이미 충분히 신성하며, 그 신성함을 신이 허

1

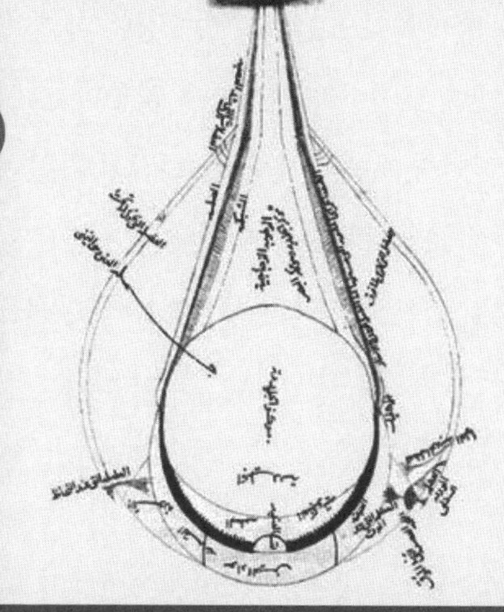

2

1. 이븐 알-하이삼의 《광학의 서》에 나오는 눈의 구조를 설명하는 부분.
2. 1572년 프리드리히 리스너가 다시 출간한 《광학의 서》에 나오는 빛과 무지개를 설명하는 부분.

락한 이성과 수학으로 이해하는 것이 신앙을 무시하는 것이라 생각하지도 않았다. 오히려 광신이 위험한 것이었다.

어쩌면 이 세상을 합리적으로 이해한다는 것이 그의 신앙이고 그가 신을 믿는 방식일지 모른다. 그는 경험 세계에 대한 이성적 이해를 신앙에 대한 도전이라 생각하지 않았다. 오히려 그것이 학자의 의무라고 믿었다. 이성적 동물인 인간이 자신이 살아가는 우주를 자신에게 허락된 이성으로 이해한다는 것은 너무나 자연스러운 일이라 믿었다. 신앙을 가진 과학자는 성경책을 들고 과학을 하지 않는다. 인간 이성의 자발성을 믿고 과학을 한다. 그러한 상식으로 이 우주를 알아가는 것이 과학자로서의 '신앙적 활동'이다. 지금은 너무나 당연한 사실이지만 로저 베이컨의 시대는 이를 용납하지 않았다. 그것은 박해의 시작을 의미했다.

신의 초자연적인 기적을 자연의 일부로 만들어버린 로저 베이컨은 불편한 존재였다. 초자연적 계시란 이름으로 신으로부터 내려온 진리를 독점하려는 교회의 권력자들에게 로저 베이컨은 불편한 존재였다. 초자연적 신비에 대한 도전은 곧 교회가 가진 진리의 독점권에 대한 도전으로 보였다. 신비나 계시를 통하여 백성을 선동하던 이들에게 로저 베이컨은 제거해야 할 대상이었다. 결국 베이컨은 1278년 이탈리아 안코나의 감옥에 수감된다.

무지개와 빛을 인간 사유의 대상으로 만들어버린 대가는 가혹했다. 그는 이단이 되었다. 시대는 그의 목소리를 강제로 막아 버렸다. 가난하고 힘 없는 백성에게 초자연적 신비로 이 세상을 이야기하고 때로는 계시로 겁을 주거나 유혹하기도 했던 종교에서 초자연을 부정한다는 건 용납하기 어려웠다. 천상의 빛을 땅으로 끌어내린 로저 베이컨. 그러나 그의 학문적 성과는 대단했고, 아무리 시대가 그의 입을 막아도 이성의 자발성을 향한 진보의 여정은 막을 수 없었다.

아집으로부터의 탈주

변하지 않으려는 것이 아집이다. 있는 그대로의 세상보다 자신이 고집하고 안주해온 세상 속에서 살아가려 한다. 그 아집의 세상 밖으로 나아가는 것은 모험이다. 변화에 익숙하긴 힘들다. 무지개가 신비이면 더 편하다. 무지개를 보면서 신의 존재를 볼 수 있다고 생각하니 말이다. 그 정도의 신앙은 참 편하다. 자신의 신앙이 틀리지 않았다는 것을 확인하고 만족하며 살 수 있으니 말이다.

그런데 갑자기 누군가 나타나 그것을 일상의 흔하고 흔한 자연현상과 다름없다 한다. 그러면서 합리적으로 설명한다. 감각 경험으로 확인할 수 있으며 나름 일관된 이론도 가지고 있다. 합리적이다. 수용할 만하다. 그러나 눈에 보이던 신비 하나가 사라져야 했다. 그 변화가 힘든 이들이 있다. 너무나 합리적으로 증명하는 모습 자체가 기분 나쁘다. 자신이 살아온 삶의 한 부분을 파괴하는 것 같기 때문이다. 앞서나가는 누군가에 대한 조롱과 헐뜯기는 그렇게 시작된다. 그것이 편하다. 그냥 나쁜 것이라 생각하면 쉽다. 원래 살던 모습으로 살면 그만이기 때문이다. 아집 밖으로의 '탈주'보다는 '안주'를 선택한다.

하지만 이단아 베이컨은 파괴를 위한 파괴를 하려는 것이 아니었다. 그는 신을 갈구한 가톨릭교회의 수도자였다. 누구보다 더 간절하게 신비를 추구한 수도자다. 그러나 그 신비가 그에겐 아집의 세상도 아니고, 초자연도 아니었다. 그에게 있어 신비는 인간의 이성으로 분석되고 분해되어도 흔들리지 않는 그러한 것이었다. 그것이 그의 신앙이었다. 그에게 자연은 신과 대립된 것이 아니며, 자연 그대로의 모습도 충분히 신성한 것이며, 그 자연을 이해함으로 자연으로 다가가는 과정 역시 마땅히 신성한 신앙의 삶이었다. 그러나 합리적 신앙을 추구한 그를 그의 시대는 이단이라 불렀다. 그리고 강제로 침묵하게 만들었다. 오랜 수감생활은 그에게 고통을 주었다. 그러나 철학은 그렇다. 힘겨운 삶이 불행의 이유가 되지 않는 게 철학이다.

힘든 상황에서도 로저 베이컨은 학자로서의 삶을 포기하지 않았다. 아집 밖으로 탈주해갔다. 자신의 이성을 부여잡고 치열하게 고민하였다. 그에게 인간의 삶이란 수많은 거짓과 아집으로부터 벗어나 진리를 향하여 나아가는 힘든 여정이기 때문이다. 힘들지만 포기 없이 탈주해야 하는 그러한 여정이기 때문이다.

그의 광학은 이제 상식이 되었다. 아름다운 무지개는 여전히

1

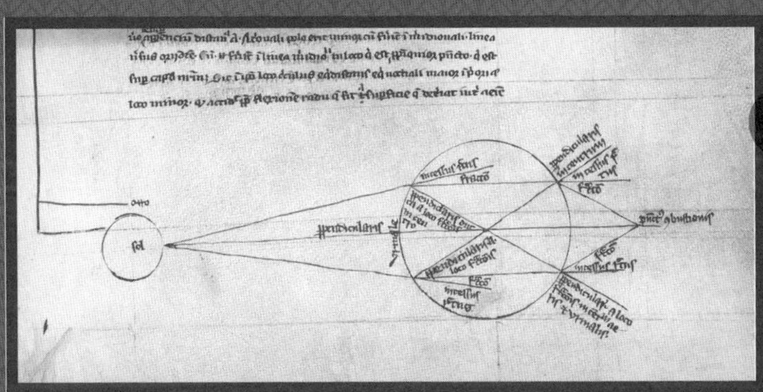

2

1. 옥스퍼드 대학 자연사 박물관에 있는 로저 베이컨의 동상.
2. 로저 베이컨의 저작 《실험과학의 본질》에 등장하는 광학 연구의 흔적.

아름답다. 신비가 사라진 자연이지만 그 아름다움은 달라지지 않았다. 볼록렌즈로 작은 글씨를 들여다보면 커지게 된다는 것을 발견한 베이컨의 시도는 이제 상식이 되었다. 그가 설명한 빛의 속성을 이용하여 만들어진 현미경과 망원경은 오늘날 과학의 필수품이 되었다. 망원경을 조립하다 '마술'이라며 고발당했던 그에게 13세기는 어울리지 않는 시대였다. 그는 그의 시대에 이단이 되어 우리 시대를 위한 영웅이 되었다.

다섯 번째 신성한 모독자

오컴의 윌리엄

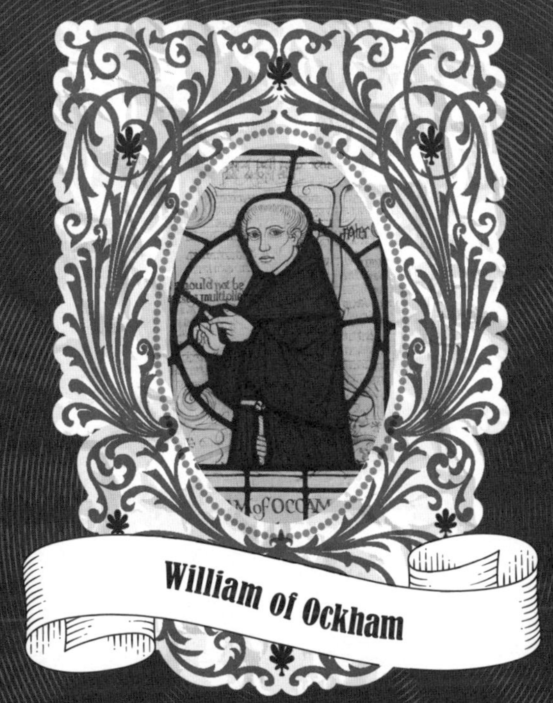

1287?~1347

단순하게 생각하자.
결국 그대의 욕심만 없으면 된다.

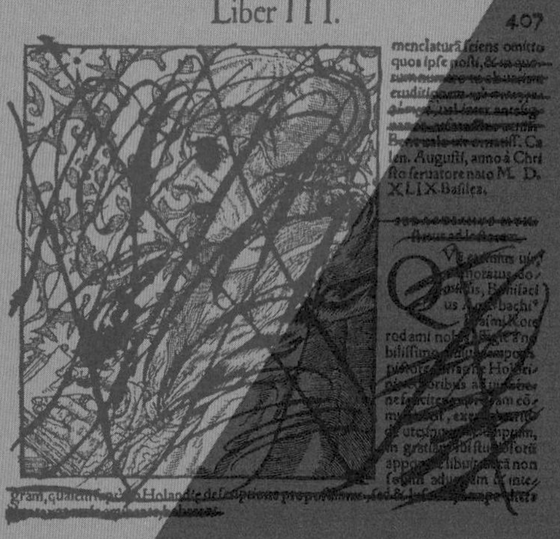

menclaturā sciens omitto
quos ipse nosti,
...
Calen. Augusti, anno à Chri
sto seruatore nato M. D.
XLIX Basileæ.

...
us Amerbachi
...
rodami ...
bilissimo ...
...
in gratiam ...
...

생각보다 현실은 단순하다. 이런저런 문제들로 복잡해 보이지만, 사실 누군가의 이기적 욕심을 가리기 위한 '의도된 복잡'일 수 있다. 사실 진리는 단순한데 그 진리를 숨기기 위해 어렵고 복잡하고 까다로운 말들을 늘어놓는 것을 흔히 보게 된다. 그 복잡한 이야기들은 결국 누군가의 욕심을 감추기 위한 '의도된 가리개' 일 때가 있다.

복잡하게 쌓아올린 권력의 아성

독재는 정상적이지 않다. 누군가의 부당한 지배를 환영하는 이는 없다. 누군가에게 자신의 주권을 넘기고 살아가길 즐기는 이들은 없다. 오랜 노예생활에 익숙해져 있다가 갑자기 찾아온 자유가 당혹스러울 수 있지만, 정당한 권리를 행사하는 소중함을 깨닫게 되면 대부분 이전의 노예생활을 거부하게 된다. 그리고 독재에 대한 반감을 갖게 된다.

그러나 독재라는 이상하고 예외적인 상황은 국가와 종교 양쪽 모두에 존재해왔다. 오랜 시간 국가 권력자와 종교 권력자는 독재자가 되고 싶어 했다. 백성들을 법의 테두리 안에 가두고 자신들은 법을 넘어선 존재로 있길 원했다. 법을 지배하는 동시에 초월한 존재 말이다. 그러한 자신의 권력을 보여주면서 자신이 평범한 사람들과 다름을 드러내고 과시하고 겁을 주었다. 혹시나 말을 듣지 않으면 자신이 정한 그 법의 보호 밖으로 던져버리겠다는 겁을 주면서 말이다. 초월자로서 법의 밖에 있는 권력자와 법으로부터 추방된 존재는 다르다. 추방된 자는 보호의 대상이 되지 못한다. 그의 존재 자체가 없어야 하는 존재이기 때문이다. 이단이 바로 이러한 존재로 있다.

독재자가 매번 이야기하는 것이 있다. 타락한 그리스도교의 지도자는 교회의 발전을 위해 어쩔 수 없었다고 변명한다. 타락한 정부의 지도자는 국가의 발전을 위해 어쩔 수 없었다고 변명한다. 그 변명은 이런저런 종교적 계시 그리고 안보와 애국 등의 논리와 함께 등장하기도 한다. 이러한 수사어구들, 즉 모두가 잘 살기 위해 어쩔 수 없었다는 등의 수사어구들은 결국 독재자가 자기 권력을 유지하고 싶다는 이기심을 감추기 위한 수단일 뿐이다. 그냥 간단하게 말하면, 더 강한 권력을 더 오래 누리고 더 많은 것을 소유하고 싶을 뿐이다. 자신의 욕심을 실토하며 이로 인해 어쩔 수 없는 사회적 희생이 발생했다고 밝힌다면 차라리 솔직한 것이다. 그러나 그렇게 말하지 않는다. 가린다. 애국이나 발전이란 말로 가리고 또 가린다. 결국 단순한 욕심을 숨기기 위한 복잡한 장치일 뿐이다.

우리네 일상도 크게 다르지 않다. 어떤 직원에게 사장이 애사심을 강요한다. 다 같이 잘 살기 위해 힘들어도 조금 참을 수 있는 애사심을 가지라 이야기한다. 그러나 이러한 듣기 좋은 말 뒤에는 사람의 노동력을 최대한 부려먹으려는 사장의 욕심이 있을 수 있다. 이 욕심을 갖가지 미사여구로 치장하고 가린 셈이다. 이렇게 생각하면 세상은 생각보다 단순하고 간단하다. 단지 이런저런 수사어구로 무엇이라도 되는 듯이 숨기고 있을 뿐이다.

가난과 권력을 다시 생각하던 시대

권력을 가지고 있다 함은 그 본질에서 벗어날 가능성이 크다는 말이다. 국가 권력을 가진 이의 본질은 자신의 사익이 아닌 공익을 위하여 헌신함이다. 그러나 그러기 쉽지 않다. 강력한 국가 권력을 가진 이들이 독재자가 되고 사익에 따라 타락한 것을 우리는 역사에서 쉽게 볼 수 있다.

중세의 교황 역시 마찬가지다. 그는 종교 권력을 지닌 사람이다. 그 권력을 바탕으로 부유한 사람이 되고 싶다는 욕심을 가지기 쉽다. 그러나 교황의 본질은 부자가 되는 것도, 강력한 권력으로 많은 사람들 위에 군림하는 것도 아니다. 교황의 본질은 교회를 위한 헌신이 되어야 하며, 특히 종교 지도자로서 소유보다는 가난과 무소유의 가치를 실현하는 것이 그의 본질과 맞닿아 있다. 그러나 그것을 지킨다는 것은 쉽지 않은 일이다.

중세 교회에서는 몇몇의 사익을 위한 성직 매매가 이루어졌고, 무리한 욕심으로 교회 건설을 추진하는 일들이 빈번히 발생했다. 바로 이때 프란치스코 수도회의 수도자들이 교황에게 그리스도교의 본질에 충실할 것을 요구하기 시작했다. 그리스도교의 본질은 청빈과 가난에 있으며, 소유하기 위해 존재하는 종교는 곧 부패할 것이라 외치기 시작했다. 하지만 이러한 프란치스코 수도회 수도자들의 외침이 교황에겐 좋은 충고라기보다는 듣기 싫은 외침이었다. 어찌 보면 잡음으로 들렸을지 모른다. 그 소리를 줄이기 위해 가혹한 박해를 했다. 이로 인하여 몇몇 수도자는 죽어야 했다. 본질에 충실하자는 외침의 대가로 그들은 죽임을 당해야 했다. 소유에 대한 인간의 욕심과 집착이 본질에 충실하자는 외침을 이단으로 만들어 버린 시대다.

바로 이러한 모습을 보며 오컴(라틴어 이름: Gulielmus Occamus)은 참을 수 없는 분노를 느꼈다. 과연 가난을 외쳤다는 것이, 청빈한 삶을 권한다는 것이 죽음의 이유가 되어야 하는 것일까? 오컴은 그 시대의 종교 권력에 실망했다. 실망이 깊어질수록 그의 분노 역시 깊어지고 그 분노의 깊이만큼 가난과 권력에 대한 비판적 사유도 날카로워졌다.

그의 철학은 근본적인 물음에서 시작했다. 과연 이 우주의 창조주는 누구이며 누가 이 우주의 참 주인인가? 바로 신이다. 적어도 그리스도교를 믿는 사람이라면 이 사실을 부정할 수 없다. 그러나 신은 누군가의 사익을 위해 우주를 창조하지 않았다. 누군가 한 사람을 위한 소유물로 이 우주를 창조하지 않았다. 오직 신만이 이 우주의 참된 주인이다. 단지 그 우주를 참 주인인 신이 잠시 인간에게 맡겨둔 것에 지나지 않는다. 신은 이 우주를 공유물公有物로 인간에게 잠시 위탁하였다. 개개인은 잠시 사용권을 가질 뿐이다. 이미 수많은 교부들은 이 우주가 공유물이고, 모두를 위한 곳으로 존재해야 하며, 한 개인이 무리하게 많은 것을 소유하려는 것은 누군가에게 돌아가야 할 몫을 도둑질하는 것이나 마찬가지라 경고하였다. 이미 초기 그리스도교 사회에서부터 이러한 생각이 있었다.

그러나 이미 말한 바와 같이 권력을 가진다는 것은 이러한 본질에서 벗어나기 쉬워진다는 말이기도 했다. 가난한 이들의 교회에서 서서히 국가의 종교로 탈바꿈하면서, 교회의 권력도 함께 비대해졌다. 권력의 확장은 본질로부터 이탈이 쉬워짐을 의미했다.

조금 더 큰 교회에서 조금 더 많은 이들이 조금 더 편하게 신앙생활을 해야 한다는 굉장히 쉬운 논리에서 '조금 더'라는 그 말이 종교의 본질을 흐리게 만들었다. 어쩌면 종교 자체에 대한 애정이 곧 오염의 이유가 되는 그 모순의 지점에서 13세기 이후 많은 프란치스코 수도자들은 분노하며 타락의 위험을 경고했다.

가난이 삶의 유일한 수단일 순 없다. 일상의 공간을 살아가는 이들의 노동과 그 노동의 대가로 무엇인가를 소유하며 살아가는 것은 생존을 위해 피할 수 없는 길이다. 수도자들이 이야기하는 '가난'은 신의 창조물이 각자 제자리에 있어야 한다는 말이다. 그렇게 된다면 사회의 여러 문제가 자연스럽게 해결될 것이기 때문이다. 예를 들어 교황과 황제는 각각 서로 다른 영역의 권력을 소유하고 있다. 한 사람은 교회 내의 권력이며 또 한 사람은 국가 내의 권력이다. 그러나 중세의 많은 교황과 황제는 각자의 자리에 충실한 가난의 모습보다는 소유의 모습으로 살아가려 했다. 그러니 자연스럽게 국가 권력에 욕심을 내는 교황과 교회 권력에 욕심을 내는 황제가 서로 충돌하였다. 그 충돌로 사람들이 죽고 누군가는 이단이 되어 사라져야 했다.

오컴은 교황과 황제가 각자에게 주어진 정당한 권력에 만족하길 원했다. 이는 소유가 아닌 가난과 청빈으로 이루어낼 수 있는 삶의 모습이었다. 가난에 충실한 종교라면 더 많은 국가 권력을 가지기 위해 투쟁하지 않는다. 그 시간에 스스로의 본질에 충실할 것이다. 국가 권력 역시 교회에 간섭하고 교회의 권력을 소유하려 들지 않을 것이다. 쉽게 말해 남의 것에 욕심을 내기보다는 자신에게 허락된 그 본질에 충실하라는 것이다.

욕심으로 살아가는 사회, 누군가의 고통과 희생을 바탕으로 존

유명론의 선구자로서 교황의 비대한 권력에 맞섰던 오컴의 윌리엄 초상화.
영국 서리교회의 스테인드글라스에 있다.

재하는 사회는 이렇게 끝도 없는 이익 다툼 속에 있게 된다. 하지만 누군가의 눈물을 거름으로 내가 웃을 수 있다면 그것은 정상적이지 않다. 그것이 그리스도교의 본질은 아니다.

세상이 복잡해지는 이유를 궁리하다

오컴의 눈에 당시 국가 권력과 종교 권력의 다툼은 각자의 자리에 충실하지 못하고, 남의 것에 대하여 과도하게 내는 욕심 때문이었다. 이 욕심 때문에 남의 권력을 차지하려는 이런저런 어려운 논리가 등장하는 것이라 생각했다.

> 쓸데없이 많은 것을 가정하지 마라.
>
> Pluralitas non est ponenda sine neccesitate.[15]

오컴의 외침이다. 쓸데없이 많은 논리를 가정하는 것은 결국 권력자의 욕심을 감추는 것이다. 교회 권력자는 왜 에리우게나와 같은 이를 수용할 수 없었을까? 왜 이븐 시나와 이븐 루시드를 이단으로 만들어 버렸을까? 왜 로저 베이컨과 같은 이를 묵살했을까? 왜 이들의 깊은 고민을 도전으로 받아들였을까? 왜 이단이 필요했던 것일까? 어쩌면 이단의 역사에 대한 이 모든 질문에 대해 오컴은 이미 그 답을 알고 있었을지 모른다. 권력자들은 사실 자신의 행동이 이 세상을 더욱 복잡하게 만든다는 것을 알고 있었을지 모른다. 그런데 오컴은 그것을 폭로하려 했다. 그러니 제거의 대상이 되어야 했다.

종교 권력은 쓸데없이 길고 복잡한 이론을 제시한다. 너무나 간단한 것도 길고 복잡하게 만들어버린다. 예를 들어 보자. 모든 인간은 당연히 행복을 원한다. 그 행복 가운데 종교의 행복이 우월하고, 그 가운데 그리스도교의 행복이 가장 우월하다. 그런데 그 종교의 행복은 감각적인 행복이 아니다. 종교적 '구원'을 의미한다. 이런 종교적 구원을 결정하는 곳이 교회고, 교회 권력이다. 그렇다면 교회가 인간에게 주어진 가장 소중하고 근본적인 것을 결정하는 곳이기에 가장 높은 권력을 가져야 한다. 바로 교황이 가장 높은 권력을 가져야 한단 말이다. 교황은 신이 직접 인정한 교회의 최고 권력자다. 결국 교황이 최고의 지상 권력으로 국가의 권력까지 자신의 발 아래 두어야 한다. 가만히 듣고 있으면 참 바른 논리로 들린다. 그러나 사실 이러한 논리는 가림막일 뿐이다. 결국 종교 권력의 욕심을 미화하는 수단일 뿐이다. 오컴은 이러한 미화된 논리에 속지 말라 했다. 교황의 권력 아래 모든 인간들은 고개를 숙여야 한다는 논리를 정당화할 뿐이라는 것이다. 이러한 가림막 안에서 교회 내부의 착한 사람은 그저 기득권 세력이 만든 구조 속에 안주하는 사람이 되어 버린다.

과연 교회 권력이 국가 권력을 가질 수 있다는 논리가 타당한 것일까? 당장 여러 종교를 가진 이들로 구성된 국가가 하나의 종

800년, 카롤루스 대제에게 로마 황제의 관을 씌워주는 교황 레오 3세의 모습.
당시 종교 권력과 국가 권력의 밀착이 정점에 올랐음을 보여주는
상징적인 장면이다.

교 권력자 아래 있어야 한다는 것이 말이 되는가? 당시 이탈리아엔 유대교 신자도 살았고, 무역을 위해 아랍에서 온 이슬람 신도도 살았다. 서로 다른 종교적 가치와 신학적 배경을 가지고 살아가는 수많은 사람들을 하나의 종교 권력 아래 둔다는 것이 말이 될까? 더 근본적으로 국가 권력은 종교적 구원을 목적으로 존재하는 곳이 아니다. 그곳은 국민들의 공익을 위하여 존재할 뿐이다. 국가 권력은 교회 권력과 그 권력의 목적부터 다르다. 그런데 교회 권력이 국가 권력을 주무르는 것이 정당한가?

오컴은 국가 권력을 자신의 아래 두려는 교회 권력자들의 논리를 두고 "쓸데없는 것을 가정한다"고 하였다. 쓸데없는 가정들을 면도날로 정리하면 아주 간단한 사실만 남는다. 바로 기득권을 유지하고 싶어 하는 권력의 '민낯'이다. 오컴은 면도날로 성가시게 하는 수염을 면도해버리듯, 방안 가득 돌아다니는 쓰레기를 빗자루로 청소하듯 쓸데없는 권력의 쓰레기를 정리한다면 결국 남는 것은 가난과 헌신이라고 말한다. 그런데 오컴은 당시 권력자들의 수사어구를 모두 정리해도 남는 것은 가난과 헌신이 아닌 그들 자신의 아집, 그리고 욕심뿐이라고 철저하게 비판했다.

단순한 세상에 대한 존재론적 이해

교회 권력자는 자신만이 신의 탁월한 구도자라고 생각한다. 그리고 그 생각을 강요한다. 오직 자신만을 통하여 인간이 참 행복을 누리게 될 것이라 강요한다. 그렇기에 수많은 백성들은 참다운 행복을 이루기 위해 교회를 따라야 한다. 더 엄밀하게는 교회 권력자를 따라야 한다. 신이 허락한 참다운 행복을 위한 유일한 통로이기 때문이다. 그런데 신은 정말 교회 권력에 고개 숙이는 백성들을 원한 것일까? 오컴은 이러한 도발적인 의문을 시작했다.

신은 못할 것이 없는 절대 권력자다. 신은 '절대적 권력'을 가진 우주의 유일한 전지전능의 능력자다. 정말 신이 절대적 권능을 가진 존재라면, 당연히 못할 것이 없어야 한다. '동그란 삼각형'이나 '세 각의 합이 360도인 삼각형'과 같은 형용모순이야 원래 불가능한 존재이지만, 그 이외의 것이라면 무엇이든 할 수 있어야 한다. 그래야 '절대적 권능'을 가진 존재라 불릴 수 있다. 적어도 '절대적'이란 형용사의 수식을 받고 서술되는 존재라면 '도구'나 '수단' 없이도 무엇이든 할 수 있어야 한다. 원한다면 어떤 도구 없이도 신은 자신이 원하는 결과를 만들어낼 수 있어야 한다. 신앙의 대상은 '교회'가 아니라 '신'이다. 신이 신앙의 대상이며, 교회는 그 신앙을 위한 수단이다. 교회는 신 자신이 아니며 단지 인간의 참된 행복과 구원을 위하여 만들어진 신의 수단이다. 그렇다면 신은 그 수단 없이 인간을 행복하게 할 수 없을까? 절대적인 신이 이것을 할 수 없을까? 그렇다면 신은 적어도 그 논리 앞에서는 무력한 존재가 되고 만다. 과연 신은 모든 것을 할 수 있지만 '이것만은' 할 수 없는 존재일까?

신이 정말 절대적 권능을 가졌다면, 신은 교회 없이도 인간을 구원할 수 있는 존재여야 한다. 그래야 한다. 종교 권력자가 그리도 강조하는 바로 그 신이 그토록 위대하고 절대적인 존재라면, 그 신의 절대성 앞에서 가장 먼저 겸손하고 청빈해야 할 사람은 바로 교회 권력자 자신이다. 다른 권력에 욕심 낼 시간에 자신의 본질에 충실해도 모자랄 것이다. 오컴은 자신의 주장을 확고하게 다지기 위해 신과 존재하는 모든 것에 대한 자신의 입장을 제시한다. 바로 '유명론唯名論'이다. 추상적인 것들은 사실 이름일 뿐이지 실재가 아니란 주장이다. 실재가 아닌 것에 지배당하지 말라는 주장이다. 쓸데없이 늘어선 것에 흔들리지 말고 정말 존재하는 것에 집중하라는 주장이다. 그 유명론을 한번 살펴보자.

신이 절대적인 권능을 가진다는 말은 신 스스로 어떤 것에 구속되지 않은 절대적 자유를 누릴 수 있다는 말이다. 신이 원하기만 한다면, 우리가 필연적이라 믿는 것이 다르게 될 수 있다. 단지 아직까지 신이 다른 세상을 원하지 않을 뿐이다. 신이 정말 원하기만 한다면, 눈앞에 현존하지 않은 장미를 존재하는 것으로 보이게 할 수 있다. 즉 기적을 일으킬 수 있다.

이런 절대적 권능을 가진 신을 생각하면 우리가 현재 보고 믿고 있는 것은 어디까지나 '신이 아직 다른 것을 원하지 않았을 뿐'이라는 조건 하에서의 진실이다. 만일 지금이라도 신이 다른 것을 원한다면, 그 진실은 거짓이 될 수 있다. 신은 어떤 성관계도 없이 임신시킬 수 있는 절대적 권능을 가진 존재다. 걷지 못하는 자를 어떤 의학적 수단 없이 걷게 만드는 존재다. 그런 절대적인 존재다. 그렇다면 적어도 신 앞에서 임신에 대한 정의는 인간과 다르다. 걷지 못하는 이를 향한 시선도 인간과 다르다. 성관계가 임신의 필연적 조건이란 것은 인간에게만 그러한 것이다. 그러나 신에겐 이 모든 것이 그저 조건부 사실이다. 아직 신이 다른 것을 원하지 않았다는 조건에서 참일 뿐이다.

신 앞에 필연적인 법칙이란 없다. 신조차도 구속시킬 그런 법칙이란 없다. 모든 법칙은 신이란 존재 앞에서 그 절대성을 상실한다. 그런 능력을 가진 존재가 신이다. 인간은 정해진 법칙을 따른다. 하지만 신은 그렇지 않다. 그의 의지가 곧 법칙인 그러한 존재다. 그 자신이 입법자이지만 그 법에 종속되지는 않는다.

교회는 신에게 어떤 존재일까? 교회를 통하여 인간이 신을 더 잘 알게 되는 것이 사실이라 할지라도 신이 이러한 사실에 종속되는 것은 아니다. 만일 종속된다면 신은 적어도 이 문제에서 무력한 존재가 되고 인간의 교회는 신을 넘어서는 존재가 된다. 그렇기에 절대적인 신은 교회 없이도 그 자신이 원한다면, 누구나 참다운 행복인 구원을 허락할 수 있다. 신은 선을 따르는 자가 아니라 스스로 선을 만드는 존재임을 생각해야 한다. 교회가 뿌리를 두고 있다는 신이 바로 이러한 절대적 권능을 가진 존재라면, 교회는 스스로 겸손해져야 한다. 신은 교회 없이 구원을 이룰 수 있다. 원한다면 말이다. 신 앞에 절대적인 것은 없듯이 인간과 구원에서 교회의 역할 역시 마찬가지다. 여전히 신이 교회를 원한다는 조건에서만 유지될 뿐이다.

오컴은 이런 생각을 한 사람이다. 당연히 그는 미움을 받았다. 그에게 교회는 구원을 위한 필연적 공간이 아니었기 때문이다. 교회 없는 구원의 가능성을 열었기 때문이다. 문제는 오컴의 전진이 여기에서 그치지 않는다는 데 있다. 오컴의 신에 대한 생각은 유명론의 조건일 뿐이다. 그의 유명론은 아직 시작도 하지 않았다. 이제 그의 유명론이 어떻게 '정치적 존재론'이 되어 그를 이단의 길로 안내했는지 살펴보자.

교회는 개개인의 신도로부터 시작된다

신자는 구원을 받는다. 이 말은 교회를 다녀야 구원을 받는다는 말로 해석될 수 있다. 교회의 오랜 논리였다. 교회 권력자들에게 이것은 필연이고 당연이다. 그 필연과 당연 위에 자신의 견고한 권력을 세워갔다. 그런데 근본적인 물음을 한번 던져보자. 교회는 무엇인가? 교회는 교황과 같은 교회 권력인가? 아니면 교회를 구성하는 수많은 신도들인가? 교황과 같은 교회 권력자들이 교리를 정하면, 신자들은 그저 따르기만 하면 되는가? 교회의 타락에도 불구하고 분노해서는 안 되는가? 교회의 결정에 이의를 제기해서는 안 되는가? 수동적인 존재로 있어야만 하는가?

앞서 말했듯이 권력자는 타락하기 쉬운 인간이다. 많은 것을 가진 이는 더 많은 것을 가지려는 성향을 가진다. 그러기 쉽다. 교회 권력자 역시 인간이며, 그 역시도 교회와 신도를 이용해 자신의 욕심을 채우려 할 수 있다. 그들에게 교회는 교회 권력자의 모임이나 교회 권력자 중심의 시스템 정도일 것이다. 말로는 신도들이 주인이라 하더라도 말이다. 오컴에게 교회는 '신자들의 모임' 일 뿐이다. 권력자들의 모임이 아니다. 신자 없는 교회는 말로만 교회다. 실질적인 교회는 아니다. 진짜 교회는 신자들로 이루어져야 한다.

오컴과 같은 이에게 교회 내 민주주의는 당연한 것이다. 교회의 교리 선택에 신도들의 목소리가 꼭 녹아 들어가야 한다. 신도들을 배제해서는 안 된다. 이러한 오컴의 입장을 '공의회주의'라고 부른다. 정치학에서 이야기하는 대의민주제代議民主制와 비슷하다. 국회가 국민의 뜻을 대신하듯이 공의회가 신도의 뜻을 대신해 교회의 결정에 참여해야 한다는 생각이다.

사실 오컴에게 맞선 실재론자들에게 교회는 그저 신도의 모임이 아니다. 그것은 '실재'다. 실재론은 추상적인 것을 단지 이름일 뿐이라 생각하지 않는다. 교회는 신도들의 모임이 아니다. 교회라는 추상적으로 보이는 것은 결코 변화하지 않는 실재이며, 그 실재의 중심에 오랜 시간 교회를 유지하는 교회의 질서 혹은 교회 권력자가 있다. 이러한 주장은 오컴의 생각과 너무나 달랐다. 실재론자들이 보수적으로 교회 권력을 옹호했다면, 오컴의 유명론은 매우 진보적이며 교회 권력을 신도들에게 분산시키려 하였다.

오컴의 저작 《논리학 대전》의 판본에 등장하는 오컴의 모습.

오컴에게 신도가 없는 교회는 진짜 교회가 아니다. 그저 추상적인 명칭일 뿐이다. 진정한 교회는 현실 공간에서 신도들과 함께 아파하며 무엇이 눈물인지 아는 사람들의 모임이라야 한다. 단지 추상물로 남은 교회는 평범한 사람들의 아픔을 모른다. 아픔의 주체는 현실을 살아가는 개인이다. 신도 개개인이 교회의 중심에 서지 않는다면, 어떻게 보통 사람들의 아픔을 아는 교회가 되겠는가? 결국 종교 권력자의 소유욕을 채우는 수단으로 타락해버리기 쉽다. 그리스도를 믿음으로 함께 아파하고, 함께 아파할 줄 앎으로 그리스도를 믿는 공동체가 바로 교회이다. 시대의 아픔과 교감할 수 있어야 한단 말이다.

오컴은 이렇게 개인으로 존재하는 신도 중심의 교회론을 주장했다. 그런데 바로 이러한 오컴의 생각이 그를 그 시대 이단으로 만들어 버렸다. 백성들의 머리 위에서 지배하려는 견고한 종교 권력에 도전했던 그의 반론은 그만큼 강력한 것이었다.

이 세상의 고통이 '진짜' 현실이다

오컴의 유명론은 더 나아가 이런 생각과 관련된다. "소크라테스는 인간이다"라는 명제를 보자. 만일 오컴이 틀렸고, 과격한 실재론자의 생각이 바르다 하자. 그러면 소크라테스가 인간인 이유는 소크라테스 '가운데' 인간성이란 보편적 본질이 있기 때문이다. 그래서 소크라테스는 인간이 된다. 그렇다면 '소크라테스'라는 개체성과 '인간'이라는 보편성이 구분되는 존재여야 한다. 구분할 수 있어야 개체 가운데 보편적 본질이 있다고 말할 수 있다. 경험 세계의 구체적 현실과 추상적 보편은 독립되어 존재할 수 있어야 한다. 그리고 추상이 현실적으로 따로 존재해야 하며, 그 추상물이 현실적으로 존재하는 개체의 본질을 구성해야 한다. '소크라테스'라는 고유한 인간은 한 명이지만 사실 그 한 명은 '개체'와 '보편'이라는 두 가지 '실재'로 구분되어 있어야 한다. '소크라테스'라는 개인이 '인간'이라는 보편적 본질과 결합되어 있다면, 인간은 두 개의 서로 다른 실재로 만들어진 결합물, 즉 두 가지의 실재가 모인 '덩어리'가 되어야 한다. 이것이 말이 되는가? '인간'이라는 추상물을 현실로 만들기 위해 늘어놓은 긴 논변에 오컴은 자신의 소신을 담아 한마디 한다. 쓸데없이 늘어선 것은 집어 치우라고 말이다.

오컴의 눈에 "소크라테스는 인간이다"라는 명제가 참인 이유는 이런 복잡한 이유 때문이 아니다. '인간'은 비슷한 외모에 비슷한 활동을 하는 존재들의 '유사성'에서 비롯된 명칭이다. 여러 유사한 특징을 지닌 존재들을 만나고 경험하며 얻은 기억의 산물이다. 그 기억이 쌓여서 만들어진 이성 속의 개념을 편의상 '인간'이라 부른 것이다. 따라서 '인간'이란 개념은 실재론에서 주장하는 바와 달리 영혼 외부에 무엇으로 존재하지 않으며 단지 인간이 언어를 위하여 만들어낸 것에 지나지 않는다. 개념일 뿐이란 말이다. 한마디로 '인간'이란 보편적 실재가 영혼 외부에 있는 것이 아니란 말이다.

오컴에게 중요한 것은 보편이 아닌 개인이다. 보편이란 추상은 개체로부터 나온 명칭(이름)일 뿐이다. 실재론과 같이 경험 대상인 구체적 현실로부터 떨어진 곳에서 본질을 찾지 않는다. 그런 분리된 공간에서의 본질은 말로만 존재하는 것이지 현실이 아니다. 현실적으로 존재하는 것은 국가보다는 '백성'이고 교회보다는 '신자'다. 신자가 있어야 교회가 있고 백성이 있어야 국가가 있다. 소크라테스가 있음으로 인간이 있듯이 말이다.

신이 참으로 사랑하고 구원하길 원하는 대상은 신자다. 그 신자의 구원을 위한 수단으로 교회가 있을 뿐이다. 신은 여전히 교회를 통하여 신도를 만나기는 하지만 이것이 절대적이진 않다. 신은 이러한 것에 구속되지 않기 때문이다. 오컴에게 실제로 존재하는 것은 교회가 아닌 개별적인 신도들이다. 그런데 이 수단이 감히 주인 노릇을 하려니 오컴은 분노한다. 게다가 막대한 부를 가지고 있음에도 그치지 않고 더 많은 것을 소유하려는 모습에 더욱 분노한다.

권력자들은 추상을 현실로 믿게 했다. 현실의 아픔을 가상으로 만들고 사후의 관념을 위한 당연한 시간이라 백성들을 농락하며 자신들의 현실을 즐겼다. 그것이 교회 권력자의 모습이었다. 신과 신도 사이에서 겨우 수단으로 존재하는 교회 권력자가 말이다.

오컴의 유명론은 현실의 공간에서 감각되는 사실을 너무나 당연한 현실이라 한다. 반면 실재론은 현실에서 경험할 수 없는 초월적인 추상들을 실재로 믿으라 한다. 그것이 본질이라면서 말이다. 오히려 현실의 아픔이 가상이라 말한다. 이 아픔은 천상을 향한 당연한 길이라 말하면서 말이다. 이런 식의 논리는 한때 사람들을 기만하는 좋은 수단이었다. 이렇게 힘든 현실이 차라리 거짓이고 사후의 천국이 더 나을 것이라는 믿음을 심어주기에 좋았다. 현실의 이 잔혹한 아픔에 마취제와 같은 역할을 했다. 하지만 마취제는 치료를 하지 못한다. 결국 마약과 같은 것이 될 뿐이다. 상처가 썩어가고 있지만 아프지 않게 만들고 아픔을 당연한 것으로 받아들이게 만든다. 오컴의 눈에 당시 교회의 신학과 철학은 그러한 것이었다.

권력의 시녀가 된 신학, 신학의 시녀가 된 철학, 지금은?

교회라는 추상적 존재가 실재한다고 말하기 위해선 제법 힘들고 복잡한 논리가 필요했다. 반면 그리스도의 뜻을 따라 살아가는 신도들의 모임이 교회라고 한다면 생각보다 간단한 논리였다. 그러나 권력자들은 그러한 논리가 자신들이 설 자리를 잃게 만든다 생각했다. 그러니 쓸데없이 말이 많아졌다. 신학은 권력의 시녀가 되고, 철학은 신학의 시녀가 되었다. 그들은 앞장서서 길어지는 말에 계속 다른 말을 덧붙였다. 더 복잡하게 만들었다.

> 약간의 것으로 할 수 있는 것을 굳이 더 많은 것으로 하려는 것은 헛된 것이다.
>
> Frustra fit per plura quod potest fieri per pauciora.[16]

맞는 말이다. 무엇인가 감추는 것이다. 쓸데없이 많은 말을 동원하여 간단한 원리를 복잡하게 이야기한다. 복잡한 논리를 가져오는 것은 무언가 단순한 사실을 감추려는 것이다. 신이 "보시기에 좋았다"는 〈창세기〉의 그 단순한 세상은 점점 복잡한 추상화가 되어간다.

오컴이 분노한 그 세상은 사실 지금도 그렇게 많이 다르지 않아 보인다. 기업을 위하여 일하라 한다. 많은 시간을 일하고 약간의 돈을 받는다. 기업이 더 거대해지면 결국 노동자인 당신도 행복해질 것이라며 기업에 대한 사랑과 헌신을 이야기한다. 조금 덜 받고 노동하면 더 빨리 기업이 성장하고 그러면 당신도 더 빨리 좋아질 것이란 논리를 전개한다. 기업이 돈이 있어야 당신의 임금도 상승할 것이라는 전제 하에 우선 기업의 요구와 지시를 따르라고 이야기한다. 지금 눈앞의 한 개인이 이렇게 힘들어도 말이다.

그러나 그렇게 열심히 일했지만, 21세기 한국 사회는 더 많은 우울증과 자살로 채워지고 있다. 기업에 온 존재를 바쳤지만 결국 버려진 노동자의 힘겨운 현실을 본다. 이런저런 수사어구들은 사

움베르트 에코의 대표작 《장미의 이름》을 원작으로 하여 만들어진 동명의 영화 포스터.
영화에서 숀 코너리가 배역을 맡았던 주인공 '프란치스코 수도사 윌리엄'은 실제 오컴의 윌리엄을 모델로 삼아 만들어진 인물이다.

실 거짓이었다. 결국 그들의 이야기는 간단했다. 나는 더 부자가 되고 싶고, 당신은 나의 부유함을 위해 더 희생하라는 것이다. 이 말을 정당화하기 위해 학자들이 나섰다. 종교인들도 나서서 돈만을 외치는 시대에 한몫을 했다. 쓸데없이 복잡한 논리를 내세우면서 말이다.

감각 경험을 중시하는 유명론은 추상적 존재를 실재한다고 믿는 실재론과 다르다. 유명론이 주목하는 것은 바로 눈앞에 전개되는 이 모순 가득한 현실이다. 가난한 이를 위한 헌신과 약자를 위한 정치를 이야기하는 권력자들이 자신의 사익을 추구하며 웃고 살아가는 모순 가득한 현실이다. 유명론은 바로 이것이 진실이고, 이 진실 앞에서 분노하라 한다. 모순 가득한 세상을 두고 듣기 좋은 소리로 사후를 찬양하며 그저 견디고 살라는 이들에게 분노하라 한다. 참으라고! 이 모순의 세상을 그냥 참으라고! 바로 여기가 참으로 존재하는 현실의 세상이고, 내가 당하는 고통이 진짜 고통인데! 오컴은 분노한다. 쓸데없는 수사들을 제거하고 남은 알맹이, 권력자의 야심, 그 야심으로 수많은 백성들이 죽어가는 현실 앞에 오컴은 분노한다.

이단에서 선구자로, 다시 이단으로

오컴은 아비뇽의 교황청에서 이단이 되었다. 교황에게 쓸데없는 권력과 소유를 내려놓으라고 주장한 오컴을 교황이 좋아하지 않은 것은 어찌 보면 당연하다. 오컴과 같은 주장을 하던 벗들은 죽임을 당했다. 이단이란 이름으로 말이다. 청빈한 삶을 살라 소리쳤다는 것이 죽음의 이유가 되는 세상에서 오컴은 이단이 될 운명이었다.

1326년 6월 6일 오컴은 아비뇽을 탈출한다. 그리고 당시 교황과 대립했던 황제의 보호를 받으며 오컴은 계속 교회 권력과 부딪친다. 오컴은 선대 교황에 의하여 지지된 프란치스코 성인과 사도의 청빈 정신을 지키지 않은 교황 요한 22세Ioannes XXII(1244~1334)가 진짜 이단이라며 논박하였다. 결국 오컴의 사상은 1330년 금지된다. 이단이 되었다. 에리우게나가 겪었던 것과 같이 오컴의 책과 그의 철학 모두 공식적으로 금지되었다. 여기서 그치지 않는다. 1339년 파리 대학에서 다시 이단으로 못 박는다. 1346년과 1347년 그의 작품 일부가 다시 금지의 대상이 된다.

오컴은 아비뇽을 떠난 이후 작은 프란치스코 수도 모임을 이끌며 지냈다. 그리고 1347년 4월 9일에 숨을 거둔다. 죽은 지 12년이 지난 1359년 인노첸시오 6세Innocentius VI(1282~1362)는 그를 공식적으로 이단으로부터 자유롭게 풀어 주었다. 죽은 이후에 말이다.

인노첸시오 6세 역시 한계가 많았지만 오컴의 요구를 일정하게 받아들였다. 그는 교회 가운데 쓸데없이 많아진 것을 줄이려 했다. 교황청의 기구를 줄이고, 많은 고위 성직자의 문제를 정리하였다. 1356년 교황의 동의 없이도 국가 권력자인 국왕의 선거가 가능하다는 《금인칙서Bulla Aurea》를 인정하였다. 교회와 국가의 분립을 인정하였다. 오컴의 정신, "존재란 필요 없이 수를 늘리지 않는다Entia non sunt multiplicanda sine necessitate"는 정신을 현실이 되게 하려 노력하였다. 권력을 요구할 뿐 일을 하지 않는 고위 성직자를 견제하고 그런 조직은 폐쇄하였다. 교회 일에 바쁜 권력자인 교황이 국정에 참여하여 간섭하려는 것도 쓸데없는 일이라 생각했다.

더 많은 것을 소유하고 거대해지려는 교황의 시대, 교회 재정 문제로 시끄러웠던 교황의 시대, 오컴을 탄압한 요한 22세의 시대, 오컴의 말로 '쓸데없는 것들이 판을 치던' 교황의 시대 이후, 인노첸시오 6세의 시대가 온다. 오컴은 이단의 사슬에서 잠시 풀려난다. 그러나 잠시다. 1447년 이미 죽은 지 100년이 지난 인물을 두고 파리 대학은 다시 금지령을 내린다. 이것도 부족했는지 1481년 다시 금지한다. 교황의 결단과 변화에도 불구하고 당시 남아 있던 많은 권력자에게 오컴은 여전히 위험한 인물이었나 보다.

여섯 번째 신성한 모독자

마이스터 에크하르트

1260?~1328?

우린 존재론적으로 가난하다.
그 가난이 곧 우리다.

menclaturā sciens omitto quos ipse nosti, & [illegible] [illegible] [illegible] [illegible] [illegible] . Calen. Augusti, anno à Christo seruatore nato M. D. XLIX. Basileæ.

[illegible]

Q[illegible] [illegible] moratus [illegible] [illegible], Bonifacius [illegible]bachi [illegible] Roterodami [illegible] bilissimo [illegible] Holbeini [illegible] coloribus ad [illegible] ne feliciter [illegible]am cō [illegible], ex[illegible] utcunque [illegible], in gratiam [illegible] appon[illegible] libuit, [illegible] non [illegible] adu[illegible] & integram, quatenus [illegible] Holandiæ descriptione proposuimus, sed & [illegible]

신은 아주 멀리 있어야 했다. 인간은 미약한 존재이기에 절대로 다가갈 수 없는 아주 먼 곳에 신이 있어야 했다. 강렬한 빛 너머에 있는 신을 흐릿하게 이러저러한 존재라고 그려 보지만 그 그림조차 신이 아니다. 어쩌면 그러한 상상조차 신에 대한 왜곡이다. 인간은 우주 저 너머의 신이란 절대자를 그릴 수도 말할 수도 생각할 수도 없다. 왠지 당연해 보인다. 그런데 이러한 이야기에 물음을 제기한 이들이 있다. 그 가운데 한 명이 바로 에크하르트다.

신은 그렇게 멀리 있지 않다

보통 사람들에게 있어 신은 그 존재의 여부조차 신비로 다가온다. 그런데 누군가는 신에 대한 지식을 당당히 말한다. 자신이 기준이 되어 이단을 판단한다. 그들만이 신에 대한 지식을 독점한다. 무엇이 신의 뜻인지를 구분한다. 그리고 그 판단의 근거를 따져 물으면 신의 계시라 한다. 특정한 사람들에게만 허락된 신의 계시. 그들을 제외한 나머지 사람들은 신을 만날 권리조차 박탈당한다. 신은 인간 세상에서 동떨어진 대상이 된다. 과연 그럴까? 이러한 신에 대한 독점에 의문을 제시한 에크하르트는 이단이 되었다.

교황 요한 22세는 토마스 아퀴나스를 시성하고 그를 성인으로 올린 교황이다. 또 그는 에크하르트의 철학을 31개의 명제로 정리하여 이단으로 단죄한 교황이기도 하다. 1323년 토마스 아퀴나스는 이단의 억울함을 벗고 성인이 된다. 당연히 그의 철학도 이제 이단으로 불리지 않게 되었다. 그러나 에크하르트는 전혀 다른 취급을 받는다. 1329년 회칙 〈주님의 땅에서In Agro Dominico〉를 통해 그의 철학은 이단이 된다.

요한 22세는 프란치스코 수도회와 청빈의 문제로 다투던 교황이며, 교회 소유권의 정당성을 주장한 교황이기도 하다. 이로 인해 오컴의 윌리엄과 심각하게 다투기도 했다. 정치철학에서도 요한 22세는 오컴은 물론이고 마르실리우스 다 파도바Marsilius Patavinus(1275~1342)와 다투기도 했다. 어찌 보면 토마스 아퀴나스를 성인으로 올리는 대신 에크하르트와 오컴 그리고 마르실리우스를 이단아로 만들어버린 교황이다.

단테Dante Alighieri(1265~1321)는 요한 22세를 《신곡La Divina

Commedia》에서 지옥 가운데 있는 인물의 한 명으로 묘사하였다. 요한 22세는 교황인 자신과 교회 구조가 신의 지식을 독점해야 한다고 생각한 사람이다. 그에게 신은 평범한 사람들로부터 아주 멀리 떨어져 있는 존재이며, 오직 교황과 교회를 통하여 신에 대한 흐릿한 상이라도 얻을 수 있다고 그는 믿었다. 그런데 어쩌면 신은 요한 22세로부터도 멀리 떨어져 있었는지 모른다. 그는 친인척을 중용하여 비난의 대상이 되었고, 성직 매매가 왕성했던 교회의 수장으로도 있었다. 교회의 청빈보다는 교회의 소유에 집중한 교황이었다. 그 소유욕이 교회를 타락의 길로 이끌기도 했다. 그는 당시 프랑스 정치권력의 영향에서 벗어나 로마로 돌아가기보다는 아비뇽에서 프랑스 출신 추기경들과 함께 있기를 원했다. 이렇게 교회의 도덕성이 심각하게 추락하자 오컴과 마르실리우스 그리고 단테는 교황에게 과도하게 혹은 쓸데없이 주어진 권력의 실체에 대해 비판하기 시작했다. 그러자 이들에 대한 가혹한 이단 심판이 이루어졌던 것이다.

도대체 무엇이 이단이란 말인가? 요한 22세의 마음을 어지럽힌 에크하르트의 철학은 무엇인가? 교황은 에크하르트의 주장을 28개로 정리하고, 그 가운데 17개를 이단으로, 11개를 이단의 가능성이 큰 주장으로 선언했다. 그 중 교황이 위험하다고 여긴 26번째 주장을 보자.

26. 모든 피조물은 순수한 아님(없음)이다. 나는 그것들이 어

종교 권력의 정점에 있던 요한 22세의 초상화와 그의 모습을 본 딴 장신구.

떤 사소한 것이나 어떤 꼴로 있다 말하지 않았다. 그것은 순수한 아님(없음)으로 있다 말했을 뿐이다.[17]

26번 주장은 에크하르트의 존재론에 대한 트집이다. 그의 생각을 그대로 읽을 수 있는 바로 그 자신의 글을 보자.

인간의 영혼이 하느님에게 나아가는 세 가지 길이 있습니다. 그 가운데 하나는 많은 수고와 불같은 사랑으로 모든 창조물 가운데 그분을 찾는 것입니다. 솔로몬의 "만물 가운데 내가 쉼을 구하였다" 한 말을 생각해 봅시다.[18]

에크하르트는 신으로 나아가는 길을 초월에서 찾지 않는다. 신은 우리의 일상 가운데 함께 한다고 했다. 존재하는 모든 것은 신의 존재 가운데 있다. 무한한 신의 존재에 의존하는 유한한 존재인 셈이다. 순수하게 존재라는 측면에서 한 인간과 지금 일상에서 만나는 풀과 나무와 강물은 모두 형제다. 신과 일치된 삶은 현실을 벗어난 초월의 공간에서 이루어지는 것이 아니라, 지금 인간이 마주하는 수많은 일상 가운데 신의 존재를 경험하고 그와 하나가 되는 것이다. 신은 그렇게 멀리 있지 않다. 사실 우리의 존재가 신의 존재와 별개가 아니다. 결국 그 말이 에크하르트를 이단으로 만들었다.

"있음이 곧 하느님이다"

신과의 합일은 그리스도교에 있어 최고의 행복이다. 그러나 그 합일이 쉽지 않다. 방법도 마땅하지 않다. 눈에 보이지도 않고 만져지지도 않으며 어느 장소에 있는 것도 아니다. 그러니 막연한 상상과 추측과 모호함으로 설명할 수밖에 없다. 진리가 인간의 영혼을 자유롭게 할 것이라고《성서》는 말한다. 진리 그 자체인 신과의 합일은 결국 신 가운데 우리의 영혼을 자유롭게 할 것이다. 이런저런 구속으로부터 우리를 풀어줄 것이다. 그러나 그 합일이 도대체 어떠한 것인지 상상하기조차 쉽지 않다.

따라서 신의 길에 이르는 조력자가 필요했다. 그 분야의 전문가가 필요했다. 그리스도교의 입장에서 보면 교회이고, 교회가 정한 교회법과 교리와 같은 것이다. 교회는 계시 진리를 풀이하고 이런저런 종교 전례를 집전함으로 백성들의 신앙생활에 도움을 준다. 그 어려운 신과의 합일이 무엇이고 어떻게 해야 하는지 알려주고 도와준다. 그러나 신을 향한 여정의 수단이자 조력자였던 교회는 시간이 지나면서 그 자체로 신의 자리를 대신해 자신들이 숭배의 대상이 되려 했다. 가난을 강조하던 초대교회의 모습은 사라지고 강성하고 풍족한 교회를 꿈꾸며 그 부유함으로 사람들 앞에 자신의 신성함을 보이려 했다. 그들은 신이 백성들로부터 멀리 떨어져 있다 말하기 시작했다. 신은 평범한 사람의 힘으로는 도저히 도달할 수 없는 거리에 있다고 주장했다. 이는 신으로 나아가는 유일한 길이 교회뿐이라는 논리로 이어졌고, 자신들의 위상을 더욱더 높이는 수단이 되었다.

그러나 에크하르트의 시대는 변화하고 있었다. 도시가 번성하고 그곳의 주민들은 경제적으로 과거와 다른 위상을 가지게 되었다. 토지가 없어도 부유함을 얻을 수 있는 길을 찾아가기 시작했다. 경제적인 성장은 곧 주체성의 확립으로 이어졌다. 과거보다 더 선명하게 자신의 운명을 스스로 개척하고자 했다. 신앙에 대해서도 주체적인 의식이 일어나기 시작했다. 백성들의 주체성이 교회에겐 위기였다. 서서히 사람들은 교회가 이야기하는 것을 의심하기 시작했다. 과연 신이 그렇게 멀리 있는 것인지 고민하기 시작했다. 바로 이때 에크하르트가 등장한다. 그 백성들의 뜻을 에르하르트는 오랜 지적 탐구와 합리적인 구조 속에 담아냈다.

에크하르트는 대단한 학자였다. 파리 대학에서 두 번에 걸쳐 교수의 자리에 오른 이는 흔하지 않았다. 오직 토마스 아퀴나스와 에크하르트 둘뿐이다. 토마스 아퀴나스는 교황의 자리를 수호하고자 했다. 파리 대학에서 철학의 독자적인 진리를 향한 걸음이 일어나자 이를 막기 위해 파리 대학으로 달려간 인물이다. 교회의 위기에 앞서 토마스 아퀴나스는 교회의 편에서 교회의 평화를 추구하였다. 교회가 겪는 여러 어려움을 해결할 인물이었다. 교황 우르바노 4세Urbanus IV(1195~1264)는 그에게 성체 성혈 축일의 전례 창작을 위임하기도 하였다. 그러나 에크하르트는 달랐다. 그는 진짜 교회의 편이 무엇일지 생각했을 것이다. 그리고 그의 선택은 간단했다. 그는 백성들의 편에 섰다. 그러면서 그는 신이 우리의 밖에 있지 않다고 했다. 우리라는 존재의 대문 밖에 남이 되어 돌아서 있지 않다고 했다. 에크하르트는 더 이상 신과 그 신성함이 교회와 대학 교실에 구속되어 있지 않다고 했다. 아니, 원래 처음부터 신은 우리와 더불어 존재한다고 했다. 그는 백성의 언어인 독일어로 아래와 같이 외쳤다.

> 인간은 신을 자신의 밖에 있다고 파악하거나 생각해서는 안 됩니다. 바로 나 자신! 내 가운데 신이 있다 생각해야 합니다. 그것만이 아닙니다. 인간은 자기의 명제든 신이든 아니면 자신의 밖에 있는 어떤 것이나 그 밖의 다른 것을 목표로 삼고 섬기거나 살아서는 안 됩니다. 오직 자기 가운데 존재하는 자신의 존재와 자신의 생명을 위해 섬기고 살아야 합니다.[19]

에크하르트의 설교는 백성들에게 희망이었다. 신은 어려운 신학의 내용이나 이런저런 복잡한 전례를 통하여 인간의 옆에 간신히 찾아오는 그런 까다롭고 멀리 있기만 한 존재가 아니란 말이다. 신은 우리네 인간 가운데 우리의 존재로 우리의 생명으로 이미 우리와 함께 존재하고 있다. 바로 우리 자신이 이미 신과 더불어 있음을 말하고 있다. 우리의 밖에 있는 그 어떤 것이 아니라, 바로 우리 자신이 신성의 중심에 있다는 선포다.

있음이 곧 하느님이다.

Esse est Deus.[20]

에크하르트 존재론의 핵심이다. 존재하는 모든 것이 신의 '있음'과 무관하지 않으며, 그 자체로 신비하다. 존재한다, 즉 '있다'는 것 그 자체가 이미 충분히 신비하다. 그러니 에크하르트는 사람들에게 신을 멀리서 찾지 말라 이야기한다. 찾을 것도 없이 우리의 존재, 우리의 생명이 신 가운데 있는 신성함이라 말한다. 신은 나와 남인 채로 있지 않다. 신은 인간에게 남이 아니다. 인간 스스로는 도저히 다가갈 수 없는 우주 저 너머의 남이 아니라고 한다. 당장 내 옆보다 더 가까이, 바로 우리 존재에서 신을 만날 수 있다 이야기한다. 초월의 신학이 아니다. 어쩌면 일상의 신학이다. 그러나 이조차 쉽지는 않다.

'비워져 있는' 모든 존재가 신성하다

대부분의 사람들은 자신이 '누구'인지 생각한다. 자신의 '무엇임'을 생각한다. "나는 교황이다." "나는 황제다." "나는 사장이다." "나는 노예다." 이런 식으로 말이다. 그리고 자신의 그 무엇임에 집착한다. 그것이 한 존재를 압박한다. 황제이기 위해서 선행을 하기도 하지만 때론 악당이 되기도 한다.

중세 유럽을 정복한 신성 로마 제국의 황제 카롤루스 대제의 초상과
'헬레퀴누스(할리퀸)'를 묘사한 그림.

중세의 가장 유명한 귀신은 '헬레퀴누스Hellequinus'이다. 이 귀신의 이름에 대해서 다양한 유래가 거론된다. 그 중 하나가 '카를레퀴누스Karlequinus'라는 말에서 나왔다는 설이다. 그리스도교 역사와 유럽의 중세사에서 정말 유명한 '카롤루스 퀸투스Karolus Quintus', 즉 '카를 왕가'에서 나온 말이다. 12세기 문헌에서도 이들은 군대를 끌고 다니는 무서운 귀신으로 등장한다. 유럽의 세종대왕과 같은 존재가 귀신의 이름으로 백성들 사이에 죽어도 죽지 않는 공포의 대상이 되어 있었다. 황제라는 권력자는 그렇다. 정의라는 이름으로 전쟁을 하면 일상의 평화로움 속에 살던 아버지와 아들은 전쟁에서 죽음을 겪고 남은 가족은 고통 속에 살게 된다. 그러나 황제는 전쟁에서 승리하면 역사 속 승자로 기억되고 뛰어난 황제로 기록된다. 반면 평범한 가정을 꾸리는 이들에게 황제는 공포의 대상이었다. 노역을 하고 전쟁에 나가 비참하게 죽임을 당해도 제대로 보상받거나 기억되지 못한 채 사라져야 한다는 아픔, 그 아픔의 원인이었다.

많은 사람들에게 황제란 원래 그런 존재로 여겨졌다. 교황 역시 다르지 않다. 교회의 대표로서 교회의 거대함을 유지하기 위해 애쓴 교황을 단테는 지옥에서 마주한 사람이라 적고 있다. 거부의 마음을 그대로 적은 것이다. 하지만 교황의 자리에 오른 많은 이들은 오히려 자신이 선행을 한다고 생각했을 수 있다. 교회의 수장으로서 신의 영광을 위해 교회를 크게 짓고, 자신의 소유욕이 신을 위한 헌신이자 교회의 이익을 위한 것이었다고 생각하기 쉽다. 설사 훌륭한 황제이고 교황이라 할지라도 권력을 유지하고자 하는 그 속성은 수많은 이들에게 아픔이 됨을 당시 백성들은 알았다. 사람들은 죽은 황제를 귀신으로 기억했고, 단테는 교회의 수장이 지옥에 있다 적었다. 에크하르트는 권력의 아집에서 벗어나라 했다. 신으로 나아가는 길은 그런 아집에 있지 않다고 했다.

'나는 무엇이다'라는 이해, 그러한 이해가 자신에게 존재론적 짐이 된다. 아집이 되기 쉽다. 아집은 악도 악으로 보지 못하게 한다. 황제와 교황이라는 아집은 어느 순간 독재자로 이끌기 쉽다. 그러나 우리 각각의 존재론적 토대가 되는 것은 '무엇임'이 아니라 '존재'다. 원래 존재하기 시작할 때부터 우린 '무엇'이나 '누군가'가 아니었다. 존재론적 가난이 모든 존재의 시작이었다. 어떤 것도 아닌 모습으로 그저 비워져 있었다. 무엇도 누구도 아닌 채로 있었다. 없는 것은 아니다. 있지만 비워졌다. 그런데 바로 이 '비워져 있음'이 우리네 존재의 참 모습이다. 무엇으로 있으려 하는 마음, 그 마음이 아집이 된다. 그것이 세상을 좋은 것과 나쁜 것으로 나누고, 좋은 것을 차지하고자 서로 다투게 한다. 그러나 존재하는 모든 것은 그것이 인간이든 풀이든 짐승이든 모두가 처음엔 그리고 매우 근본적으로는 그저 비워져 있었다. 잡초도 잡다한 어떤 것이 아니라, 어떤 동물이나 벌레에겐 소중한 먹이이고 쉼터일 수 있다. 인간이 그 소중함을 잡다하다 부를 뿐이다. 그것은 소중한 것도 잡다한 것도 아닌 '그저 있는' 것이다. 우리가 '무엇'이라는 규정으로 그것을 가두어 버린 것이다. 심지어 우리 자신도 말이다.

아주 가난한 모습으로, 그저 있다. 무엇도, 누구도 아닌 모습으로 그저 그렇게 있다. 그러나 그것이 가장 신비하다. 아집에 사로잡혀 타인을 적이라 배척하지 않는다. 존재, 그 가난하고 아집 없는 신비에서 인간은 신과 하나가 된다. 에크하르트가 말하는 '신과의 합일'이다. 그 합일은 인간이 외부 어딘가에서 신과 만나는 것이 아니다. 어떤 아집도 없이 세상을 보고 자신을 보는 가운데 신과 만나는 것이다.

신성함은 백성 가운데 있다. 더 엄밀하게 말하면 존재하는 모든 것 가운데 있다. 신은 존재하는 모든 것의 '남'이 아니다. 에크하르트의 그 길고 복잡한 존재론적 논리를 정리하면 그렇다. 무엇에 대한 집착 없이 '순수 존재'에 집중해야 한다. 무엇으로 존재하는가가 누군가를 신성하게 만드는 것이 아니다. 그의 존재 자체가 이미 충분히 신성하다.

대중의 언어로 대중과 함께 대중 속에

신성함은 백성 가운데 있다. 백성이 쓰는 로마제국의 언어도, 오랜 시간 교회의 권위 속에서 유지된 라틴어도 모두가 신성하다. 어느 언어가 더 신성하지 않다. 모두가 신성하다. '코이네koine 그리스어(공통 그리스어) 《성서》'는 대중화된 언어로 쓰여 있다. 대중에게 다가가 그들 사이에 있어야 하는 것이 《성서》다. 라틴어로 된 '불가타vulgata 《성서》' 역시 '대중적'이라는 의미를 담고 있다. 결국 라틴어 《성서》도 처음엔 대중 속에 녹아들어야 하는 임무를 가졌다는 말이 된다. 그러나 라틴어가 권위의 언어가 되면서 신으로 가는 길은 멀어지기만 했고, 신은 대중을 떠나 문밖 아주 멀리 있는 존재가 되었다. 에크하르트는 백성들에게 다가가 그들의 언어로 글을 쓰고 설교했다.

동학의 최제우는 한글로 된 《용담유사龍潭遺詞》를 적었다. 백성과 함께 한다면서 백성이 알아듣지 못하는 한문으로 글을 쓰는 것은 모순임을 그도 알았다. 그는 중국의 학문만이 고귀하다 하지 않고, 서양의 학문만이 고귀하다 하지 않았다. 이 땅의 학문, 즉 동학도 마찬가지로 고귀하다 생각했다. 우리 백성이 일으킨 철학도 우리네 삶을 아우르는 가치 있는 것이라 믿었다.

에크하르트 역시 다르지 않다. 신성은 인간 존재 가운데 이미 있다고 말하면서 백성의 언어를 멀리하고 그들의 삶을 무시하는 것은 모순적이다. 그는 단순히 백성의 언어로 설교한 것을 넘어 그들이 스스로 신성 가운데 있음을 깨우쳐주려 했다. 신성함이 평범함의 밖에 있는 것이 아님을 평범한 언어로 설명한 것이다.

당시 중세의 일반 백성은 라틴어를 제대로 익히기 힘들었다. 오직 교회의 성직자와 국가 권력자 일부만이 문자를 독점하고 많은 지식을 독차지했다. 그 독점은 평범함을 천한 것으로 만들고 신성함을 가진 자들이 누릴 수 있는 특권으로 만들었다. 그러나

마이스터 에크하르트의 모습을 그린 초상.

에크하르트는 이 모든 굴레를 깨고자 했다.

신성은 평범 안에 있다

어떤 사람이 한 수도자에게 묻는다. 신은 과연 어디에 있느냐고 말이다. 어찌 신에게 다가가 신과 함께 참 평화를 누릴 것인지 묻는다. 과연 무엇이 신성하고 무엇이 고귀한지 묻는다. 우리가 겪는 이 수많은 어려움과 번뇌에서 벗어날 수 있는 진리의 공간은 어디인지 묻는다. 그때 그 수도자는 과거에 한 파계승이자 동아시아 불교의 기초를 닦은 쿠마라지바鳩摩羅什(344~413)의 이야기를 들려주었다. 번뇌시도장煩惱是道場, 즉 진리의 공간은 시끄럽고 혼란스러운 바로 여기다. 신성함은 멀리 있지 않다. 바로 여기, 너와 함께 있다. 너의 존재가 이미 그대로 신성하다. 너의 밖에서 너의 삶의 답을 구하고 신성함을 구한다면, 이미 신성과 진리는 너와 남으로 있으니 그것이 무슨 소용이 있겠는가. 그에게 이 말은 화두가 되었다. 나 자신이 이미 신과 함께 있으며, 충분히 신성하다는 화두 말이다.

에크하르트는 교회만이 신을 만나게 해줄 수 있는 유일한 수단이란 생각을 부수어버리려 했다. 에크하르트는 질문자에게 '너의 존재를 보라' 말할 것이다. 신성은 평범함 밖에 있다 믿으며 자신의 밖에서 자신의 답을 구하려는 그의 생각을 바꾸려 할 것이다.

그런 에크하르트의 모습이 교회의 눈엔 자신들의 지위에 대한 도전이었을 것이다. 1323년 혹은 1324년 그는 쾰른에서 교수로 초빙되었다. 그러나 얼마 지나지 않아 1328년 그는 이단 혐의로 아비뇽에서 재판을 받게 된다. 그 후 1328년 3월 27일 세상을 떠난다. 1329년 회칙 〈주님의 땅에서〉는 그를 이단으로 완전히 못 박는다. 교황권에 도전한 오컴, 마르실리우스 등을 모두 이단으로 만들어버린 교황 요한 22세에게 에크하르트 역시 불편한 인물일 뿐이었다.

그러나 권력자들은 그의 철학을 막을 수 없었다. 평범한 이들로 이 세상은 꾸려지고 존재한다. 지극히 평범한 사람들에게 그들의 존재 가치를 이야기한 에크하르트는 쉽게 잊히지 않았다. 그는 많은 사상가들에게 영향을 주었다. 타락한 종교 권력에 반기를 든 베긴회 여성 수도자들에게도 많은 영향을 주었고, 쿠자누스Nicolaus Cusanus(1401~1464)를 비롯한 독일 신비주의의 흐름에 큰 영향을 끼쳤다. 종교개혁의 기수 마르틴 루터Martin Luther(1483~1546) 역시 이러한 흐름에서 제외될 수 없다.

존재론적 가난, 비워져 있음, 그의 철학은 바로 그러한 '참 있음'에서 시작한다. 무엇으로도 채울 수 없는 비움, 그 존재론적 가난에서 우린 신을 마주한다. 아집으로부터 벗어난 곳에서 우리는 신을 만날 수 있다. 아집과 욕심으로는 참 행복을 이룰 수 없다. 신은 우리의 '비워져 있음'이란 존재론적 상황 안에 이미 함께하고 있다. 어떠어떠한 직책과 사회적 위상이 아닌 '있음'이란 근본적 뿌리에서 우린 신을 마주한다. 그리고 이 모든 것은 신이 우리 자신 안에 있고 우리가 신에게 속해 있음을 전제로 한다. 신은 더 이상 남이 아닌 나와 더불어 있다.

에크하르트, 그는 아무것도 아닌 것처럼 보이는 나 자신이 그렇게 초라한 존재가 아니라고, 용기를 내라고 힘주어 말한다.

일곱 번째 신성한 모독자

파라켈수스

1493~1541

새로운 시대를 위해 오랜 과거를 태워라.

menclaturā sciens omitto
quos ipse nosti,
Cæ
len. Augusti, anno à Chri
sto seruatore nato M. D.
XLIX. Basileæ.

책을 읽는다는 것은 단순히 문자를 소리 내어 읽는다는 것을 의미하지 않는다. 책을 읽는다는 것은 종이 위에 쓰인 의미를 가진 기호를 해독解讀한다는 것을 의미하지 않는다. 책을 읽는다는 것은 객관적인 어떤 정보를 소리 내어 읽거나 해독하거나 수용하는 것에 그치지 않는다.

그렇다면 책을 읽는다는 것은 도대체 무엇인가? '대화'다. 대화하는 가운데 설령 어떤 말도 없이 조용히 듣고 있다 해도 그 행위는 그저 수동적이지 않다. 들리는 언어를 생각하고 그 생각을 통해서 자신의 뜻을 만들어내는 과정이다. 대화는 수동적인 동시에 능동적이다. 객관적 정보를 그저 받아들이는 것이 아니라, 주관적인 고민 속에서 능동적으로 무엇인가를 만들어냄이다. 책을 읽는다는 것은 바로 그러한 대화다.

오래된 책을 대하는 방식

책이란 대화의 공간이다. 그 공간은 수많은 이들에게 지혜가 된 오래된 궁리로 가득하다. 특히 고전古典이란 이름의 책은 더 대단하다. 그것은 시간과 공간을 넘어서 오늘날까지 계속 읽힌다. 과거의 고민이고 궁리이지만 절대 과거형이 아니다. 현재진행형이다. 그 불멸의 지식과 지혜가 녹아들어 있는 것이 고전이란 이름의 책이다. 고전을 읽는 것은 그토록 대단한 보편적 지혜를 지금을 살아가는 자신의 앞에 두고 대화함이다. 저자가 생물학적으로 지금을 살아가지 않아도 괜찮다. 아리스토텔레스나 플라톤 그리고 공자의 글이 얼마나 오래된 과거의 글이든지 그것은 중요하지 않다. 오히려 수천 년 전의 글이 고전으로 읽힌다는 것은 그만큼 생명력을 유지하고 있다는 말이 되기도 한다. 그런 불멸의 지혜를 대화의 상대로 불러내는 것도 단순히 수동적인 것만은 아니다. 능동적이다.

조선을 보자. 조선의 역사를 관통하는 수많은 철학자들의 고민을 보자. 그들의 고민은 그들에게 현재형의 고민이었다. 그 고민의 뿌리가 된 것은 공자와 맹자孟子(BC 372?~BC 289?) 그리고 주희와 같은 과거 사상가의 글과 사상이었다. 그들의 고전이었다. 그 과거의 글을 읽고 공부함으로 철학을 일구었지만, 절대 과거 사상의 모조품을 만들지 않았다. 과거의 그 오래된 지혜 속에 자기 시대의 구체적 고민과 염려를 녹여내어 새로운 철학을 만들었다. 이러한 새로움을 바탕으로 원나라나 송나라의 '주자학朱子學'이 아닌 '조선 성리학朝鮮性理學'을 탄생시켰다. 조선의 고유한 철학이 되었단 말이다. 모사품의 철학이나 흔히 말하는 '따라쟁이' 철학이 아닌 조선의 색깔이 들어간 철학이 되었다.

유럽을 보자. 유럽도 조선과 이런 점에서 다르지 않다. 고대와 중세 심지어 근대 유럽의 철학자들은 그들에게 과거의 철학자인 아리스토텔레스와 그의 고전을 부여잡고 철학을 했다. 그의 고전을 연구하고 풀이commentaria하며 철학을 했다.

토마스 아퀴나스는 아리스토텔레스의 고전을 읽고 풀이하는 데 생애를 바쳤다. 오컴과 둔스 스코투스 역시 아리스토텔레스를 읽고 풀이하는 데 여념이 없었다. 그렇다고 서구철학의 오랜 역사가 아리스토텔레스와 플라톤과 같은 고전 철학자의 복사본에 불과한 것은 아니다. 토마스 아퀴나스, 오컴, 둔스 스코투스는 단지 아리스토텔레스의 철학을 객관적으로 알기 위해 고전을 읽은 것이 아니다. 고유한 자신의 색깔을 가지고 아리스토텔레스의 철학을 각색·활용하였다. 그들은 수천 년 전 학자와의 치열한 대화 끝에 저마다 고유한 색깔을 가진 자신만의 철학을 완성해냈다.

제대로 된 독서는 그저 수동적인 것일 수 없다. 능동적이어야 한다. 남의 지식에 대한 객관적 정보를 얻기 위해 읽는 것이 아니라, 자신의 주관적 답을 스스로 찾아내기 위해 읽기 때문이다. 이런 능동적인 대화 속에 고전을 비롯한 책을 읽는다는 것은 단순히 과거의 객관적 지식을 배우는 것 '그 이상의 의미'를 가지게 된

1350년경 중세 이탈리아 볼로냐 대학에서 고전을 가르치는 모습.

다. 여기서 '그 이상의 의미'란 무시할 수 없는 말이다. 대단한 뜻을 가지고 있는 말이다.

과거는 모방이 아닌 극복의 대상이다

책에 담긴 과거의 지식과 지혜를 수용하여 이를 더 탄탄하게 다지겠다는 이들이 있다. 주희와 이이의 뒤를 이어 송시열宋時烈(1607~1689)과 권상하權尙夏(1641~1721)의 뜻을 따라 한원진韓元震(1682~1751)은 성리학을 다져갔다. 그가 주희의 글을 읽을 때, 그 글은 절대 과거형의 글이 아닌 자신의 시대 현재형의 고민이며 그 해법을 제시해줄 글이었다. 그에게 주희의 글이란 고전이었으며 불멸의 지혜였다. 그는 그 지혜를 보다 더 선명하게 드러내기 위해《주자언론동이고朱子言論同異攷》를 펴냈다. 영남의 유림 유건휴柳健休(1768~1834)는 성리학만을 올바른 지혜로 보고 이와 구별되는 학문을 따로 모아《이학집변異學集辨》을 써냈다. 그에게 성리학의 전통이 아닌 다른 노선의 모든 사상은 이단이었다. 그는 노자를 비롯한 여러 사상가들이 왜 이단이 될 수밖에 없는지를 논변하였다.

이들에게 성리학의 시조인 주희의 글과 고전을 읽는다는 것은 주희라는 객관적 진리로 다가가려는 노력이 되기도 하고, 주희가 아닌 글을 경계하고 더욱 더 주희의 뜻으로 다가가려는 노력이 되기도 할 것이다. 이들에게 고전의 진리는 절대적이다. 설사 부족하고 모자란 부분이 있어도 이를 수정하고 지워가면서 더욱 더 온전한 진리로 마주해야 한다. 그것이 고전에 대한 바른 태도라 믿었다.

하지만 이와 다른 이들이 있다. 그들은 과거의 지식과 지혜로는 오늘을 살아가는 우리의 삶을 위한 온전한 답을 구할 수 없다고 생각한다. 어떻게 '옛길'을 걸으며 얻은 것을 '새길'을 걸어야 하는 이들의 답으로 강요할 수 있느냐는 것이다. 오늘날 이 시대의 답은 바로 지금 새로운 길을 걸어가는 이의 고민과 궁리에서 나와야 한다는 말이다. 이들은 과거에서 벗어난 아예 새로운 판이 필요했다. 아무리 오랜 시간 검증을 거친 고전이라지만 과거의 책은 이미 사라진 과거라는 현실 속에서 만들어진 답이다. 그뿐이다. 그 이상의 어떤 것이 아니다.

21세기를 살아가는 우리에게 과거 조상들의 기술과 지식이 녹아들어간 돌도끼 등이 무슨 소용인가? 아무리 대단한 돌도끼라도 그저 돌도끼일 뿐이며, 굳이 이야기한다면, 과거에 대한 역사학적 혹은 고고학적 의미를 가질 뿐이다. 박물관에나 가 있어야 한다. 미래를 향하여 살아가는 이들을 위한 공간인 학교의 교실에 있어야 할 것은 아니다. 과거의 답으로 현재를 살아가라 할 순 없다. 미래를 향하여 현재를 살아가는 이들에게 과거의 것만 답으로 가르칠 순 없다. 지금 이 순간 우리의 삶을 채우고 있는 고민거리들은 스스로 경험하며 만든 우리 자신의 지식으로 해결해야 한다.

과거 남의 이야기로 해결할 수 없다. 설사 어느 정도 조언을 들을 수 있어도 그것이 온전하고 완벽한 답이 될 수 없다.

파라켈수스, 책을 불태우다

1527년 파라켈수스는 바젤에서 학생들이 지켜보는 가운데 공개적으로 이븐 시나의 《의학전범》과 갈레노스Claudius Galenus(129~199?)의 글들을 불태웠다. 파라켈수스는 책, 그것도 '고전'으로 불리는 책을 불태웠다. 그 오랜 시간 수많은 의학자들이 강의하고 공부한 책들을 불태웠다. 무시할 수 없는 그 권위의 공간을 불태워버렸다. 단지 자신의 개인적인 공간에서 벌인 것도 아니다. 미래를 향하여 살아가는 학생들이 보는 앞에서 공개적으로 불태워버렸다. 끝을 보냈다는 의식적 행위다. '단절'을 행위로 선언한 셈이다.

과거의 답은 그저 과거의 성과일 뿐이다. 이븐 시나의 성과는 분명 유의미하다. 그러나 그것은 어디까지나 과거라는 조건에서 그렇다. 지금 이 순간을 살아가는 이에게 그 과거의 답은 말 그대로 과거의 답일 뿐이다. 지금을 살아가는 이에게 필요한 답은 지금이란 조건 속에서 만들어진 고민과 궁리에서 나와야 한다. 과거의 답을 지금을 살아가는 학생들에게 강요할 수 없다. 누구도 과거를 살아가지 않는다. 우리는 오직 지금을 살아갈 뿐이다. 이러한 파라켈수스의 분노가 담긴 생각은 그의 글에도 담겨 있다.

이미 많은 책들이 저를 비롯한 우리 모두에게 오래전부터 전해져 왔습니다. 하지만 저의 생각에 이것만으로는 충분하지 않습니다. 이 책들은 완전하지 않습니다. 그저 단순하기만 한 길로 우리를 이끄는 불완전한 작품들일 뿐입니다. 이런 이유에서 저는 이제 이 책들을 떠나려 합니다.[21]

파라켈수스에게 책이란 이러한 것이었다. 충분하지 않았다. 모자랐다. 한참 모자랐다. 현실 속에 마주하는 이 복잡한 세상을 그저 단순화한 것에 지나지 않으며, 그것만을 답이라 믿게 만드는 위험한 것에 지나지 않았다.

파라켈수스의 이름은 파라켈수스가 아니다. 그의 본명은 테오프라스투스 필리푸스 아우레올루스 봄바스투스 폰 호엔하임Theophrastus Philippus Aureolus Bombastus von Hohenheim이다. 이 긴 이름 어디에도 파라켈수스라는 말은 없다. 그의 이름으로 알려진 이 이름은 별명이다. 그가 어떤 삶을 살아야 할지 스스로 결단하고 만든 의도된 별명이다. 그의 이름 '파라켈수스Paracelsus'는 '켈수스 다음'이란 뜻이다. 기원 후 1세기 학자 코르넬리우스 켈수스Aulus Cornelius Celsus(BC 30~AD 45)•를 뛰어넘겠다는 의지가 담긴 이

• 로마제국의 의학가다. 여러 저작 가운데 《의학에 관하여De Medicina》가 남아 있으며, 의학의 역사에 많은 영향을 주었다. 그는 직장에 손가락을 넣어 방광결석을 파괴하는 방법을 개발하였으며, 지금도 이러한 원리의 수술을 켈수스 수술이라 부른다. "의술은 예측술이어서 때로는 빗나간다" 등의 격언을 남겼다.

파라켈수스가 전범으로 삼았던 의학의 대가 코르넬리우스 켈수스의 초상.

름이다. 직접 질병과 신체를 관찰하지 않고 책만 들여다보는 글 공부만으로 사람의 병을 치유하려는 그 당시 의학 교육 방법론에 대한 도전의 뜻을 담고 있기도 하다. 이런 그에게 감각 경험과 실험 없이 글공부'만'으로 채워진 의학 교육은 절대 좋은 의사를 양성할 수 없었다. 그는 아래와 같이 선언했다.

> 살레르노와 몽펠리에는 절대 좋은 의사를 훌륭하게 교육시킬 수 없습니다.[22]

그는 당시 명문 의대와 그 도시를 두고 절대 좋은 의사를 양성할 수 없다 독설을 했다. 그리고 바젤에서 학생들이 보는 가운데 그 오래된 권위의 책들을 공개적으로 불태웠다. 기억해야 한다. 책은 현실이 아니다. 책은 '과거의 자리'다. 그것이 유해하지 않아도 그것만으로는 부족하다. 책은 그것만이 유일한 답이라 생각될 때부터 위험해진다. 현실의 문제에 등을 돌리고 과거의 답 속에서 살아가게 된다. 고전을 읽을 때 절대 수동적이어서는 안 된다. 대화여야 한다. 수동적이지만 필시 능동적인 요소를 가지고 있어야 한다. 이것이 중요하다. 능동적 요인 없이 그저 고전 속에 적힌 답만을 객관적 답이라 생각하며 살아가서는 안 된다.

당시 많은 철학자들은 아리스토텔레스의 틀 속에 있었다. 그리고 많은 의학자들은 갈레노스과 이븐 시나의 틀 속에 있었다. 파라켈수스는 철학과 의학의 이러한 구속된 사유가 싫었다. 그에게 아리스토텔레스의 책은 그저 과거의 고민이고 궁리일 뿐이었다. 조언을 준다 해도 절대 '답'을 주진 못했다. 이븐 시나와 갈레노스 역시 마찬가지다. 그것만으로 의학이 완성되고 그것만으로 현실의 답이 주어지는 것은 아니라 확신했다. 이븐 시나의 시대에 그의 성과는 분명 새로운 무엇이었을 것이다. 하지만 파라켈수스의 시대에 그것은 이미 과거의 산물이었다. 이젠 새로움의 등장을 막아서는 시대의 방해물이 되어버린 것이다.

파라켈수스는 책과 글 속에 구속된 교수가 아닌 도예공의 행위에서 배우라 한다. 도예공은 은박과 금박을 이런저런 다양한 방식으로 입히면서 더욱더 노련한 장인이 된다. 직접 경험해본다. 그리고 경험한 것을 두고 다시 고민하고 새롭게 시도한다. 이런 가운데 도예공은 자신의 새 기술을 익히고 그 기술에 노련해진다. 글이 그의 기술을 지배하지 않으며 그의 새로움을 억압하지 않는다. 경험이다. 스스로의 경험에서 얻는다. 남의 경험을 전해 듣는 것도 아니다. 직접 자신이 실천한 이야기에서 답을 구한다. 바로 이러한 경험을 학자들은 '실험'이라 한다.

그저 책만 보고 질병을 다루겠다는 것은 얼마나 웃긴 이야기인가? 실험하고 직접 관찰해야 한다. 책을 통하여 간접적으로 전해들은 남의 이야기 속 남의 답이 아닌 자신이 직접 두 눈으로 보고 두 귀로 들으며 얻은 경험, 그것을 바탕으로 고민하여 얻어낸 자신만의 답이 중요하다. 실험도 관찰도 없이 책으로 시작해 책으로 끝나는 권위 속에서 이루어지는 의학 수업이 아니라, 스스로 그 책이란 벽을 넘어 현실의 질병과 신체를 보라 한다. 파라켈수스는 이를 보여주고 싶었다. 조금 더 강하게 자신의 이런 뜻을 전하고 싶었다. 그래서 선택한 방법이 '분서焚書', 즉 책을 불태우는 것이었다. 책이란 틀에서 벗어나 그 외부에 길이 있음을 보여주고 싶어 했다.

두려운 일이다. 오랜 시간 객관적인 진리라 믿어온 것을 버리는 일은 쉬운 게 아니다. 파라켈수스는 책을 공개적으로 불태우기 전 자신의 친구인 프로베니우스Johannes Frobenius(1460~1527)의 다리를 치료해준다. 오래된 권위에서 벗어나 책의 외부에서 자신의 경험으로 얻어낸 치료법으로 치료가 가능함을 보여준다. 자신이 하는 이야기가 그저 근거 없는 이야기가 아님을 직접 보여준다. 치료의 능력이 있음을 보여준다. 그는 도시의 시립 의사의 자리에 오르게 되고 의학 교수가 된다. 하지만 더욱 더 강력하게 자신이 과거와 단절된 새로운 시작임을 보이고 싶었다. 자신이 과거의 자리, 책에 사로잡혀 있는 사람이 아님을 보여주고 싶었다. 그래서 책을 불태워버린 것이다.

연금술 철학이란 무엇인가?
금보다 귀한 생명!

16세기 유럽의 의학을 이해해야 한다. 이븐 시나와 갈레노스의 저작에 절대적으로 의존했다. 새로운 실험이나 임상실험을 통한 치료법의 개발보다는 오랜 시간 읽히고 연구된 이븐 시나와 갈레노스의 고전 속에서 답을 구하고자 했다. 당시에 질병은 신체의 조화가 무너짐으로 생긴다고 보았다. 질병에 대하여 신체의 내적 요인만을 강조하였다. 그러니 신체를 원래의 상태로 되돌려 내적 조화를 회복하면 그만이라 생각했다. 치유가 된다고 보았다. 그러나 파라켈수스는 그것만으로 질병을 설명할 수 없다고 보았다. 그는 신체의 외부에서 들어온 것들이 병을 일으키기도 한다는 점을 강조했다. 그리고 이러한 병을 치료하기 위해 화학약품을 사용해야 한다고도 주장했다. 이때 등장하는 것이 그의 '연금술 철학'이다. 그의 연금술은 금을 만들어 부자가 되려는 인간 욕망의 산물이 아니다. 아프고 힘든 이를 위한 치료제를 만들겠다는 것이다.

> 많은 돈을 벌기 위해 신이 약을 창조한 것이 아니다. 아픈 사람을 돕기 위해 약을 창조한 것이다.[23]

신은 아픈 이를 위해 약을 창조해 자연에 두었다. 연금술 철학자가 연금술을 연구함은 치료제를 구하기 위해서다. 철학자의 돌, '라피스 필로소포룸lapis philosophorum'은 무엇이든지 될 수 있는 매개물이다. 그 매개물로 인하여 금이 아닌 금속은 금이 된다. 파라켈수스는 바로 이러한 신비의 물질을 구한다면, 그것으로 탁월한 치료제를 만들 수 있을 것이라 생각했다. 지금의 우리가 보기에 이것은 그저 신비한 주술의 수준에 머무는 이야기 같지만, 바로 이러한 연금술 철학의 성과가 현대 화학 등으로 이어졌다. 당시 사람들은 '철학자의 돌'을 얻지 못했지만, 수많은 관찰과 실험을 바탕으로 화학의 발전을 이루었고, 화학약품을 통한 치료의 성과로도 이어졌다. 이 연금술은 학교에서 배우는 것이 아니었다. 스스로 실험하고 관찰함으로 알아가는 과정이었다. 책이 아닌 자연으로부터 배우는 것이 연금술 철학이었다.

> 연금술 철학이란 교수와 같은 인간으로부터 배우는 것이 아닙니다. 자연이란 학교로부터 배우는 것입니다. 그곳에 연금술 철학이 있습니다.[24]

연금술은 과거 이론을 암기함으로 익히는 것이 아니다. 자연 속에 녹아 있는 신의 고유한 신비를 경험으로 알아내는 것이 연금술 철학의 관건이다. 그렇다면 조금 더 구체적으로 연금술 철학이 고민하고 설명해야 하는 것은 무엇인가?

> 연금술 철학이 도대체 무엇인지 알기 위해서는 무엇보다 다음의 것을 알아야 합니다. 원소로 이루어진 지상의 모든 물체들은 천상의 능력과 탁월함을 가집니다. 원소로 된 물체가 있는 곳에는 모두가 천상의 고유성이 있다는 말입니다. 원소로 된 물체 가운데 천상의 것이란 무엇일까요? 그것을 알아보는 이가 연금술 철학자입니다. 보통의 철학자가 식물의 자연적

능력을 설명하는 것과 같이 연금술 철학자는 식물 가운데 천상의 능력을 설명해야 합니다.[25]

지상의 것들은 천박한 것이 아니다. 지상의 것들은 별 볼 일 없는 무력한 것이 아니다. 지상의 것들도 천상의 고유성, 그 고귀함을 드러내고 있다. 자연이 가진 그 천상의 능력과 탁월함을 보는 것이 연금술의 시작이다. 금을 만들어 부자가 되겠다는 욕구가 아니다. 자연 가운데 은폐된 그 고귀함을 알아보는 것이다.

연금술 철학은 모든 은폐된 것, 비밀, 자연의 치료제를 알며, 각각의 풀, 씨앗, 뿌리 등이 무엇인지 아는 것이다. 지상의 물체에게서 천상의 것을 알아보는 것이다. … 다시 말해, 연금술 철학은 인간적인 것에서 얻을 수 없다.[26]

자연 속에 녹아든 은폐된 비밀, 치료제를 알아보는 것이 연금술 철학이다. 인간이 만든 것으로부터 얻어지는 것이 아니다. 인위적인 것이 아닌 자연으로부터 인간의 아픔을 위한 치료제를 얻는 것이다.

개인, 그 고귀한 존재의 자각

오랜 시간 지식은 누군가에 의해 독점되었다. 대학이란 공간

파라켈수스의 가르침에 따라 외과 수술을 시도하는 사람들과
이를 저지하는 공직자의 모습을 묘사한 그림.
1565년에 출간된 파라켈수스 의학 저서
《Opus chyrurgicum》의 표지에 실린 작품이다.

에 독점되고 학자와 성직자에 의하여 독점되었다. 언어적으로는 라틴어에 독점되었다. 철학적으로는 아리스토텔레스와 플라톤에게 독점되었다. 의학적으로는 이븐 시나와 갈레노스에게 독점되었다. 스스로 생각하고 능동적으로 무엇인가를 만들어내는 것이 아니라, 수동적으로 이들의 권위 아래서 객관적인 정답만을 구하였다.

하지만 서서히 인간은 자신이 그렇게 수동적인 존재가 아님을 자각하기 시작했다. 천재와 교회의 권위 아래 조용히 명령을 따르기만 하는 게 전부가 아님을 깨닫기 시작했다. 니콜라우스 쿠자누스는 인간을 '소우주'라 했다. 인간은 더 이상 우주의 변두리 조연이 아니라 인식 주체로서 스스로 세상의 중심임을 나타내는 존재였다. 라틴어만 사용하며 일상의 언어로는 학문을 하지 못하던 시대가 점점 저물고 있었다. 1348년 프라하 대학은 독일어를 사용하기 시작했다. 1365년 빈 대학, 1386년 하이델베르크 대학에서 독일어는 더 이상 시장에서나 사용되는 언어가 아닌 대학의 언어가 되었다. 사람들은 새로운 시대를 맞이하고 있었다. 백성들은 스스로 소우주로서의 위상을 누리게 되었고, 자신의 언어도 이제 더 이상 변두리의 언어가 아니었다.

파라켈수스와 같은 시대를 살아간 루터는 《성서》를 독일어로 번역했다. 이제 라틴어와 그리스어와 히브리어를 몰라도 사람들은 직접 《성서》를 읽을 수 있게 되었다. 이제 개인은 과거와 달라졌다. 성직자로부터 전해 들어야 《성서》의 내용을 알던 시대가 아니었다. 직접 읽을 수 있었다. 파라켈수스의 시대는 이러했다. 그 시대적 흐름을 파라켈수스는 의학의 영역에서 직접 행동으로 선보이고 있었다.

파라켈수스의 답, 고민하는 인간으로 살아가다

정해진 권위 속에 마련된 길을 살아가는 것은 쉽다. 고민할 필요 없다. 그것이 길이니 그냥 그 길로 가면 된다. 그러나 그 길은 타인에 의하여 만들어진 타인 삶의 결과물이다. 파라켈수스는 스스로 고민하고 스스로 궁리하여 얻은 자신만의 길을 가기로 다짐한 인물이다. 그는 켈수스를 넘어서야 했다. 그 이름에서 이미 그는 이븐 시나와 갈레노스의 책을 불태운 인물이었다. 그 오랜 길에서 벗어나 그는 자신의 경험에 의존하여 자연을 살피고 그 자연 가운데 치료제를 찾아나서는 연금술의 철학을 실천하며 살았다. 자연으로부터 배우는 치료법, 그의 연금술 철학이란 바로 그러한 것이었다.

그가 치료해준 프로베니우스는 죽는다. 프로베니우스의 죽음으로 그에 대한 의심이 생기게 되고, 그의 남은 삶은 그리 화려하지 않았다. 그는 1541년 9월 21일 공증인에게 자신의 남은 재산을 가난한 이와 몇몇 벗에게 전달할 것을 유언으로 남긴다. 그리

파라켈수스의 모습을 그린 초상.

고 얼마 뒤 그가 그토록 중시하며 관찰했던 자연과 하나가 된다. 그의 마지막은 대단하지 않았다. 그의 죽음 이후 무언가 큰 변화는 일어나지 않는다. 그러나 그가 그토록 강조한 그 세상이 서서히 다가왔다. 이제 임상의학과 실험은 당연한 것이 되었다. 과거의 답으로 현재를 치료하지 않는다. 글이 아닌 자연으로부터 질병의 치료를 배워야 한다는 것도 이루어졌다. 자연물에서 얻어진 의약품은 이제 인간 치료의 수단이 되며, 어느 의대도 인간의 신체적 조화라는 내적 원인만을 강조하지 않는다. 그가 그렇게 강조했던 자연으로부터의 관찰과 실험, 그 방법이 이제는 너무나 당연한 것이 되었다. 이런 상식을 위해 그렇게 힘들게 싸우고 책을 태워야 했을까 생각이 들 정도다. 그러나 그의 그러한 애씀이 지금의 결과를 만들어낸 원인임을 기억해야 한다.

1541년 9월 25일 그는 그렇게 자연이 되었다.

여덟 번째 신성한 모독자

미카엘 세르베투스

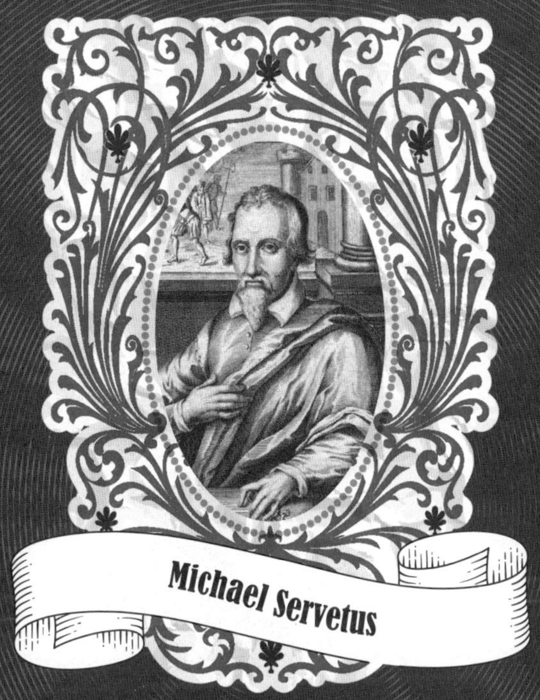

1511~1553

날 찢어라.
그러나 진리는 찢어지지 않는다.

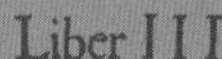

Liber III. 407

menclaturā sciens omitto quos ipse nosti, ... Cæsen. Augusti, anno à Christo seruatore nato M. D. XLIX. Basileæ.

... moratis do ... Bonifaci us ... bachi⁹ ... rodami ... bilissimo ... pictori ... Holbei ... nefeliciter ... cō ... in grati ... apponere libuit ... non ... adve ... & inte ...

gram, quatenus ... Holandiæ descriptione properamus, ...

'의심'은 새로운 세상의 시작이다. 다르게 생각하면 오랜 과거의 끝이다. 작은 의심은 오랜 시간 유지된 과거의 견고함에 작은 균열을 일으킨다. 의심 자체가 이미 한 시대의 붕괴이자 새로운 시대의 시작을 의미한다.

진리를 향한 인간의 애씀, 바로 '의심'이다

카스텔리오Sebastian Castellio(1515~1563)는 《의심, 자긍심, 무지 그리고 앎의 기술에 대하여De Arte Dubitandi et Confidendi, Ignorandi et Sciendi》에서 이렇게 말한다.

> 의심할 시간이 있습니다. 믿을 시간도 있습니다. 무지의 시간도 있습니다. 알아야 할 시간도 있습니다. 그러나 어떤 점에서 모두들 저에게 동의한다면 더 이상 믿고 아는 것을 두고 논의할 필요가 없습니다. 그러나 전 의심과 무지의 대한 문제는 다루려 합니다. 왜냐하면 나를 반대하는 이가 있기 때문입니다.[27]

카스텔리오는 논쟁을 일으키는 의심을 강조한다. 이 글에서 카스텔리오가 지지하는 의심은 세르베투스의 의심이다. 하지만 칼뱅Jean Calvin(1509~1564)은 그의 의심을 허락하지 않았다. 인간이 자기 이성을 가지고 자발적으로 의심하는 그 사고의 활동을 칼뱅은 금지하였다. 이런 칼뱅에게 지금 카스텔리오는 따지고 있다. 누구든지 의심할 수 있다고 말이다. 세르베투스는 삼위일체를 의심했다. 오랜 시간 불변했던 그리스도교의 핵심 가르침을 의심했다. 절대 의심할 수 없다고 여겨지던 것을 의심했다. 신의 영역이라 생각되어온 것을 의심했다. 이러한 의심은 인간의 부족함을 나타내기 위해서가 아니라, 진리를 인식하기 위함이다. 즉 의심은 진리를 인식하는 방법이다.

카스텔리오가 말하는 '의심의 기술ars dubitandi'은 바로 이러한 것이다. 신과 신에 대한 진리가 인간들에게 확실하게 알려진다면 논쟁은 있을 수 없다. 모두가 그렇게 알고 믿으면 그만이다. 그러나 서로 논쟁한다. 루터와 칼뱅도 서로 다르기에 논쟁한다. 한 가

세르베투스를 변호한 제바스티안 카스텔리오의 모습을 그린 초상.

지 사실을 두고 서로 의심한다. 그 논쟁이 사상사를 이룬다. 이미 카스텔리오는 그 사실을 알았다. 교만 없이 자신에 대하여 그리고 기존의 강요된 진리에 대해서 의심해야 한다. 자신의 생각마저도 의심해야 한다.

'현명한 무지prudens ignorantia'는 알고 있다는 착각과 고집을 넘어서게 한다. 카스텔리오는 이를 두고 소크라테스의 예를 들어 설명했다. "나 자신이 알지 못한다는 것을 나는 안다." 바로 이 명제는 단순한 무식의 고백이 아니라, 현명한 무지이고, 이것은 기존의 생각을 넘어 진리로 나아갈 의심의 첫 걸음이 된다.

그런데 의심이 곧 죽음이 되는 시대였다. 카스텔리오를 분노하게 한 세르베투스의 죽음을 기억해야 한다. 칼뱅은 세르베투스의 의심에 죽임으로 답했다. 칼뱅은 세르베투스를 불에 태워 죽였다. 이 살인 앞에서 카스텔리오는《칼뱅의 글에 반대하며Contra libellum Calvini》를 통해 다음과 같이 분노했다.

> 사람을 죽이는 것이 이론을 지키는 것이 아니다. 그냥 사람을 죽이는 것이다.
>
> Hominem occidere non est doctrinam tueri, sed hominem occidere.

라틴어 원문은 단호하고 간결하다. 그 분노를 수식할 어떤 수사도 필요 없기 때문일 것이다.

권위에 맞섰던 치열한 개인

세르베투스는 1509년 혹은 1511년 스페인에서 태어났다. 그는 참으로 다양한 분야에서 두각을 나타낸 인물이었다. 신학자였고 의학자였으며 지도 제작자였다. 그는 처음으로 혈액이 우심실에서 폐로 흘러 들어가 그곳에서 공기를 축적한 후에 다시 좌심실로 돌아온다는 주장을 했다. 그때까지 혈액은 양쪽 심실 사이의 벽을 통과한다고 여겨졌다. 세르베투스는 그런 믿음을 수정하고 자신의 답이 올바르다 확신했다. 그런데 그가 이러한 의학적 사실을 주장한 책의 제목이 참 재미있다. 바로 1553년에 나온《그리스도교의 재건Christianismi Restitutio》이다.

이러한 세르베투스의 업적은 제법 긴 시간 동안 잊혀 있었다. 그를 기억해낸 사람은 윌리엄 하비William Harvey(1578~1657)였다. 그는 자신의 책《동물의 심장과 혈액의 운동에 대한 해부학적 논고Exercitatio Anatomica de Motu Cordis et Sanguinis in Animalibus》에서 세르베투스의 업적을 기억하고 그를 상기할 수 있게 도와주었다. 하비에 의하여 75년 동안 잊혀 있던 세르베투스의 심장 관련 연구가 다시 사람들에게 알려졌다.

하지만 그를 절대 잊지 못한 사람은 앞에서 본 카스텔리오였다. 그는 칼뱅의 살인 앞에서 자신도 칼뱅의 손에 잘못될 수 있음을 알았지만 그 억울한 죽음을 변호하고자 했다. 세르베투스의 죽음을 잊지 못하고 분노하는 카스텔리오의 책을 칼뱅은 1612년에 금서로 만들어 버렸다. 이단을 지지하는 위험한 인물로 사람들이 기억해주길 원한 모양이다. 세르베투스는 이 모든 일의 중심에 있었다. 과연 무엇이 그를 칼뱅으로 하여금 이단으로 보게 하였는지 그리고 무엇이 카스텔리오로 하여금 그의 죽음을 변호하게 하였는지 살펴보자.

세르베투스는 치열한 '개인'이었다. 그의 힘겨운 삶은 《그리스도교의 재건》이라는 책의 제목만으로도 이해할 수 있다. 그 시대 강력한 세력이 된 칼뱅의 유명한 책은 바로 《기독교 강요Institutio Christianae Religionis》다. 라틴어 원문의 뜻을 살린다면 《그리스도교의 정초》 정도가 될 수 있다. 근본부터 체계적으로 무엇인가를 정리하는 책들을 두고 그렇게 불렀다. 예를 들어 칼뱅이 공부한 책 가운데 가이우스Gaius(130~180)의 《법학 정초Institutiones》가 있었고, 프리스키아누스Priscianus(500년경)의 《문법학 정초Institutiones Grammaticae》와 같은 책이 있었다. 정초定礎, 즉 한 학문의 기초부터 다져 하나의 체계를 세우는 것은 중세 교육의 큰 기둥 역할을 했다. 칼뱅은 이러한 전통에서 당시 그리스도교의 체계를 새롭게 자신의 책으로 정리하려 했다. 그러니 강요綱要, 즉 어떤 일의 으뜸이나 줄기가 될 만한 요점보다는 '정초'라고 이해하는 것이 그 역사적 맥락에 더 부합할 것이다. 그리고 그런 맥락에서 칼뱅의 《그리스도교의 정초》에 대하여 세르베투스의 《그리스도교의 재건》이 어떤 의미인지 이해할 수 있을 것이다. 아주 당당하게 세르베투스는 칼뱅이 정초institutio한 그리스도교라는 체계에 대해 다시 정초해야 할 필요성을 제기하며 이를 '재건Restitutio'이라는 말로 표현한 것이다.

이미 칼뱅은 그 자체로 권위가 되고 그를 따르는 많은 이들은 칼뱅의 신학에 따라서 신앙생활을 하였다. 그리고 서서히 칼뱅의 권위는 그의 권력이 되었다. 13명을 교수형으로 죽이고, 10명을 참수형으로 35명을 화형으로 태워 죽였다. 이렇게 그는 분명한 권력자가 되어 있었다. 그의 이름으로 모인 많은 이들은 칼뱅의 살인을 다른 이들의 살인과는 다르게 보았다. 이단, 즉 마땅히 죽어야 할 사람을 죽인 것으로 본 것이다. 그의 살인도 어쩔 수 없는 악, 즉 '선을 위한 악'으로 보려 했다.

자신의 신학적 신념을 위해 누군가를 죽인다는 것은 신조차도 함부로 내리기 힘든 결정이다. 예수는 자신과 다른 생각과 가치를 가진 사람들을 죽이기 위해 이 땅에 온 신이 아니었다. 죽어야 할 존재, 부려져야 할 존재, 가장 잔인한 고통으로 공개적으로 불에 태워 죽여야 할 사람도 없고 그런 절대적 권능을 가진 인간도 없다. 세르베투스를 죽인 칼뱅에 대한 카스텔리오의 분노를 이해할 수 있겠다.

세르베투스에게는 칼뱅도 실수할 수 있는 인간이다. 절대 실수 없는 존재도 아니며, 자신과 논쟁할 수 없을 정도로 신과 직접적으로 대면한 그러한 존재도 아니다. 세르베투스에게 칼뱅은 자신과 마찬가지로 이성 대 이성으로 서로 마주 앉아 토론할 수 있는 존재, 설득하고 설득당할 수 있는 존재였다.

'오직 성서'의 이름으로 삼위일체를 부정하다

세르베투스는 당시 개신교회의 논리를 끝까지 밀고 갔다. 그는 그리스도교의 역사와 성서학에 대하여 깊이 연구하였다. 그리고 그는《성서》원문에 등장하지 않는 신앙의 항목들을 발견하였다. '오직 성서'라는 외침으로 모인 개신교회였다. 오랜 가톨릭교회의 전통보다 '오직 신앙'과 '오직 성서'라는 외침으로 모인 이들이다. 그런데 세르베투스의 눈에 그《성서》에 등장하지 않는 신앙의 항목이 있었다. 그 가운데 가장 유명한 것이 '삼위일체'다.

세르베투스는 삼위일체를 의심했다. 그의 이러한 뜻은 저서《삼위일체의 오류에 대하여De Trinitatis Erroribus》에 담겨있다. 삼위일체에 대한 거부와 의심은 가톨릭교회는 물론이고 모든 개신교회의 이단이 됨을 의미했다. 즉 온 유럽의 모든 그리스도교와 다른 길을 감을 의미한단 말이다. 이렇게 세르베투스는 치열한 개인이 되어야 했다. 누구도 그를 '우리'라는 테두리 안에 거둬들이지 않았다.

당시 사람들은 인간 이성으로는 온전히 이해할 수 없는 삼위일체의 신비를 이해하기 위해 그리스 철학을 가져다 설명하였다. 세르베투스는 이런 철학의 조력이 신앙을 왜곡하였다며, 철학의 흔적을 모두 지우고 오직 신앙으로《성서》를 보아야 한다고 생각했다. 세르베투스는 특히《성서》에 구체적 언급이 없는데도 철학

DE TRINITA
TIS ERRORIBVS,
LIBER PRIMVS.

INSCRVtandis diuinæ Triadis, sanctis arcanis, ab homine exordiendum eo duxi, quia ad Verbi speculationem, sine fundamento CHRISTI, ascendentes, quàm plurimos cerno, qui parum aut nihil homini tribuunt, & uerum CHRISTVM obliuioni penitus tradunt: quibus ego ad memoriã, quis sit ille CHRISTVS, reducere curabo. Cæterum, quid, quantumq; sit CHRISTO tribuendum, iudicabit ecclesia.

Tria hæc in homine cognoscenda, anteq̃ de Verbo loquamur.

Pronomine demonstrante hominem, quem humanitatem appellant, concedam hæc tria. Primo hic est IESVS CHRISTVS. Secundo, hic est filius Dei. Tertio, hic est Deus.

A 2

CHRISTIANISMI RESTITVTIO.

Totius ecclesiæ apostolicæ est ad sua limina vocatio, in integrum restituta cognitione Dei, fidei Christi, iustificationis nostræ, regenerationis baptismi, et cœnæ domini manducationis. Restituto denique nobis regno cælesti, Babylonis impiæ captiuitate soluta, et Antichristo cum suis penitus destructo.

καὶ ἐγένετο πόλεμος ἐν τῷ οὐρανῷ.

M. D. LIII.

1. 1551년 출간된 세르베투스의 《삼위일체의 오류에 대하여》. 그가 이단으로 선고되고 죽임을 당하는 결정적 계기가 되었다.
2. 1553년 출간된 세르베투스의 마지막 작품 《그리스도교의 재건》.

적 논변과 가상으로 만들어 믿는 것을 우선 지워야 한다 생각했다. 《성서》에 나오지 않지만 철학의 논변으로 만들어진 가상의 것은 무엇이 있을까? 그의 눈에 가장 먼저 포착된 것이 삼위일체다. 《성서》에 있지 않는데도 과거 로마제국의 황제가 주최한 공의회에서 결단한 내용을 의심 없이 믿는 개신교회의 신학에 실망했다. 여전히 정치적인 틀의 변화만을 이루고 스스로 권력자가 되어 정통신앙을 내세우며 그리 달라지지 않은 것을 믿고 있는 개신교회에 실망했단 말이다. 동시에 그는 그리스도교를 정초했다는 칼뱅에게도 실망했다.

당시 개신교회의 개혁운동가 가운데는 세르베투스와 같은 생각을 하는 이들이 있었다. 없지 않았다. 진보 개혁가 제바스티안 프랑크Sebastian Franck(1499~1543)는 "세르베투스라는 사람은 자신의 글에서 신은 오직 한 분의 위격뿐이라 주장했다 한다. 그런데 가톨릭교회가 오직 하나의 실체 가운데 세 분의 위격이 있다고 주장한다. 나 역시 세르베투스의 생각과 다르지 않다"고 했다. 프랑크의 생각은 세르베투스와 다르지 않았다. 그 역시 이단이란 말이다. '오직 신앙'과 '오직 성서'를 부르짖는 이들에게 《성서》란 인간의 문자적 언어로 쓰인 것으로 고민하고 의심해야 할 대상이었다. 인간 내부 가운데 신의 말씀을 추구해야 한다는 프랑크 역시 이단으로 내몰렸다. 그러나 칼뱅에겐 자신의 권위와 권력을 의심하는 세르베투스가 더 크게 보였을지 모른다. 그의 말마따나 '악마'로 보였을 것이다.

《삼위일체의 오류에 대하여》 출간 이후 세르베투스는 가톨릭교회와 개신교회 모두의 이단으로 단죄된다. 그러나 그는 자신의 길을 포기하지 않았다. 이단의 삶을 포기하지 않았다. 《그리스도교의 재건》 등장 이후 세르베투스의 상황은 더욱더 힘들어졌다. 세르베투스는 자신의 의심이 많이 읽히길 희망했다. 그의 시대가 오랜 과거의 당위를 의심하길 원했다. 가톨릭교회와 교황이 당연히 누리던 것을 의심하고 그들을 사탄이라 부르며 독립한 개신교회가 스스로 기존의 권위와 권력을 의심하길 바랐다. 그 의심이 새로운 세상을 열고 지배받던 이들에게 자유를 줄 수 있는 희망의 시작이라 세르베투스는 믿었다.

개신교회의 첫 '종교적 살인'

그는 곧장 위험한 인물이 되었다. 의학과 약학에서의 성과에도 불구하고 그의 신학적 입장들, 그리고 모든 인간이 동등한 이성을 가졌음을 가르치는 그의 철학적 입장들은 그를 위험한 사람으로 만들었다. 교황도 칼뱅도 자신과 동등한 논의의 대상이고 비판의 대상이며, 의심의 대상이 될 수 있고 함께 토론할 대상이 될 수 있으며 이들의 정통신앙에 대하여 충분히 합리적으로 이의를 제기할 수 있다는 그 자신감이 그를 위험한 사람으로 만들었다.

당시 유럽의 상황도 그에게 불리했다. 조국 스페인은 강제로 가톨릭교회의 신앙을 가르쳤다. 이를 거부한 유대인이 12만 명이나 추방되었다. 다른 종교를 가진 이슬람 신도들은 추방과 죽임을 당했다. 같은 그리스도교인이지만 다른 교회조직을 꿈꾸는 이라면 혹은 다른 신학적 노선을 선택한 이라면 추방될 수 있었다. 그런데 스스로 오랜 그리스도교의 질서를 의심하고, 그 질서의 밖을 주장하는 이라면 더 말할 것도 없었다. 죽여도 좋은 존재였다. 테오도르 베자Theodore Beza(1519~1605)가 생각한 이단과 이교도에 대한 입장은 이러한 당시의 시대를 잘 보여준다.

> 판사는 이교도를 처벌할 권한과 의무가 있습니다. 이단으로 인한 타락은 영원한 영혼의 문제와 이어집니다. 그들은 영혼을 부패시키는 이들이기에 다른 범죄자보다 더 나쁩니다.[29]

살인이 도덕의 수단이 된다 믿고 있던 시대의 무서움이 녹아있는 말이다. 자신들의 신앙 외부에 대해선 다른 어떤 범죄자보다 더 사악한 존재라는 것이다. 이러한 논리는 다른 생각을 지닌 신학과 다른 종교에 대한 잔인한 살인과 폭력의 근거가 되었다. 그들에게 살인과 폭력은 사악한 이와 싸우기 위한 전쟁이었다. 살인의 도덕적 미화가 이루어진 것이다. 이런 잔인한 생각은 세루베투스가 비판한 칼뱅에게서 더욱더 분명했다. 칼뱅은 자신이 생각한 순수한 그리스도교의 이상을 정초하고, 그 새롭게 정초된 순수한 그리스도교의 벽 외부에 대해선 한없이 잔인했다. 베자보다 칼

화형을 앞두고 감옥에 있는 세르베투스의 모습을 표현한 동상.

뱅은 더욱 잔인하고 무서웠다. 가톨릭 신앙 서적을 읽었다는 이유로 한 여인은 재판을 받아야 했다. 신부의 머리를 깎아 주었다는 이유로 재판을 받아야 했고, 가톨릭교회의 미사에 사용한 잔을 만들었다는 이유로도 재판을 받아야 했다. 이러한 사소함이 죄였다. 1542년 2월 16일 종교재판소의 기록은 칼뱅의 '순수'가 얼마나 무서운 것인가를 알려준다. 이 세상은 자기 생각, 자신의 관념 그대로 있어야 한다. 그것만이 정상이다. 타인의 생각과 가치는 그 순수를 어지럽히는 죄악이다. 죽어야 한다.

1531년 세르베투스의 《삼위일체의 오류에 대하여》는 출간 즉시 금서가 된다. 그리고 1553년 칼뱅은 그를 죽인다. 칼뱅은 직접 나서서 죽이지 않을 방법을 생각했다. 칼뱅은 몰래 가톨릭교회에 그를 밀고한다. 하지만 가톨릭교회는 칼뱅과 싸우는 그를 잡아 칼뱅의 꼭두각시가 된 듯 보이고 싶지 않았다. 결국 칼뱅은 직접 나서서 그를 잡아 죽이기로 마음먹는다. 그래도 막상 그를 죽이기 전 '도덕적 살인'이라는 별명이라 할지라도 신이 가장 싫어한 죄악을 저지르는 것이 편하진 않았다. 그래서 칼뱅은 자신의 정체를 숨기고 보이지 않는 곳에서 그를 괴롭힌다. 법정에서도 자신의 역할을 의도적으로 작아 보이게 한다. 그래도 불안한지 《정통 신앙의 변호Defensio Orthodoxae Fidei》에서 도덕적 살인의 정당성을 적어갔다. 그럼에도 합리적인 설명이 이루어지지 않자 그의 변명은 점점 잔인해졌다. 《정통 신앙의 변호》에 적힌 글은 광기가 느껴지기도 한다. 읽어보자.

많은 이들은 내가 파괴해 버린 세르베투스를 내가 다시 죽이고 싶어 하는 잔인함을 두고 날 비난하고 있음을 압니다. 하지만 저의 잔인함에 대한 그런 말에는 신경 쓰고 싶지 않습니다. 나는 그들이 내 얼굴에 침을 뱉는다는 사실도 그저 기쁩니다.[30]

칼뱅은 해야 할 일을 했다 확신했다. 마땅히 죽어야 할 존재를 죽였을 뿐이다. 그 마땅한 행동으로 비난받는다면 그것도 영광이라 한다. 신앙의 눈으로 볼 땐 영광의 길이라 한다. 정말 잔인한 생각이다. 신학자이며 성서학자인 세르베투스를 죽였다는 것만으로 이미 살인을 저지른 죄인이다. 어떤 이유에서도 살인은 죄다.

1553년 10월 27일 칼뱅을 추종한 이들은 세르베투스를 제네바 성문 앞으로 데려갔다. 그리고 칼뱅은 공개적으로 그에게 자기주장을 철회할 것을 요구했다. 하지만 현명한 철학자와 신학자는 자기주장을 철회하느니 차라리 죽음의 길을 가는 것이 진리를 따르는 것임을 안다. 힘들어도 가야 할 길을 가는 것이 신학자이고 철학자다. 그것이 철학의 행복이다. 오히려 세르베투스는 살인자를 조롱했다.

이보시오! 당신은 당신이 살인자라는 것을 지금 거부하는 것이요! 당신의 행동으로 당신이 살인자라는 것을 입증해 보이

> 리다! 그리고 나는 내가 옳다는 것을 알기에 이 길의 죽음도 두렵지 않습니다. 그러나 당신은 사막 가운데 눈먼 이와 같이 소리 지르고 있지 않소! 복수의 귀신이 당신의 가슴에 불을 지르며 태우고 있지 않소! 당신은 거짓말을 하고 있습니다. 당신은 아무것도 모르면서 남을 욕하는 사람일 뿐입니다. 당신이 다른 이를 박해하고 죽인다면 당신은 그저 분노로 끓어오르는 삶을 살아가는 사람일 뿐이란 증거입니다.[31]

죽음 앞에서 자신을 죽이려는 이를 조롱한다. 그의 아집을 조롱한다. 자기 이외에는 답이 아니라는 아집을 조롱한다. 가슴 속에 아집의 불로 살아가는 이의 비참함을 조롱한다. 세르베투스는 생존을 위해 구걸하지 않았다. 자신을 죽이라 외친 셈이다. 자신의 죽음으로 그 아집을 증명하겠다 소리친다. 그리고 칼뱅은 그 외침에 죽임으로 답했다. 자기 아집의 밖에 있는 것은 모두 죽어야 할 존재일 뿐이었다. 있지 말아야 하는 존재였다. 신의 실패다. 창조되지 않았어야 할 존재다.

훗날 볼테르Voltaire(1694~1778)는 칼뱅의 살인을 두고 개신교회의 '첫 종교적 살인'이라 말했다. 개별적 존재자들이 직접《성서》를 마주하고 읽으며 자신의 자리에서 신의 음성을 듣는 자유로운 공동체, 교회의 권위에서 벗어나 개인의 자리에서《성서》를 마주하고 고민하고 의심하는 그 개신교회의 첫 몸짓에 어울리지 않는 종교적 살인이라며 실망했다. 그리고 카스텔리오는 신의 이름을 내걸었지만 실상 신의 보편적 사랑보다 자신의 아집과 집착으로 다른 생각을 한 세르베투스를 죽인 살인자 칼뱅을 고발한다.

> 사람을 죽이는 것이 이론을 지키는 것이 아니다. 그냥 사람을 죽이는 것이다. 칼뱅과 제노바 사람들이 세르베투스를 파괴해 버렸을 때, 그들은 이론을 지킨 것이 아니다. 그들은 그냥 한 사람을 죽였다. 누구도 사람을 죽여서 자신의 신앙을 증명할 수 없다. 오히려 진리를 위해 자신을 태울 수 있을 뿐이다.[32]

누군가를 죽여서 자기 생각의 정당성을 증명할 순 없다. 그냥 살인을 한 것일 뿐이다. 카스텔리오의 이 간단한 문장 앞에 칼뱅은 카스텔리오마저 입을 닫게 하려 아집의 칼을 들었다. 그러나 그 칼은 카스텔리오의 입을 막지 못했다. 이미 몸이 쇠약해진 그는 위경련으로 급작스레 세상을 떠났기 때문이다. 종교와 정통의 이름으로 벌어진 종교적 살인 앞에 분노한 카스텔리오는 1563년 힘겨운 삶을 정리한다.

두 이단아의 힘겨운 행복

세르베투스는 자신의 마지막을 두고 이렇게 표현했다.

미카엘 세르베투스의 초상과 그가 화형당하는 장면을 확대한 그림.

미카엘 세르베투스, 비록 혼자라도 그리스도께서 가장 확실히 보호한 믿을 만한 사람.[33]

'혼자'임을 알았다. 외로운 길이었다. 하지만 물러서지 않았다. 죽음 앞에서도 고개 숙이지 않고 스스로 치열하게 고민한 그 길을 가는 것이 철학이다. 철학의 행복이다. 세르베투스는 오랜 시간 위계의 세계, 고귀함과 천박함으로 나누어지던 세계, 그것이 당연하다 생각한 세계에 도전했다. 신은 고귀한 누군가의 벗으로 있으며 그들의 옆에서 그들에게만 계시를 내리고《성서》의 진리를 알려준다고 사람들은 믿었다. 그것이 당연하다 생각했다. 천박한 일상의 삶을 살아가는 보통 사람에게 신은 멀리만 있다. 의심할 수도 없고 함부로 생각할 수도 없다. 그냥 믿으라는 것을 믿으면 그만이다. 그들의 이성은 고귀한 이의 말을 잘 알아듣고 고개 숙이는 역할을 하면 그만이다.

그러나 세르베투스와 카스텔리오는 그런 위계의 세상에 분노했다. 천박한 존재란 있을 수 없다 확신했다. 다른 생각이 무시 받지 않아야 한다고 생각했다. 모든 인간은 자신의 이성으로 수수께끼 같은《성서》를 의심하고 의심하며 진리로 다가가야 한다고 믿었다. 의심이 그들에겐 자유의 시작이고, 신이 인간에게 허락한 진리를 향한 여정의 몸짓이라 생각했다.

그러나 고귀한 사람들의 아집으로 인해 의심은 허락되지 않는다. 죽어야 하는 이유가 된다. 세르베투스의 죽음과 카스텔리오의 분노, 두 힘겨운 삶이 말 잘 듣는 노예의 행복보다 더 행복해 보인다. 진정한 행복은 결코 쉽지 않음을 알기에. 두 이단아, 두 선구자의 힘겨운 행복을 다시 기억해본다.

아홉 번째 신성한 모독자

조르다노 브루노

1548~1600

우주에는 중심이 없다.
모든 존재는 신성하다.

menclaturā sciens omitto quos ipse nosti,

. Ca len. Augusti, anno à Christo seruatore nato M. D. XLIX. Basileæ.

rodami

us bachi

bilissimo

ne

in gratiam

appo non

solum

선고를 받는 나보다 그대들이 더 큰 두려움을 느끼고 있음을 알고 있소. 그 두려움 속에서 나를 판결하게 될 것이오![34]

죽음은 두려운 것이다. 누구에게나 죽음은 무서운 것이다. 하지만 죽음으로 막을 수 없는 행복이 있다. 우리는 그것을 안다. 소크라테스의 죽음이 그랬다. 그는 불행의 길을 간 것이 아니라 행복의 길을 갔다. 묵묵하게 자신에게 주어진 그 길을 갔다. 행복한 존재가 되기 위해 말이다. 그 역시 죽음을 택하는 것이 결코 쉽지는 않았을 것이다. 조르다노 브루노 역시 죽음이 두렵기는 마찬가지였을 것이다. 그 역시 우리와 같은 인간이기에 말이다. 그러나 브루노는 비굴하지 않았다. 자신의 죽음을 결정하는 이들의 앞에서 당당하게 꾸짖었다.

지옥에서도 굴복하지 않은 철학자

브루노를 재판하겠다며 그의 앞에 선 이는 그 유명한 벨라르미노 추기경Roberto Bellarmino(1542~1621)이다. 파도바 대학에서 토마스 아퀴나스의 신학을 공부한 인물이다. 당시 그는 탁월한 설교 능력을 가진 인물이었다. 그의 설교에 가톨릭교회는 물론이고 개신교회의 신자마저 감명을 받곤 했다. 인기와 학식을 모두 가진 인물이었다. 대학에선 토마스 아퀴나스의 《신학대전Summa Theologiae》을 강의하였다. 또 《교회 학자들에 대하여De Scriptoribus Ecclesiasticis》를 저술하였고, 당시 가톨릭교회에 반대한 여러 시대적 흐름을 상대로 《그리스도교 신앙 논쟁에 대한 논고Disputationes de Controversiis Christianae Fidei》를 저술하기도 했다. 그는 브루노를 심판하여 그를 죽인 재판관들 가운데 한 명이며, 훗날 갈릴레오의 입을 막은 인물이기도 하다. 그는 가톨릭교회와 다른 신앙에 대하여 매우 공격적이었다. 그것이 자신의 신앙이며, 무너지는 교회를 지키는 길이라 확신했다. 그에게 교회의 아집은 생존의 수단이며, 그 아집에 대한 도전은 교회에 대한 공격이었다. 브루노는 자신의 죽음을 결정하는 곳에서, 자신을 마땅히 사라져야 할 존재로 여기는 벨라르미노 추기경과 같은 이들의 앞에서, 자신을 죽임으로 아집을 지키려는 이들의 앞에서, 당당하게 꾸짖는다.

나의 생각을 바꿀 이유가 없다! 마땅히 그러지 않을 것이다.

설사 철회한다 하여 달라지는 것이 없다![35]

죽음의 순간까지 그의 당당함은 그치지 않았다. 벨라르미노 추기경을 포함한 종교재판관들이 그의 앞에 있었다. 거기에 도미니코 수도회 2명, 예수회 2명, 성 히에로니무스 교회에서 2명, 심지어 개신교회에서 2명이 이 일에 참여하였다. 사형 선고의 주체는 로마의 가톨릭교회였지만 실상 유럽 대부분의 그리스도교도 지식인들이 그의 죽음을 지지하는 듯이 보였다. 심지어 이제 막 활동을 시작한 개신교회의 지식인마저 말이다. 브루노는 그 앞에 '홀로' 있었다. 외롭게 그들의 아집과 홀로 싸웠다. 그들은 브루노를 두고 이렇게 말했다.

우리는 탁월한 학식과 열정으로 브루노의 잘못을 지적했습니다. 그러나 그는 마지막까지 온갖 저주로 가득한 자신의 고집을 포기하지 않았습니다.[36]

끔찍한 저주와 폭언을 일삼은 것은 저들이었지만, 오히려 브루노가 저주를 내뱉은 사람이 되어 있었다. 브루노는 굴하지 않고 저들의 거짓으로 가득한 이론을 지적했다. 브루노는 고개 숙이지 않았다. 그러니 죽음은 자연스러운 다음 절차였다. 그의 마지막은 이러했다.

그는 옷이 벗겨졌고, 기둥에 묶이고 산 채로 태워졌다.[37]

그는 자신을 죽여 사라지게 한다 해도, 영원히 입을 다물게 한다 하여도, 자신이 찾은 그 진리는 사라지지 않을 것임을 알았다. 변하지 않는 진리 앞에서 거짓으로 잠시의 생명을 구걸할 수 없었다. 진리는 자신의 죽음 이후에도 그대로 진리이다. 자신의 이성으로 일생 동안 치열하게 고민하여 다가선 그 진리를 마지막까지 포기하지 않았다. 그 진리를 받아들이지 못하는 이들이 오히려 불쌍했을 것이다.

1600년 2월 17일 그는 태워졌다. 옷이 벗겨지고 기둥에 묶였다. 그리고 산 채로 태워졌다. 아쉬움과 후회가 아닌 당당함 속에서 그는 태워졌다. 그리고 지금 그의 동상엔 다음과 같이 적혀있다.

브루노에게. 당신이 장작더미 위에서 화형을 당함으로 그 시대를 성스럽게 하였습니다.

A BRUNO-Il Secolo Da Lui Divinato-Qui Dove il Rogo Arse.

철학자 브루노의 행복은 참 아픈 행복이다. 그의 시대는 그를 이단의 이름으로 죽였지만, 그는 스스로 '호모 사케르homo sacer'가 되어 그 시대를 성스럽게 하였다. 그의 삶은 외롭고 고달팠다. 하지만 그 아픔이 불행의 이유는 아니다. 그것이 철학자 브루노의 행복이다. 진리와 함께 자유로운 진짜 행복이다.

종교재판을 받는 브루노의 모습과 산 채로 화형을 당하는 브루노의 모습.
이탈리아의 캄포 데 피오리 광장에 브루노의 동상과 함께 설치된 작품이다.

호모 사케르, 브루노의 탄생

현대 철학자 아감벤Giorgio Agamben(1941~)의 '호모 사케르'라는 말이 있다. 굳이 브루노의 존재를 호모 사케르라는 현대 철학의 한 개념 속에 구속하고 싶진 않다. 하지만 그의 삶을 살펴보면 호모 사케르라는 개념을 어렵지 않게 떠올릴 수 있다. 호모 사케르는 고대 로마에서 '배제된 인간'이란 뜻이었다. 분명 살아 움직이는 인간이지만, 그는 법의 보호 밖에 있다. 배제된 존재다. 예외적인 삶에 놓인 인간이다. 호모 사케르가 된다는 것은 그를 죽여도 죄가 되지 않음을 뜻했다.

호모 사케르와 또 다른 의미에서 권력자는 자신의 권력의 존재 방식으로 법의 외부에 있으려 했다. 절대적 권력을 가진 자의 위엄을 보이기 위해 자신은 법의 밖에 있으며 통치할 뿐, 그 어떤 것도 자신을 통치하지 못하게 하는 사회를 만들어냈다. 그의 눈앞에서 백성들은 혹시나 호모 사케르의 삶으로 버려질까 두려워해야 했다. 어찌 보면 이단의 철학, 이학異學이 바로 그러한 존재가 아니었나 싶다. 죽어야 하는 존재, 사라져야 하는 존재. 그런데 슬픈 것은 그들의 철학이 이 세상에 남게 된 가장 큰 계기가 바로 그들의 이러한 '버려짐' 때문이라는 것이다. 철저하게 버려진 호모 사케르의 마지막. 하지만 포기하지 않는 자기 철학에 대한 자신감. 그 삶의 모습이 그들의 철학을 더욱 강렬하게 역사에 남게 하였다. 브루노 역시 다르지 않다.

브루노가 살던 시기는 무서운 시대였다. 이미 죽은 사람이지만 여전히 강력한 영향력을 가지고 있는 칼뱅의 시대였다. 칼뱅은 자신과 다른 형태의 다양한 이단들의 등장을 막을 수 없었다. 그럼에도 다른 신학적 길을 걷는다는 이유로 교수형으로, 참수형으로, 화형으로 태워 죽였다. 가톨릭교회 역시 다르지 않았다. 생각이 다르다는 것이 죽여도 좋다는 말이 되는 시대였다. 하나의 신을 향한 신앙이 서로 다른 인간의 이해 속에서 나뉘고 서로가 서로를 죽이던 그런 시대였다.

개신교회의 분리와 이런저런 교리적인 혼란 속에 예수회가 해결사로 등장했다. 예수회에는 종교재판관 벨라르미노 추기경이 있었고, 개신교회 역시 칼뱅을 따르는 후계자들이 있었다. 브루노가 살던 시대는 바로 그런 시대였다. 종교 지도자들이 스스로의 신학적 정당성을 위해 사람을 죽이던 시대다. 그리고 그것이 올바르고 도덕적이라 믿어지던 바로 그러한 시대다. 브루노의 시대, 호모 사케르가 떠오르는 것은 어쩌면 조금 당연해 보인다.

세르베투스가 칼뱅의 앞에서 1553년 10월 27일 불에 타 죽었다. 브루노가 1548년 태어났으니 그의 시대 역시 화형 당한 세르베투스의 공포가 완전히 사라지지 않은 그러한 시대였다. 기존의 정치 세력은 가톨릭교회와 함께 백성들을 힘들게 하고, 새롭게 성장한 정치 세력은 개신교회와 함께 백성들을 괴롭게 하던 때였다. 그래서인지 무척이나 많은 이들이 죽어야 했던 그런 시대다.

1548년 나폴리 왕국에서 브루노는 군인의 아들로 태어났다.

1562년 나폴리에서 학문을 익힌 후 1565년 도미니코 수도회에 입회하였다. 1572년 24살의 나이에 브루노는 사제로 서품되었다. 살레르노의 부근 캄파니아에서 신부 첫 미사를 올렸다. 이후 그는 1575년 신학 학위를 얻는다. 그의 당시 신학 연구는 토마스 아퀴나스의 《대이교도대전Summa Contra Gentiles》과 롬바르두스Petrus Lombardus(1100~1160)의 《명제집Sententiae》에 대한 신뢰를 드러내고 있었다. 그뿐 아니라 이 시기 그는 치열하게 아리스토텔레스의 자연철학과 논리학 등을 익힌 것으로 보인다. 그러나 이것은 그리 특별해 보이지 않는다. 브루노의 신분이 도미니코 수도회의 수도자이니, 같은 수도원의 선배인 토마스 아퀴나스의 영향을 받은 것이 이상해 보이지 않는다. 또 당시 신학과 자연철학이 롬바르두스와 아리스토텔레스의 영향 속에서 교육되었으니 이것 역시 이상하지 않다.

그러나 마음 한편에서 브루노는 서서히 자신의 길을 가기 시작했다. 에라스무스Erasmus(1466~1536), 위-디오니시오스, 쿠자누스, 라이문두스 룰루스Raymundus Lullus(1232~1316), 피치노Marsilio Ficino(1433~1499), 피코 델라 미란돌라Giovanni Pico della Mirandola(1463~1494) 등의 신학과 철학을 익혔고, 에피쿠로스Epicurus(BC 341~BC 270)와 피타고라스Pythagoras(BC 570~BC 495) 등 고대 철학의 흐름도 익혔다. 그뿐 아니라 이슬람교와 유대교 철학자들의 철학도 놓치지 않았다. 이때의 브루노는 자신의 미래를 만들어갈 많은 것을 마련하였다. 어쩌면 그의 이단으로서의 삶이 조금씩 형태를 갖추어간 시점이라 할 수 있겠다.

학위를 마친 다음 해인 1576년 이미 이단으로 추궁을 받았다. 이때부터 그는 북부 이탈리아 여러 곳을 다니며 문법과 천문학을 가르치는 유랑의 삶을 시작하였다. 1579년 제네바에 머물며 잠시 개신교회인 칼뱅 노선에서 활동하기도 했다. 그러나 그곳에서도 그의 철학은 받아들여지지 않았다. 곧 툴루즈로 가 그곳에서 아리스토텔레스의《영혼론De Anima》과 라이문두스 룰루스의 철학을 강의하였다. 그의 철학 가운데 위험한 것이 있었지만 그의 지적 성과는 무시할 수 없었다.

1581년엔 프랑스의 국왕인 앙리 3세Henri III(1551~1589)를 마주하였다. 그러나 소르본 대학의 교수가 되진 못했다. 다음 해인 1582년 왕립교수단에 강사로 있을 수 있었다. 1583년 앙리 3세의 추천서를 가지고 영국에 가 옥스퍼드 대학의 교수가 되려 했으나 이루어지지 않았다. 그는 런던에 머물며 그의 대표적인 작품인《원인, 원리 그리고 일자에 대하여De La causa, Principio, et Uno》와《무한자, 우주 그리고 세계에 대하여De l'infinito, Universo e Mondi》그리고《의기양양한 야수의 추방Spaccio de la Bestia Trionfante》,《성회 수요일 만찬La Cena de le Ceneri》을 남겼다. 이처럼 개신교회와 가톨릭교회의 수도회에서 버림받고, 국가 권력자의 추천을 받았지만 교수직에 오르지 못하고, 이 세상이 그를 받아들이지 않는다는 것을 분명하게 알게 된 그 시점에 그는 자신의 철학을 이단으로 만들 대표작을 남겼다. 인생에서 가장 절망적이었을 바로 그 시점에 그는 자신을 죽음에 이르게 할 글들을 남겼다.

1585년 파리로 돌아왔지만 달라진 것은 없었다. 아리스토텔레스의 자연철학을 비판한 120개의 주장들이 문제가 되었다. 그의 주장들은 그의 철학적 입장을 고스란히 담고 있었다. 69번째 주장인 "우주란 무한한 공간 속에 있는 유한한 질료적 실체이다"와 70번째 주장인 "우주는 유일한 연속체이다" 그리고 74번째 주장인 "우주는 창조되지 않으며 불변적이다"와 같은 주장들은 당시 그리스도교의 가르침과도 다르고, 아리스토텔레스-스콜라주의자들의 가르침과도 다른 주장이었다. 이제 그는 더욱더 분명히 그의 시대에 어울리지 않은 사람이 되었다. 우주를 신의 창조물로 보고 창조와 함께 시간이 시작되고 최후 심판과 함께 시간이 끝난다고 여기는 이들 앞에서 우주는 영원하다 주장했다. 이것만으로도 그는 가톨릭교회도, 개신교회도 받아줄 수 없는 인물이었다.

이후에도 그는 마르부르크 대학의 교수가 되려 했지만 이루지 못했다. 하지만 비텐베르크에서 아리스토텔레스의 논리학을 잠시 강의할 기회를 얻었다. 1588년 프라하로 갔다. 그곳에서 루돌프 2세Rudolf II(1552~1612)가 그를 지지했지만 역시나 교수가 될 수 없었다. 루터의 지지자들이 그를 마음에 들어 하지 않았다. 그는 7년 동안 수감 생활을 한다. 제대로 된 재판도 없었다. 신을 모독한 부도덕한 자라며 그를 가두었다. 그의 철학에 대한 입장은 현실의 완강한 벽 앞에서 더욱 단단해졌다. 벨라르미노와 같은 종교재판관 앞에서 그는 1600년 1월 8일 이단이란 죄명으로 사형 판결을 받는다. 그리고 같은 해 2월 17일 그는 많은 이들이 보는 광장에서 불에 태워졌다. 불에 타 죽은 그의 험한 시신은 티베르 강에 버려졌다. 마치 쓰레기와 같이 그렇게 버려졌다. 어떤 장례도 무덤도 금지되었다. 애초에 이 세상에 없던 사람처럼 사라져버렸다.

그렇게 비참하게 죽임을 당했지만 사람들은 그의 철학을 죽이지는 못했다. 1603년 그의 작품들은 금서가 되어 읽는 것도, 가지는 것도, 출판도 금지되었지만 헛일이었다. 이미 런던, 파리, 프랑크푸르트와 이탈리아 곳곳에서 그의 책은 출판되고 있었다. 팔리고 읽히고 있었다. 예수회가 운영한 라 플레슈 학교Collège la Flèche에서 데카르트와 함께 공부한 마랭 메르센Marin Mersenne(1588~1648)은 브루노의 철학을 자신의 작품에서 언급하였다. 라이프니츠Gottfried Wilhelm Leibniz(1646~1716)의 글에서도 그를 만날 수 있다. 그가 죽은 이후 수백 년이 지난 1979년에 그에 대한 이단 판결은 가톨릭교회로부터 공식적으로 취소된다. 그때서야 그의 철학이 편해진 것이다. 참으로 오랜 시간이 걸렸다.

관념 속 우주의 중심을 다시 한 번 더 부수다

브루노는 코페르니쿠스Nicolaus Copernicus(1473~1543)의 지동설을

지지했다. 지구는 우주의 중심이 아니며 태양 주위를 돌고 있다는 주장이다.

당시 '지도'란 사실에 대한 묘사라기보다는 '관념'의 묘사였다. 자신들이 믿는 것을 그렸다. 중세 초기에 많은 이들은 'TO지도'라는 것을 그렸다. 동그라미 가운데 T자를 그린다. 가로 막대 위쪽으로는 예수가 태어난 아시아가 있고, 아래로 세로 막대 왼쪽에는 유럽이, 오른쪽에는 아프리카가 위치한다고 생각했다. 이 지도는 예수가 태어난 곳을 중심으로 한 그들의 세계관을 보여준다. 오랜 시간 유럽인들은 관념을 실재라고 생각했다. 자신들이 믿고 있는 관념이 현실을 반영한다고 믿었다. 그들의 믿음으로 만들어진 관념은 단순한 주관적 생각이 아니라 객관적인 사실이라 여겨졌다. 그 믿음이 공고한 집착과 아집으로 이어졌다. 그들의 관념 속엔 예수의 공간이 우주의 중심이었다. TO지도의 아시아가 우주의 중심이었다. 그러나 그곳이 이슬람교의 지역이 되면서 새로운 우주의 중심이 등장한다. 바로 로마다. 굳이 로마가 아니라도 유럽이다. 유럽이 지구의 중심이고, 지구는 우주의 중심이다.

브루노는 이러한 태도가 싫었다. 그 역시 자신들을 재판한 이들과 마찬가지로 토마스 아퀴나스의 신학을 공부한 인물이다. 토마스 아퀴나스의 철학이 문자에 담기고 그 문자가 인간의 지성을 지배할 때, 다른 많은 가능성은 보이지 않게 된다. 어느 한 신학자와 철학자의 생각이 문자가 되고 그 문자가 다른 많은 이들의 정신을 지배할 때, 그들이 그러한 사상을 일구기까지 치열한 고민과

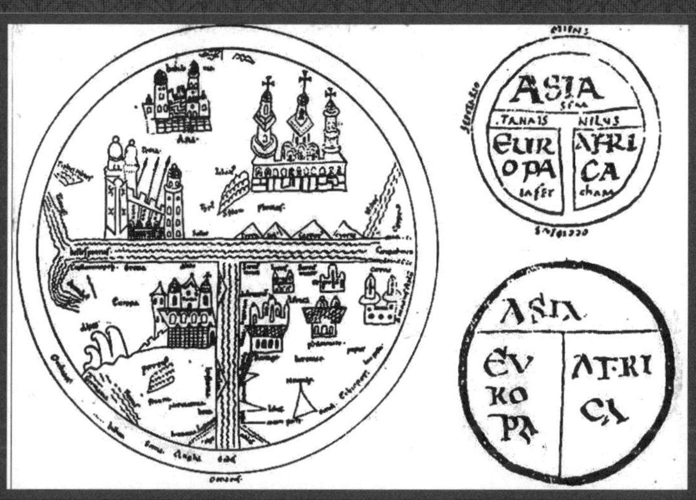

중세 유럽인들이 생각한 세계의 지도. 일명 'TO지도'라 불린다.
가로 막대 위쪽으로 아시아가 있고 세로 막대 왼쪽에는 유럽이,
오른쪽에는 아프리카가 위치해 있다.

다양한 번뇌의 과정은 사라지고 만다. 그저 한 가지 답이 주어지고, 그 답을 어떻게 정당화할지만 생각하고, 모든 현실을 그 답에 끼워 맞춰 생각할 뿐이다. 브루노는 그것이 얼마나 위험한 생각인지 이미 경험했다.

> 그들은 너무나 맹목적이고 문법적이라서 그저 철자에 광적으로 집착합니다. 이러니 그들이 지금 유럽을 이렇게 불안하게 하는 것이지요.[38]

그는 가톨릭교회의 경직됨을 피해 개신교회를 찾았지만, 이들도 경직되어 다른 답을 보지 못했다. 합리적 사유로 서로 대화할 수 없었다. 그들에게 우주의 중심은 이미 정해져 있었다. 그들은 브루노의 주장을 이미 거짓이라 단정하고 거짓을 입증하기 위한 행동에 몰두했다. 왜 자신들의 답이 답인지에 대한 고민 없이 그저 주어진 것을 믿어버리는 가장 쉬운 길을 선택했다.

이미 코페르니쿠스가 부수어버린 우주의 중심, 그저 관념 속에서나 존재할 뿐인 우주의 중심, 그 가상을 향한 믿음이 여전히 많은 이들에겐 현실이었다. 브루노는 코페르니쿠스의 망치보다 더 세밀하게 우주의 중심을 부수어갔다. 철학적으로 우주를 아주 잘게 부수어버렸다. 갈릴레오마저 이단으로 만들어버린 '원자론'이라는 수단으로 그는 우주를 존재론적으로 잘게 부수어버렸다.

브루노는 무지개와 같은 다양한 색의 아름다움을 보았다. 우주는 서로 다른 성질의 다양한 색들이 서로 조화를 이루어 존재한다. 각각의 빛은 저마다 각자의 개성을 유지한다. 빨강은 빨강으로 자신의 본질을 유지하고 그 통일성을 포기하지 않는다. 주황 역시 주황의 본질을 포기하지 않는다. 자기 가운데 통일성을 유지하며 존재한다. 그런데 그 각각의 서로 다름이 무지개 가운데 공존하고 있다. 브루노는 이와 같이 우주도 동일한 것들의 통일성으로 존재하는 것이 아니라 서로 다른 모습으로 나타나는 각각의 통일성이 무한한 다수성으로 존재한다고 보았다. 브루노는 '모나드monad'라는 개념을 가져와 이를 설명한다. 모나드는 스스로 단일성을 유지하며 더 이상 나누어지거나 분석되지 않는 것이다. 자기 가운데 통일성을 유지하고 있는 존재론적으로 가장 기초적인 단위다. 서로 다른 수많은 통일성이 다수성을 유지하며 우주를 구성한다.

그의 원자론 혹은 모나드론이 무엇인지 좀 더 자세히 살펴보자. 당시 브루노의 발언이 많은 미움을 샀던 이유 중 하나는 우주의 중심을 붕괴시켜버렸다는 것 때문이다. 우주는 무한하고 태양도 그 가운데 하나일 뿐이며, 밤하늘의 수많은 별들도 중심 없이 그 자체로 가치 있는 자기 존재를 지탱하고 있다는 것이다. 서로 다른 무수히 많은 모나드가 우주를 구성하고, 모든 행성은 저마다 자신의 자리에서 본질적인 통일성을 유지하며 각자가 스스로 중심이 되어 활동한다는 생각이다. 이러한 그의 '무한우주론'은 우주의 중심에 지구가 있고, 그 가운데 다시 중심이 되는 그리스도

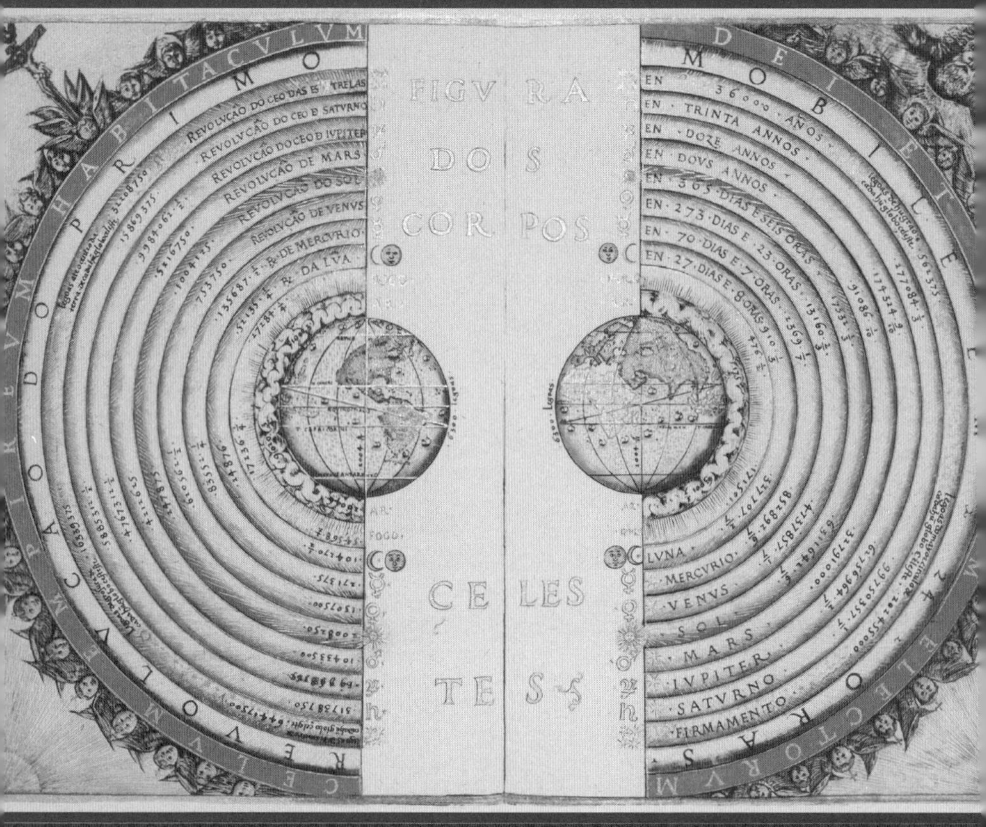

중세를 지배한 프톨레마이오스의 지구 중심 우주관을 엿볼 수 있는 작품.
지구를 중심으로 각종 행성들이 뻗어나가고 있으며,
가장 바깥쪽에는 "하늘 제국, 하느님과 모든 선택된 자"라는 문장이 적혀 있다.

교의 공간을 믿는 이들에겐 충격적인 도전이었다.

브루노의 생각은 그가 밝힌 수와 모나드 사이의 관계에서 잘 드러나 있다. 아래 글을 보자.

> 수는 모나드의 우연이다. 모나드는 수의 본질이다.
>
> Numerus est accidens monadis, et monas est essentia numeri.
>
> 이렇다면, 합성이란 것은 원자로 생기며, 원자는 합성의 본질이다.[39]

여럿이 있는 곳에 수가 있다. 수는 여럿을 헤아리는 수단이다. 즉 수가 있기 위해서는 다양성이 있어야 한다. 그런데 그 다양성이 가능하기 위해선 스스로 통일성을 가진 최소한의 '무엇'이 있어야 한다. 서로 다른 색이 자기 가운데 하나의 통일성을 가지고 어우러져 존재하듯이, 다양성은 하나의 통일성을 가진 최소의 단위가 있어야 구성된다. 바로 모나드다. 이러한 최초 단위인 모나드가 수의 본질을 이룬다. 모나드 없이 수는 없다. 여럿이 없는 곳에 수란 있을 수 없다. 수는 모나드의 우연이다. 스스로 단일성으로 존재하는 것이 여럿 모여 있을 때 수는 발생한다. 모나드가 모여야 하나의 합성체가 가능해진다. 그러니 합성체는 여럿이 모인 것이지 그 자체로 따로 있지 않다. 합성체라는 말이 어울리지 않는다.

성체성사의 기적이 가능한가?

브루노에게 참으로 존재하는 실체는 모나드다. 여기서 그는 기존의 교회와 다른 길을 가는 중대한 결단을 하게 된다. 바로 그의 모나드 혹은 원자론에 입각한 '신성'에 대한 생각이다.

토마스 아퀴나스와 같은 신학자들의 '성체성사Sacramentum Eucharistiae'에서 빵과 포도주는 축성 이후 더 이상 빵과 포도주가 아니다. 그것의 실체적 본질은 그리스도의 몸과 피가 된다. 그 맛과 모양 그리고 냄새 어느 것 하나 달라진 것이 없지만 그것은 더 이상 빵과 포도주가 아니다. 그리스도의 몸과 피다. 비록 외모는 빵과 포도주이지만, 그 실체는 그리스도의 몸과 피이기에 땅에 떨어져서도 안 된다. 함부로 다루어져서는 안 된다. 그것은 신성한 것이지 음식물이 아니기 때문이다. 이렇게 빵과 포도주가 그리스도의 몸과 피가 되는 과정을 설명하는 방식을 '성체변화' 혹은 '화체설'이라 한다.

그러나 브루노에게 있어 이것은 말이 되지 않는다. 한 합성체의 '무엇임'은 원자 혹은 모나드이며 이것들은 흩어지고 다시 뭉침으로써 변화될 수 있다. 빵과 포도주는 합성체다. 여러 빵가루와 포도의 성품들이 합성된 것이다. 그런데 원자라는 존재론적 요소가 전혀 변화하지 않은 상태에서 그 합성체의 무엇이 달라진다는 것은 말이 되지 않는다.

지금도 가톨릭신자들에게 성체성사는 가장 흔하게 일상적으로 경험하는 신비다. 눈에 보이는 것이 더 이상 빵과 포도주가 아니며 그리스도의 몸과 피가 되어 그것을 자신의 몸으로 받아들이는 일종의 신비 체험이다. '그리스도의 성체성혈 대축일 부속가'의 마지막 가사는 아래와 같다.

> 참된 음식 착한 목자, 주 예수님 저희에게, 크신 자비 베푸소서.
> 저희 먹여 기르시고, 생명의 땅 이끄시어, 영생 행복 보이소서.
> 전지전능 주 예수님, 이 세상에 죽을 인생, 저 세상에 들이시어,
> 하늘시민 되게 하여, 주님 밥상 함께 앉는, 상속자로 만드소서.

하늘시민이 되어 주님 밥상에 함께하는 기적, 생명의 땅으로 이끄는 기적, 참된 음식의 신비, 성체성사란 가톨릭신자들에겐 이러한 것이다. 그런데 브루노의 원자론은 그 빵과 포도주가 그리스도의 몸과 피가 아니라, 여전히 빵과 포도주라 했다. 어떤 존재론적 변화 없이 축성 전과 후 달라지지 않은 원자들의 합성체를 두고 그리스도의 몸과 피라고 하는 것은 비합리적이란 것이다. 원자론자들에게는 빵과 포도주가 그리스도의 몸과 피가 되기 위해선 그 빵과 포도주를 구성하는 원자들이 그리스도의 몸과 피를 이루는 형태로 변화되어야 한다. 그렇지 않으면 불가능하다. 그런데 이것이 가능한가?

일상에서 마주하는 모든 것이 신성하다

브루노는 특정 어느 공간과 시간의 성스러움이 아닌 일상의 성스러움을 이야기했다. 다음 그의 글을 읽어보자.

> 실체(모나드)는 영원히 동일한 것으로 남게 된다. 오직 하나, 즉 절대 사라지지 않는 신적인 본질만이 우주 가운데 존재할 뿐이기 때문이다. 모든 것이 우주 속에 있고 우주가 모든 것 가운데 존재하며, 우리가 우주 속에 그리고 우주가 우리 속에서 존재하며, 모든 것이 완전하게 통일되어 있는 것처럼 보이기 때문이다.[40]

브루노에게 존재하는 모든 것은 신적인 본질의 반영이다. 그 가운데 인간과 우주가 존재한다. 인간과 우주는 서로 다른 존재이지만 완전히 동떨어져 있지 않다. 인간은 우주의 거울이며 우주는 인간의 거울이다. 서로가 서로를 반영하고 있다. 이러한 가운데 우주는 영원하다. 서로 다른 여럿이지만 모두가 다시 하나의 통일성 가운데 존재한다.

어려운 말이지만 쉽게 이야기하면, 우주 가운데 모든 존재는 그 자체로 신성하다. 우주의 다양한 것들은 각각 분리된 통일성을 가지고 존재하지만 거대한 신의 존재 가운데 서로 형제자매다. 각각 고립되어 있지 않고 하나의 존재론적 가족으로 통일성을 이루며 있다. 존재론적 가족을 구성하는 모든 것은 그 자체로 신성하다. 신성은 '성체'와 '성당'이나 '교회' 혹은 '성스러운 문헌'에 한정되어 존재하지 않는다. 그런 유한한 존재가 신성할 수 없다. 진정 신성한 것은 우주 가운데 존재하는 모든 것이다. 모든 것을 포괄하고 어디에나 언제나 있는 것이다. 당연히 일상의 순간에 마주하는 모든 것이 신성의 반영이다. 지금 길을 걷다 우리의 머리를 스치는 바람도 신성하다. 그 순간 있다 사라져도 그 순간의 신성함으로 우리에게 녹아든다. 인간에게 어떤 쓸모도 없이 버려지는 잡초도 신성으로부터 배제되지 않는다. 더 신성한 것도 덜 신성한 것도 없이 그렇게 모두가 신 안에서 하나의 가족을 이루며 살아간다.

> 창조주 하느님은 그가 창조한 것 이외의 다른 어떤 것도 창조할 수 없습니다.[41]

창조주가 참으로 존재하는 모든 것을 창조하였다면, 존재하는 모든 것의 근원은 바로 신이다. 신은 우리의 밖에 있지 않다. 단지 인간이 자신의 아집을 고수하며 누군가를 배제하고 단죄하고 죽이고 괴롭힌다. 단지 인간만이 자신들의 이기를 위해 '호모 사케르'를 요구한다. 그러나 신에게는 그렇지 않다. 존재하는 모든 것이 그의 신성한 창조물이다. 신성은 시간과 공간으로 한정되지 않으며 존재하는 모든 것에 내재한다.

1889년 빅토르 위고를 비롯한 당대 유럽 지식인들의 요청으로
많은 반대에도 불구하고 교황청을 향하여 브루노의 동상이 세워졌다.

이러한 말들이 위험했다. 그 시대는 그랬다. 가톨릭교회는 자신들의 오랜 전통 속에서 신을 구속하려 했다. 개신교회는 '오직 성서Sola Scriptura'라며 신을 문자에 구속하려 했다. 모든 것이 신성하다는 것은 위험한 말이었다. 성체성사를 통한 은총에서 존재하는 모든 것으로 신의 은총을 확장시킨 그 말은 위험했다. 철저하게 이성적이지만 또 철저하게 신비적이었던 그는 그렇게 그 시대의 호모 사케르가 되어야 했다.

마지막에서 다시 시작하다

목요일 아침 놀라 출신의 도미니코 수도회 수사 브루노는 캄포 데 피오리Campo dei Fiori에서 산 채로 불에 태워 죽임을 당했다. 그는 요즘 자주 거론되는 인물이다. 예를 들어, 그는 아주 강력한 이단아로 우리들의 믿음을 인정하지 않았다. 성모 마리아와 신에 대하여 반대하고 그저 자신의 기분에 따라 살다가 죽은 인간이다. 그러면서 그는 자신이 순교자로 죽는 것이라 했다. 자신의 영혼이 불꽃이 되어 낙원에서 피어날 것이라 했다. 그러나 지금 그는 알게 될 것이다. 자신이 진정 진리를 말했는지 지금 알게 될 것이다.[42]

1600년 2월 19일 토요일 〈아비시 디 로마Avvisi di Roma〉라는 신문의 기사다. 17일 브루노의 화형 소식을 전하고 있다. 윗글의 마지막 글귀가 우리에게 질문한다. 과연 지금 브루노는 스스로 참된 진리를 말했다 생각하고 있을까? 거짓을 말했다 생각하고 있을까? 그는 자신이 순교자가 되어 천국의 불꽃이 되었다고 생각하고 있을까? 아니면 잘못된 신념을 가진 이단아라고 생각할까? 자신을 아픈 행복을 살아간 진리를 향한 순례자로 생각할까? 아니면 진리에 대한 아집 속에 살아간 반역자라고 생각할까?

그는 죽은 이후에도 수백 년 동안 여전히 불편한 이단아로 존재했다. 1979년이 되어서야 이단에서 풀려난 브루노. 지금도 브루노는 천국 어딘가에서 이단의 삶을 살아가는 많은 이들의 차갑고 고독한 길을 불꽃으로 응원하고 있을지 모르겠다.

화마火魔조차 막지 못한 아픈 행복의 이단아 브루노를 다시 생각해본다.

열 번째 신성한 모독자

프란시스코 수아레스

1548~1617

모든 인간은 평등하다.

menclaturā sciens omitto quos ipse nosti, [illegible] Ca len. Augusti, anno à Chri sto servatore nato M. D. XLIX. Basileæ.

[illegible]

Q[illegible] horatus do [illegible], Bonifaci us A[illegible]bachi [illegible]smi Kor rod ami no[illegible] bilissime [illegible] pictore [illegible] Holbei [illegible]ribus a[illegible] ne fe[illegible]am cō m[illegible], ex[illegible] [illegible] in gratia[illegible] appo[illegible] libuit [illegible]cā non so[illegible] adu[illegible]m & inte gram, quam [illegible] Holandię descriptione [illegible] [illegible]

세상을 살아가기란 참 힘들고 고통스럽다. 사람들은 고통스러운 세상의 희망으로 천재나 영웅을 생각한다. 자연스러운 인간의 지력으로는 도저히 따라갈 수 없는 천재와 영웅이 고통을 조금 덜어줄 수 있다 생각한다. 그러나 사실 그렇지 않다. 지나간 기억이 그들을 천재와 영웅으로 만들었을 뿐, 당대의 그들은 그저 평범한 인간이었다. 때론 머리 나쁜 둔재가 그날의 천재로 기억되기도 한다. 사실 타고난 두뇌가 아니었다. 둔재가 우리의 희망이 된 것은 그의 삶에 대한 치열한 고민과 궁리함 덕분이었다. 그는 초자연적인 어떤 힘을 가진 존재가 아니었다. 지금은 많이 알려지지 않았지만, 당시 온 지구가 기억하던 철학자가 있다. 바로 프란시스코 수아레스다.

저 멀리 조선 땅까지 알려진 예수회 신부

조선의 선비 이익李瀷(1681~1763)은 중국에 온 서양 선교사 알레니Giulio Aleni(1582~1649)의 《직방외기職方外紀》를 읽었다. 그리고 《발직방외기跋職方外紀》란 논평을 남겼다. 그런데 바로 이 《직방외기》에 '야소회사소씨耶蘇會士蘇氏'라는 말이 나온다. 우리말로 쓰면 '예수회 선비 수아레스'다. 얼마나 유명했는지 그의 명성은 17세기 예수회 신부의 손으로 중국에도 알려졌으며, 17세기와 18세기에 걸쳐 이익을 비롯한 조선의 선비들에게도 '예수회의 선비 수아레스'로 전해졌다. 사실 수아레스는 그 시대 유럽의 대표적 사상가였다. 가톨릭교회의 사상가도 개신교회의 사상가도 그의 철학에 영향을 받았다.

수아레스는 유럽인들의 잔혹한 식민지 정책으로 고통 받는 아메리카 원주민의 편에서 국제법의 필요성을 요구하였다. 존재론의 역사에서 절대 무시할 수 없는 작품인 《형이상학 논고Distutationes Metaphysicae》의 저자이기도 하다. 그는 그렇게 그 시대를 대표하는 천재로 인정받았다.

하지만 그는 천재가 아니었다. 둔재였다. 머리가 나빴다. 그리고 그렇게 건강하지도 않았다. 그는 예수회의 수도자가 되고 싶었다. 그러나 예수회에 바로 입회하지 못했다. 그 이유가 재미있다. 건강하지 않고 머리가 나쁘다는 이유에서다. 건강하지 않은 둔재, 그것이 저 멀리 조선 땅의 이익이란 선비에 이르기까지 그 명성이 자자했던 유럽의 대사상가 수아레스의 모습이었다. 그런 그가 그 시대의 희망이 되었다. 이성을 가진 모든 인간은 동일한 인권을 보장받아야 한다고 주장했고, 새로운 시대를 준비하는 형이상학의 틀을 마련하였다. 둔재가 말이다.

평범한 둔재에서 뛰어난 선생으로

수아레스가 철학을 하던 시대를 생각해보자. 가톨릭교회와 루터를 따르던 이들은 서로를 이단이라 불렀다. 결국 오랜 역사를 지탱하던 가톨릭교회도 이단으로, 새로운 역사를 만들어가며 루터를 따르던 이들도 이단으로 지목되며 서로를 힐난하던 시대였다. 다수로 흩어진 교회들이 각자 자신의 답만을 고집하며 서로 비난하고 다투고 있었다. 시간과 공간을 초월한 '보편'이란 이름으로 있던 하나의 교회는 무너졌다. 이것은 분명한 사실이었다. 적어도 서유럽이란 공간에서 그리스도의 가르침을 구현하는 방식에 있어 하나의 교회는 더 이상 존재하지 않게 되었다. 공존할 수 있는 하나가 아니라, 이단을 제거함으로써 자신만이 하나의 교회로 남고자 노력했을 뿐이다. 이것이 수아레스가 살던 시대 서유럽이었다.

그러면 그가 살던 스페인은 또 어떨까? 스페인은 남아메리카를 찾아 그곳을 식민지로 삼았다. 많은 역사 속 악행이 그렇듯이

콜럼버스와 스페인 원정대가
카리브해 원주민들과 대면하는 모습을 그린 그림.

그들도 아메리카 원주민의 동의는 필요하지 않았다. 원주민들은 노예가 되기 위해 태어난 존재일 뿐이라며 그들에 대한 가혹한 폭력을 정당화했다. 계속되는 점령을 통해 스페인은 자신의 거대함을 느끼고 있었는지 모른다. 심지어 멀리 필리핀마저 자신의 식민지로 삼으며 지구 곳곳을 점령했다. 동시에 유럽은 내적으로는 서로 편을 나누어 다투고, 외적으로는 매우 공격적으로 자신의 영토를 확대하고 있었다. 수아레스는 이처럼 극도로 혼란스러운 시대를 살았다.

수아레스의 아버지 가스파르 수아레스와 어머니 안토니오 바스케스는 가난하지 않았다. 비록 유대인의 혈통이었지만, 수아레스는 유년 시기에 그다지 고통스러운 일을 겪지 않았다. 그러나 그의 어머니는 달랐다. 어머니는 유대인의 혈통으로 제법 큰 고통을 경험하였다. 유럽인들은 단지 유대인이란 이유로 사람을 불에 태워 죽이곤 했다. 수아레스는 그런 시대를 살진 않았다. 그러나 수아레스의 가족은 그 잔혹한 기억에서 완전히 벗어나진 못했을지 모른다. 수아레스의 가족은 국왕과 정부에 많은 봉사를 했다. 자신들이 눈 밖으로 나서는 안 된다는 생각을 했을지 모른다. 아니면 아픈 기억이 자신들도 모르게 그렇게 행동하게 했을지 모른다. 여하튼 수아레스는 가난하지 않지만 아픈 기억을 가진 가족의 일원으로 태어났다.

수아레스는 여덟 명의 자녀 가운데 둘째로 태어났다. 그의 형제 가운데 발타사르도 그와 함께 예수회에 입회하여 수도자로 살았다. 그러나 아시아 필리핀 군도로 가는 길에 죽게 된다. 다른 남자 형제 중에서는 신부가 된 이도 있었다. 세 명의 여자 형제는 수녀가 되기도 했다. 그의 가정은 이처럼 그리스도교에 매우 친근하였다. 그런 환경에서 그는 예수회에 입회하기로 마음먹게 된다.

그러나 입회는 쉽지 않았다. 그는 그렇게 건강하지 않았다. 거기에 충분한 지적 능력이 없다는 평가를 받았다. 지금으로서는 이해하기 어렵다. 시대를 대표하는 대학자의 어린 시절이라기엔 무엇인가 어울리지 않아 보인다. 그러나 사실이다. 그는 지적으로 민첩하지 않았다. 하늘이 내린 선천적인 재능으로 남들과 다른 모습을 보이던 그런 천재가 아니었다. 어쩌면 평범하기 그지없고 허약한 체력을 가진 아이였을지도 모른다. 그러나 분명한 것은 바로 이것이다. 예수회에 입회하기 힘들 만큼 둔했던 그는 지난한 노력 끝에 1564년 16살의 나이에 예수회에 입회한다.

목표의식이 분명해서인지 예수회 입회 이후 대단한 학문적 열정을 보였다. 그는 곧 살라망카 대학으로 갔다. 1570년 드디어 노력하는 둔재로서 열성을 보여주는 기회를 가지게 된다. 많은 교수와 학생 앞에서 여러 질문을 받고 그 질문에 응답하는 시간을 가졌다. 그는 단번에 많은 이들의 마음을 사로잡았다. 6년의 시간 동안 그는 다른 사람이 되어 있었다. 이제 그는 시대의 철학 선생이 될 충분한 가능성을 가진 청년의 모습으로 사람들 앞에 서게 된다. 20대 초반에 말이다. 그리고 그는 곧 철학 선생이 되었다.

1572년 드디어 사제서품을 받는다. 즉 수아레스는 신부가 되었다. 그리고 그는 이곳저곳을 돌아다니며 철학과 신학을 가르쳤다. 1575년에는 아빌라와 세고비아 그리고 1576년엔 바야돌리드, 또 1580년에서 1585년까지는 로마에서 신학을 가르쳤다. 1585년에서 1592년까지는 알칼라에서 가르쳤다. 그 후 다시 1592년에서 1597년까지는 살라망카로 돌아와 가르쳤고, 1597년 포르투갈 코임브라 대학의 신학부 학장이 되었다. 그리고 그곳에서 1615년 은퇴할 때까지 가르쳤다. 그는 좋은 선생이었다. 물론 그리 좋은 화술로 사람들을 사로잡지는 못한 것 같지만 유익한 강의를 하는 좋은 선생이었던 것은 분명해 보인다.

'예수회'라는 이성의 성지聖地

수아레스는 예수회의 일원이었다. 당시 예수회는 대단한 공간이었다. 단순한 수도회가 아니었다. 물론 수도자라는 모습은 다르지 않지만, 초기 근대 서유럽과 사상의 역사에서 예수회는 단순한 하나의 수도회 그 이상이었다. 예수회는 당시 가톨릭교회의 이론 제작 공장과 같은 곳이었다. 치열한 연구가 이루어졌고, 많은 학문적 성과를 만들어냈다. 즉 합리적인 공간의 성지와 같은 곳이었다.

하지만 또 다른 모습을 가지고 있기도 하다. 영화 〈장미의 이름 Le Nom De La Rose〉에는 잔혹한 종교재판으로 누군가를 화형에 이르게 하는 종교재판관이 등장한다. 예수회는 당시 서유럽 사회에서 가톨릭교회의 종교재판관을 양성하는 곳으로 존재하기도 했다. 예를 들어보자. 브루노를 불에 태워죽이고 갈릴레오의 입을 막은 종교재판관 벨라르미노 추기경도 예수회의 일원이었다. 가톨릭교회의 외부에서 비롯되는 여러 공격에 대해 단호히 맞서고자 한 곳이 또 예수회였다.

예수회는 가톨릭교회 내부의 여러 신학적 논쟁에도 참여하였다. 그 시대 가장 유명한 신학적 논쟁 가운데 하나인 '예정설'과 '자유의지'와 관련된 논쟁에 참가한 루이스 데 몰리나Luis de Molina(1535~1600)도 예수회의 일원이다. 이와 같이 치열하게 신학적 고민을 통하여 가톨릭교회를 방어하고 내부의 고민들에 대하여 답을 제시하려 한 곳이 예수회라면, 또 다른 방향으로 철저하게 합리적인 학자들의 공간이기도 했다. 수학자이며 천문학자인 크리스토퍼 클라비우스Christopher Clavius(1537~1612)도 예수회에 있었다. 그의 관점에서 쓰인 천문학 책은 예수회 소속의 모든 대학에서 사용되었다. 지금도 사용하는 '그레고리력'을 만든 주역이 또 그이기도 하다. 이처럼 예수회란 신학과 과학과 합리성이 공존하는 공간이었다.

수아레스는 바로 그러한 공간의 일원이었다. 그 역시 성과에서 이들에 비해 뒤지지 않는 대학자였다. 그리고 예수회를 위해 현실적인 공헌을 하기도 했다. 예수회의 교육 과정인 《학사규정Ratio Studiorum》에 관여한 것이다.

수아레스 역시 가톨릭교회의 외부에 맞서 정통성과 정당성을

일 제수 성당에 있는 예수회의 문장.

유지하기 위해 노력한 학자였다. 그는 개신교회에 대하여 신학 논박을 하기도 했다. 그러나 재미있게도 그의 철학적 성과는 그의 사후 많은 개신교회의 철학자들에게 영향을 주었다. 수아레스뿐만 아니라 예수회의 많은 신학적 성과물들은 가톨릭교회의 외부에 대하여 매우 공격적인 모습을 띠고 있었지만 이후 개신교회의 철학에 많은 영향을 끼쳤다. 치열하게 합리성을 추구했던 예수회의 인간 이성에 대한 긍정은 이성적인 사유를 전개하는 모든 이들에게 긍정적인 성과로 이어졌을지 모른다.

그리고 그런 이성에 대한 긍정은 이성을 가진 모든 인간의 '평등'이란 생각으로 이어졌다. 물론 모든 예수회의 일원은 아니었지만 적어도 수아레스는 그랬다. 이런 수아레스의 입장은 당시 많은 선교사들에게 빛이 되었다. 유럽이 외부로 선교를 갔을 때, 그들은 다른 가치관과 문화 그리고 사상을 가진 이들과 마주했고 어떻게 행동해야 할지 고민했다. 유럽인과 마찬가지로 동등한 인간인지 아니면 유럽인에 비하여 열등한 노예와 같은 존재인지 고민했다. 이런 고민에 수아레스는 매우 유용한 철학을 제시하였다.

모든 인간은 이성적이며 인권이 있다

수아레스는 초기 근대 가톨릭교회의 가장 소중한 보물이었다. 수아레스는 온 유럽이 알고 있던 이름이었다. 그러나 오랜 시간 그의 이름은 철학사에 등장하지 않았다. 1679년 교황 인노첸시오 11세Beatus Innocentius XI(1611~1689)는 공식적으로 수아레스의 철학적 입장들 가운데 몇몇을 단죄했다. 그의 철학이 그의 사후 이단이 되었단 말이다.

수아레스는 토마스 아퀴나스의 《신학대전》을 손에 든 철학자였다. 특히 그는 토마스 아퀴나스의 '보편적 실재론'을 수용하였다. 모든 인간을 인간으로 존재하게 하는 어떤 보편적 원리, 공통 본성이 영혼 밖에 실재한다고 믿었다. 인간을 인간으로 존재하게 만드는 성질은 말로만 있는 것이 아니라 실재한다는 것이다. 그리고 수아레스는 그 공통 본성을 '이성'이라 생각했다. 이성을 가진 존재가 바로 인간이고, 그 이성이 인간을 인간답게 만드는 것이라 믿었다. 이성은 상황에 따라 무엇이 가장 좋은 행위인지 심사숙고하고 선택한다.

당시 아메리카 원주민의 행동은 유럽인들에게 비이성적이거나 이성적으로 무언가 부족한 것처럼 보였다. 그러나 과연 이러한 해석이 정당한 것인가? 아니다. 그들은 그들이 처한 조건 속에서 사고했다. 원주민들은 그들이 처한 자연환경 속에서 심사숙고했고, 그들의 고유한 역사 속에서 그들의 문화와 삶을 만들어낸 것이다. 결국 그들도 자신만의 조건 속에서 이성적으로 사유하는 인간이었다.

하지만 유럽의 이성만을 기준으로 삼는 이들에게 원주민들은 뭔가 미완의 존재로 보였다. 그들에 대한 폭력은 선천적인 노예

(비이성)에 대한 온전한 인간(이성)의 정당한 권리라고 여겨졌다. 하지만 요한 마요리스Joannes Majoris(1467~1550)와 프란시스코 비토리아Francisco de Vitoria(1492~1546) 등이 이 문제에 대하여 깊은 관심을 가지고 폭력의 부정당함을 외치고 있었다. 수아레스도 이러한 대열에 함께한다.

유럽과 한국의 조건은 과거부터 달랐다. 지리적인 차이로 인해 기후와 환경 등 여러 면에서 자연적 조건들이 달랐다. 그럼에도 한국이란 땅을 살아온 수많은 조상들은 자신들의 고유한 터전에서 충분히 이성적으로 살았다. 그리고 지금 우리도 그렇다. 개인은 각자가 처한 공간 속에서 사고하고 판단한다. 누군가의 처세술을 그대로 따라했을 때 큰 힘을 발휘하지 못하는 것은 서로 다른 상황에서는 서로 다른 처세술이 오히려 합리적이기 때문이다. 그러나 만일 누군가가 유럽의 역사가 더 합리적이라고 한다면, 사회적으로 성공하여 어느 정도 부유함을 가지게 된 누군가가 더 합리적이라고 한다면, 이것은 정당한 것일까?

차이가 있었다. 서로 다른 문화와 조건을 가지고 있었다. 그러한 차이 속에서 어쩌면 모두가 최선의 모습으로 살아가고 있을지 모른다. 오히려 전혀 다른 처지의 누군가를 성급히 따라하기보다는 자신이 처한 상황에 대해 더욱더 깊고 치열한 심사숙고가 필요할지도 모른다. 수아레스의 생각도 마찬가지였다. 아메리카 원주민은 덜 이성적인 존재가 아니었다. 비록 당시 유럽이 지닌 화포를 가지지 못했지만, 화려한 무기를 가지고 있지 않았지만, 그들은 이미 충분히 이성적이었다. 그들은 농업이나 축산업이 필요 없었다. 사냥 하나면 충분한 자연 조건이었다. 당연히 다른 이의 것을 빼앗아 살아갈 필요가 없었다. 대포를 만들 필요가 없었다. 그들의 벗은 옷차림도 그들이 살아가는 기후에 알맞은 것이었고 비이성적인 것이 아니었다. 수아레스에게 아메리카의 원주민은 이미 충분히 합리적인 인간이었다. 그들은 노예가 되기 위해 태어난 존재가 아니었다.

수아레스의 존재론적 입장에 따르면 이성을 가진 모든 인간은 평등하다. 인간은 그 이성에 근거하여 각자의 자리에서 각자의 삶을 꾸리고 살아간다. 스스로 고민하고 스스로 결단하며 말이다. 그 결단이 유럽인과 다르다고 하여 그들을 악인이나 죄인으로 볼 순 없다. 함부로 노예로 삼아 그들을 매매의 대상으로 삼아서도 안 된다. 존재론적으로 모두 이성을 가진 동등한 인간이기 때문이다. 스스로 자신의 삶을 일구어갈 권리, 즉 유럽인과 마찬가지로 그들도 인간으로 존재할 정당한 권리인 '인권'을 가진 인간이기 때문이다.

수아레스는 바로 이런 존재론적 이유를 가지고 당시 유럽인들의 아메리카 원주민에 대한 노예무역과 폭력을 비판했다. 그것은 철학적이지 않으며, 신학적이지도 않다 그는 확신했다. 수아레스는 유대인의 혈통으로 아픈 기억을 가진 어머니 아래서 자랐다. 유대인이란 이유로 폭행당하고 불태워진 시간을 살아간 어머니의 기억이 수아레스에게 영향을 주었을지 모른다. 그는 아메리카 원주민에 대한 유럽인의 잔혹한 폭력에서 고통스러운 어머니의 기억을 보았을지 모른다.

삶으로 경험했던 소외와 차별

수아레스 자신도 비록 어머니와 다르지만 힘든 경험을 가진 인물이었다. 대단한 학자였지만, 주변의 시기와 질투에 힘든 시기를 보냈다. 요즘 말로 그는 '왕따'였다. 예수회 후배이며 자신과 함께 대학에서 강의한 가브리엘 바스케스Gabriel Vasquez(1549?~1604)는 수아레스보다 더 인기 많은 교수였지만 특히 그를 심하게 힘들게 하였다. 아직 수아레스는 노력하는 학자일 뿐, 학생들에겐 바스케스의 그늘에 가려진 인물이었다. 인기 많은 바스케스는 조용히 자신의 길을 가는 수아레스를 공개적으로 비꼬곤 했다. 하지만 수아레스는 포기하지 않고 오히려 더욱더 깊은 연구를 이어갔다. 그 힘든 시간 동안 그는 자신의 대표작인 《형이상학 논고》를 썼다. 그러고 보면 조롱과 무시를 받던 시기에 그는 존재론의 역사에서 결코 무시 받을 수 없는 대표작을 남긴 것이다.

수아레스는 억울했을 것이다. 그리고 불쌍했을지 모른다. 어머니가 경험한 그 아픔 속의 유대인들이 불쌍했을 것이다. 유대인이란 이유로 죽어간 사람들도 불쌍했고, 학자로서 후회 없이 열심히 살지만 무시를 받는 자신도 불쌍했을 것이다. 억울했을 것이다. 그러나 이러한 무시는 끝이 없었다. 1596년 당시 스페인 국왕 펠리페 2세Felipe II(1527~1598)는 수아레스가 코임브라 대학의 신학부 학장으로 와주길 청하였다. 하지만 쉽게 선택할 수 없었다. 그곳은 도미니코 수도회와 예수회가 서로 다투고 있던 곳이었다. 오랜 시간 도미니코 수도회가 맡아왔던 학장이라는 자리에 예수회의 일원인 자신이 가는 것이었다. 쉽지 않은 선택이었다. 그는 거절했다. 하지만 왕은 포기하지 않고 연이어 청한다. 결국 더 이상 거부하지 못하고 수락했지만, 예상대로 쉽지 않았다. 수아레스는 오랜 시간 명문대학에서 강의했지만, 막상 박사 학위를 가지고 있지 않았다. 코임브라 대학의 구성원들은 박사도 아닌 이가 자신들의 학장이 되는 것에 강한 반감을 가지고 있었다. 결국 수아레스는 그곳 대학에 학장으로 가기 전 에보라 대학에서 박사 학위를 받아야 했다. 그러고 나서야 코임브라 대학에 갈 수 있었다.

수아레스는 누구든지 함부로 무시 받지 않은 세상이 되어야 한다고 생각했다. 이성을 지닌 인간이라면 누구나 인권을 가졌으며, 그 인권을 유지하기 위해 법이 필요하다 생각했다. 그냥 두면 강한 이는 약한 이의 인권을 무시하고 조롱할 것이 분명했다. 이를 막을 법이 필요했다. 수아레스는《형이상학 논고》에서 존재론적 틀을 마련하였다. 보편적 실재론이란 틀에서 그는 인권을 지키는 법에 대한 자신의 생각을 완성하려 하였다. 이러한 작업의 결과가 바로《법에 대하여De legibus》였다.

그는 수도회가 서로 갈라져 싸우는 것을 보았다. 같은 수도회

TRACTATVS

DE LEGIBVS

AC

DEO LEGISLATORE

In decem libros distributus.

AVTHORE

P. D. FRANCISCO SVAREZ GRANATENSI

è Societate IESV, Sacræ Theologiæ, in celebri Conimbricensi

Academia Primario Professore.

AD ILLVSTRISSIMVM, ET REVERENDISSIMVM

D. D. Alphonsum Furtado de Mendoça Episcopum Egitaniensem.

CVM VARIIS INDICIBVS.

ANTVERPIÆ

APVD IOANNEM KEERBERGIVM.

ANNO cIↃ. IↃC. XIII.

수아레스의 대표작《법에 대하여》표지.
예수회 문장이 선명하게 보인다.

라도 높은 인기를 얻는 자가 낮은 위치의 사람을 업신여기는 것도 직접 경험하였다. 이미 유럽 최고의 학자가 되었지만, 심지어 국왕이 수차례 부탁하여 학장으로 가게 되었지만, 박사 학위가 없다는 이유로 무시 받기도 했다. 어머니의 아픈 기억과 자신이 살아오며 경험했던 그 많은 수고와 어려움은 그를 고민하게 만들었다. 그러한 삶으로부터 비롯된 고민이 어쩌면 그가 구상한 '국제법'으로 이어졌는지 모른다. 그가 만든 국제법은 아무리 가난하고 힘없는 나라의 국민이라도 그 인권은 지켜져야 한다고 명시했다. 무시 받지 말아야 했다. 그것이 존재론적 진실이라 그는 믿었다. 모든 인간은 동일한 이성을 가진 존재이기 때문이다. 누가 더 우월하거나 열등한 이성을 가진 것도 아니며, 본성적인 노예란 것도 존재하지 않는다고 믿었다. 평등했다. 원주민을 노예로 만들어서는 안 되었다. 그것은 존재론적 죄악이었다.

수아레스는 인간 사회의 희망이 바로 인간 자신이라 확신했다. 인간이 희망이란 말이다. 그는 신이 이미 인간 가운데 서로가 서로에게 의존하며 행복을 향하여 나아가도록 하는 본성을 심어 주었다고 믿었다. 즉 공공의 선 혹은 사회의 선을 추구하게 되어 있다고 확신했다. 그리고 이것이 '신이 보시기에 좋은 것'이라 그는 믿었다. 그는 힘겨웠던 삶에도 불구하고 인간의 사회적 선을 향한 본성적 의지를 긍정했다. 오히려 이 사회적 선을 공격하고 무력하게 하는 것을 악이라 보았다. 불평등이 악이라 확신했다. 수아레스는 이러한 법에 대한 진지한 고민을 이어가다 1613년 코임브라 대학에서 은퇴한다. 그리고 1617년 9월 25일 리스본에서 생을 마감한다.

사후 이단으로 선고되다

수아레스는 쉬운 삶을 살지 않았다. 물론 육체적으로 아주 큰 고생을 하며 살아간 사람은 아니다. 그러나 그것만으로 그의 삶을 평탄했다 말할 순 없다. 그는 힘든 삶을 살았다. 유대인으로서의 정체성, 대학에서의 시기와 질투 그리고 허약한 육체 등 많은 약점이 그를 힘들게 했다. 그러나 그는 최선을 다해 고민하며 자신만의 철학 체계를 완성해갔다. 탄탄한 존재론과 그 존재론에 근거한 법철학을 세웠다. 그 철학의 영향력은 가톨릭교회와 개신교회를 가리지 않았다. 그러나 그는 금지된다. 이단이 된다. 1679년 교황 인노첸시오 11세는 공식적으로 수아레스의 철학 일부를 단죄했다.

결의론決疑論 때문이다. 그의 결의론이 그를 이단으로 만들었다. 그렇다면 그 결의론은 도대체 무엇인가? 무엇이 나쁜 것인가?

사실 윤리적인 행위는 보편적 공리로 존재할 수 없다. 인간의 행위는 구체적인 상황 속에서 구체적으로 일어나며, 구체적인 문제를 풀기 위해 구체적인 대안을 고민한다. 이를 설명하려는 것이 결의론이다. 예를 들어보자. "살인하지 말라." 이 말은 시간과 공간을 초월한 보편적인 윤리 법칙이다. 그러나 이 윤리 법칙이 그저 말에서 그치지 않고 구체적인 현실 공간에서 어떻게 작동하게 할 것인가의 문제는 쉽지 않다. 말로는 쉽지만 말이다.

전쟁 상황이다. 전쟁 중에 자신의 가족과 벗이 억울하게 죽어가는 한계 상황에서 살인하지 말라는 보편 법칙만을 고집하며 죽어야 하는가? 아니면 살인을 하더라도 싸워야 하는가? "거짓말하지 말라." 이 역시 마찬가지다. 적군이 해코지하려는 여성을 몰래 숨겨 주었다. 적군이 여성의 행방을 물을 때 거짓말 없이 있는 그대로 그녀의 위치를 알려주어야 하는가? "절대 안 돼"라는 것이 말처럼 쉽지 않다. 현실의 공간에선 말이다.

초기 근대 개신교회의 등장이란 시대적 배경을 고려해보자. 가톨릭교회와 개신교회 그리고 성공회 등 다양한 교회의 선택지가 있었다. 국가의 의무와 개인의 종교가 충돌할 때, 즉 애국의 의무와 신앙이 충돌할 때, 어떤 길을 선택해야 하는가? 의무가 서로 충돌할 때, 심지어 두 의무 모두 정당할 때, 어떻게 행동할 것인가? 신앙인으로 그리고 국민으로 어느 의무 하나 함부로 포기할 수 없을 때 어떻게 해야 하는가? 결의론이 필요할 때가 바로 이런 경우다. 결의론은 이와 같이 도덕적 판단이 쉽지 않을 때 등장한다. 결의론을 악용할 경우 보편적 윤리 법칙이 약화되어 큰 낭패를 볼 수 있는 것도 사실이다. 그러나 결의론은 인간의 이성을 긍정하며, 구체적 상황 속에서 어떻게 행동해야 할지를 고민하는 한 인간의 고뇌라는 측면에서 보면 꼭 필요한 논리이다.

아메리카 원주민은 유럽인의 눈으로 보면 이해할 수 없는 문화

프란시스코 수아레스의 모습을 그린 초상.

와 의식을 가지고 있다. 남아메리카 원주민의 옷차림은 유럽인의 눈에 거의 나체이며, 이것을 두고 유럽인들은 그들을 미개하다고 생각할 것이다. 그러나 정말 미개한 것인가? 원주민들은 그들이 처한 상황에서 그들의 이성이 만든 가장 최선의 선택을 한 것일 수 있다. 반면 노예 상인들은 원주민들의 고유한 이성을 부정하며 자신들의 잔인한 노예무역을 정당화했을 것이다. 어차피 노예 정도의 가치를 가지고 태어났다고 보면서 말이다.

그러나 수아레스는 이를 거부했다. 그들이 처한 상황을 보아야 한다. 그 상황에서 그들의 이성은 무력하지도 수동적이지도 않았던 것이다. 수아레스는 이렇게 '결의론'을 주장했다는 이유로 이단이 된다. 사후 금지의 대상이 된다. 하지만 그의 이름이 전면에 등장하는 것을 막을 수 있었다 해도 사상사의 뿌리 깊은 곳에 거름으로 존재하는 수아레스의 철학을 막을 순 없었다. 국제법에 대한 그의 논의는 이후 그로티우스Hugo Grotius(1583~1645)로 쉼 없이 이어졌다.

예수회 입회를 거절당한 아픔을 지닌 둔재. 유대인 가정에서 태어나 차별과 고독 속에서 치열하게 고민하며 근대 형이상학의 문을 열고 국제법 정신을 다진 인물. 아메리카 원주민의 아픔, 그 처절한 남의 아픔을 치열하게 고민하고 변론한 그는 사후 많은 이들에게 모범이 되는 동시에 이단이 되었다. 참 슬프면서도 역설적인 역사의 한 장면이다.

열한 번째 신성한 모독자

갈릴레오 갈릴레이

1564~1642

그래도 지구는 돈다.
그래도 진리는 진리일 뿐이다.

Liber III. 407

menclaturā sciens omitto quos ipse nosti, [illegible]

[illegible] T. Calen. Augusti, anno à Christo seruatore nato M. D. XLIX. Basileæ.

[illegible]

Q[illegible] us [illegible]ratus [illegible], Bonifacius A[illegible]bachi[illegible] [illegible]asmi Roterodami no[illegible] [illegible] nobilissimo [illegible] pictore [illegible] Holbeinia[illegible] ne [illegible] am cõ[illegible], exe[illegible] de utcunque [illegible], in gratia[illegible] tibi stu[illegible] appo[illegible] libuit[illegible] non solum adu[illegible] & inte[illegible]

[illegible] Holandiæ descriptione propo[illegible], sed & [illegible]

갈릴레오 갈릴레이는 1564년 2월 15일에 태어났다. 같은 고향의 천재 예술가 미켈란젤로가 죽기 3일 전이었다. 그의 아버지 빈첸시오는 가난했다. 음악가라지만 그렇게 대단하지 않았다. 그가 가진 음악으로는 생계 문제조차 해결하지 못했다. 그러니 빈첸시오는 옷과 옷감을 팔아 부족한 돈을 채워야 했다. 그러지 않으면 먹고살 수 없었다. 그에게 음악가로서의 성공보다 더 우선인 것은 생존이었다. 아버지 빈첸시오는 그런 사람이었다.

갈릴레오의 동생은 음악 선생으로 살았다. 다행이었다. 그는 음악으로 먹고살 수 있는 사람이 되었기 때문이다. 아버지는 갈릴레오에게도 루트와 오르간을 가르쳤지만, 그는 음악에는 큰 재능이 없었다. 오히려 그림을 잘 그렸다. 루도비코 치골리Ludovico da Cigoli(1559~1613)는 갈릴레오를 자신에게 원근법을 가르쳐준 선생이라 말하기도 했다. 실제로도 제법 뛰어난 수준에 있었다.

가난한 천재의 등장

갈릴레오는 대학을 다녔지만 졸업하진 못했다. 지금 우리식으로 이야기하면 그는 고졸이다. 1585년 아버지의 뜻을 따라 자신도 가정의 생계를 위해 돈을 벌기 시작한다. 그의 아버지도 갈릴레오가 집안을 위해 무엇이라도 해주길 바랐다. 그러나 갈릴레오는 자신의 학문적 열정을 포기하진 않았다. 수학 과외 선생으로 돈을 벌고 수학자 오스틸리오 리치Ostilio Ricci(1540~1603)의 수학 강의를 청강하며 수학에 대한 자신의 흥미를 키워갔다. 그뿐 아니라 단테와 아리오스토Ludovico Ariosto(1474~1533), 타소Torquato Tasso(1544~1595) 등과 같은 이탈리아 작가들에 대한 논문을 쓰기도 했다.

그는 쉼 없이 무엇인가 공부하며 준비하고 있었다. 그 시대는 석사니 박사라는 학위보다 실질적인 능력을 더 높이 평가했다. 이러한 시대적 조건이 대학을 포기한 갈릴레오를 더욱 더 열심히 연구하게 하였다. 결국 대학 졸업장이 아닌 자기 능력을 보이면 되었기 때문이다. 장남으로 가난한 가정을 위해 일을 해야 했고, 동시에 학문적 욕구도 포기하고 싶진 않았다. 그는 대학의 외부에서 치열하게 공부했다. 그리고 자신의 탁월한 능력을 바탕으로 유명 교수와 학자의 추천서를 얻으면 교수가 될 수 있다는 희망을 가지고 치열하게 공부했다. 교수가 된다는 것은 가난한 청년 구직자이며 학자를 꿈꾸는 자신에게 주어진 모든 짐을 덜 수 있는 최고의 기회라 믿었다.

돈을 마련하기 위해서라도 학문을 탐구하기 위해서라도, 교수가 되고 싶은 그의 꿈은 이루어져야 했다. 때마침 볼로냐 대학에 수학 교수가 공석임을 알게 된다. 그리고 도전한다. 하지만 세상일이 그렇게 만만치 않았다. 실패한 갈릴레오는 더욱 더 열심히 연구했다. 창의적인 결실을 만들어야 한다는 것은 학문적인 자극을 넘어 생존의 문제였다. 당장 생계를 위해서라도 갈릴레오는 교수가 되어야 했다. 절실했다. 단순하게 자존심이나 명예의 문제가 아니었다.

이때 집중한 문제가 고체의 무게중심과 관련된 기하학적 연구였다. 그에게 공부는 학문 탐구이기도 하지만, 동시에 취업 준비이며 일이었다. 자신과 자신의 가족이 겪고 있는 수많은 문제를 해결하기 위한 일이었다. 그는 치열하게 연구하였고, 그 결실을 유명 수학자들이 다니는 복도에 걸어두었다. 그들의 눈에 자신의 존재를 알리기 위해 노력했다. 그러나 그렇게 수동적으로 읽힐 때까지 기다리고 있을 수만은 없었다.

1587년 갈릴레오는 직접 고체의 무게중심에 대한 자신의 연구 결실을 들고 로마 대학으로 향했다. 그리고 당대 최고의 학자인 클라비우스를 찾았다. 이때 클라비우스의 눈에 갈릴레오가 보이기 시작했다. 다음 해인 1588년 발간된 자신의 신간을 갈릴레오

예수회 소속의 뛰어난 수학자이자 천문학자였던 크리스토퍼 클라비우스의 초상.

에게 보내줄 정도로 이때의 만남은 클라비우스의 인상에 강하게 남았다. 창의적인 결실과 함께 자신을 추천해줄 사람들도 생기기 시작했다. 가난한 아버지의 눈에 그저 가난한 청년구직자였던 갈릴레오는 이제 서서히 달라지기 시작했다.

클라비우스의 도움으로 그는 1589년 피사 대학의 교수가 된다. 그리고 그곳에서 1592년까지 교수로 있었다. 이어서 1592년에서 1610년까지 파도바 대학의 교수로 있었다. 토스카나 대공의 전속 철학자이며 수학자로 이런저런 방해 없이 연구에 집중할 수 있게 되었다. 하지만 1609년 갈릴레오는 자신의 연봉에 불만을 가지게 되었다. 철학과 교수인 체사레 크레모니니Cesare Cremonini(1550~1631) 연봉의 4분의 1을 받는 자신의 처지에 불만이었다. 그는 1610년 피렌체 대학으로 자리를 옮긴다. 그리고 경제적으로도 자신의 원하는 대우를 받게 된다.

갈릴레오의 삶은 성공적으로 보였다. 어린 시절 경험한 가난의 어려움에서 서서히 자유로워졌다. 그렇게 그는 자신의 시대를 만들어가고 있었다. 경제적으로 학문적으로도 그는 만족스러운 삶을 살기 시작했다. 그러나 우리는 그를 단지 더 높은 연봉을 받으며 흡족해하는 성공한 교수로 기억하는 것은 아니다. 이단아로 살지도 모른다는 두려움 속에 자신의 합리적 결실을 부정한 인물로 기억한다. 겁이 많은 이단아 말이다.

하지만 갈릴레오는 인간의 지성과 경험적 사실을 믿었다. 그리고 그는 그 지성으로 가난한 청년구직자에서 유능한 학자가 되었다. 그는 그의 삶으로 알게 되었다. 지성에 충실히 사고하면 그만이다. 그는 알았다. 어떤 권력이 그의 입을 막아도 진리는 죽지 않는다는 것을 말이다. 자신의 지성으로 고민한 그 진리는 사라지지 않는다고 말이다. 입을 막는다 해도 말이다. 그래도 지구는 돈단 말이다.

순진한 이단아 갈릴레오

종교재판은 가혹했다. 그리고 그는 이단이 되었다. 과연 그는 이단이 될 만큼 그렇게 사악한 주장을 한 것일까? 사실 그렇지 않다. 그러니 그는 더 억울했을 것이다. 1634년 7월 25일 재판 이후 로마 대학의 수학 교수 크리스토퍼 그리엔베르거Christoph Grienberger(1561~1636) 신부는 갈릴레오의 친구에게 편지했다.

> 갈릴레오가 로마 대학의 신부와 좋은 관계를 유지할 방도를 알았다면, 그는 이 세상의 영광을 한 몸에 받으며 살아갔을 것이다. 이런 불행한 일을 당할 필요도 없었다. 거기에다 자신이 원하는 것은 무엇이든지 할 수 있었을 것이다. 심지어 지구의 움직임에 대해서도 자유롭게 적어 내려갈 수 있었다.[43]

그리엔베르거 신부의 말처럼 그의 주장은 그렇게 위협적이지 않으며, 그리스도교 신앙 자체에 큰 도전으로 다가오지도 않았고, 금지령이나 이단으로 괴로운 시간을 가질 필요는 정말 하나도 없었다. 그가 로마 대학의 신부 및 교수들과 사이가 좋았다면 말이다. 그러나 갈릴레오는 그러지 못했고, 로마 대학의 교수와 예수회 신부들이 자신을 당시 칼뱅이나 루터와 같은 개신교회의 개혁자보다 더 가톨릭교회에 위협적인 인물로 보고 있으며, 이미 재판 시작 이전에 유죄로 정해놓은 재판을 하게 될 것임을 알았다. 그는 친구 엘리아 디오다티Élie Diodati(1576~1661)에게 이렇게 편지를 남겼다.

> 저는 신뢰 있는 소식통을 통해 예수회 신부들이 저의 책을 저주스럽게 여긴다는 것을 알고 있으며, 성스러운 교회에 대해 루터나 칼뱅의 책보다 더 유해한 책이란 식으로 높으신 분들을 설득하고 있다고 들었습니다. … 결국 로마에 가기는 하지만 금서로 정해질 것입니다.[44]

갈릴레오는 이미 자신이 이단아가 되었으며, 재판을 한다고 결과가 달라지지 않을 것임을 알았다. 그가 무엇을 하더라도 그는 유죄로 판결될 것이었다. 그는 드디어 지성이 멈추어 서야 하는 곳에 마주한 것이다. 아니 정확하게 말하면 합리적 설명이 통하지 않는 지점을 마주하게 된 것이다. 어떤 이성적 대화도 가로막히는 지점 말이다.

어쩌면 갈릴레오는 참으로 순진했다. 그는 자신의 합리적 설명으로 모든 것이 해결될 것이라고 생각했다. 너무나 명확하고 반박 불가능한 설명이면 자신을 향한 말도 안 되는 오해들이 해결될 것이라 확신했다. 그때까지 그랬다. 대학을 졸업하지 못했지만 그는 자신만의 치열한 고민과 창의성 그리고 합리성으로 결실을 이루었다. 그의 신분이나 경제적 구속 등 여러 약점들은 자신의 지적 고민과 이성으로 이겨낼 수 있는 것이었다. 그러나 이번은 달랐다. 아무리 합리성으로 무장해도 그는 처음부터 이단이 될 수밖에 없었다. 빠져나갈 다른 길이 없었다. 유일한 길은 자신의 합리적 결실을 스스로 포기하는 것뿐이었다.

갈릴레오는 조르다노 브루노를 떠올렸을지 모른다. 지성의 자발성을 믿고 끝까지 고집한다면, 결코 좋게 끝나지 않을 수 있었다. 어쩌면 갈릴레오는 자신이 화형을 당할 만한 위치에 있지 않음을 알았을 수 있다. 그는 브루노와 같이 무명에 가깝고 특별한 직책도 없는 그런 인물이 아니란 것도 알았을 것이다. 그는 피사 대학교와 파도바 대학교의 교수를 지내고 피렌체 대학 교수로 있는 인물이며, 토스카나 대공의 전속 철학자이며 수학자였다. 그는 자신이 결코 쉽지 않은 사람이란 것을 알았다. 그가 화형을 당한다면, 그것은 브루노보다 더 큰 사회적 저항을 부를 수 있었다. 이 모든 복잡한 상황을 신중하게 고려하며 갈릴레오는 자신이 시대의 중심에 놓여 있는 인물임을 알았을지도 모른다.

다시 등장한 성체성사와 원자론 문제

흔히 이야기하듯이 이것은 천동설과 지동설을 두고 일어난 문제가 아니다. 당시 몇몇 편지에서도 이러한 상황을 확인할 수 있다. 갈릴레오의 지동설은 그를 이단으로 만들기 위한 효과적 수단일 뿐이었다. 그는 신학적으로 어떤 활동을 하지 않았다. 루터와 같이 성당 문에 반박문을 적어 올리지도 않았다. 브루노와 같이 공개적으로 서로 다른 신학의 입장을 표방하지도 않았다. 그렇다면 무엇이 갈릴레오를 힘들게 한 것일까? 바로 원자론 때문이다. 모든 것이 원자로 이루어졌다는 바로 그 이론 말이다.

갈릴레오는 1623년에 출간된 《시금사Il Saggiatore》에서 '원자론'을 주장한다. 원자론의 핵심은 모든 물질은 원자로 구성되어 있다는 주장이다. 만일 하나의 물질이 다른 물질로 변화되었다면, 그것은 물질을 구성하는 원자가 바뀌었다는 의미이다.

가톨릭교회는 오랜 시간 성체성사를 두고 고민해왔다. 그리고 내린 답은 '실체변화'였다. 축성 이후 제대 위의 빵은 더 이상 그 실체적 본질이 빵이 아닌 그리스도의 몸이 되었다는 주장이다. 이러한 주장은 실체와 우유偶有를 구분하는 아리스토텔레스 철학의 영향이 반영된 것이다. 아리스토텔레스의 철학에 의하면 실체는 변화하지 않지만, 성체성사에선 신의 기적에 의하여 실체가 변화하고 우유는 그대로 남게 되었단 식이다. 즉 눈에 보이는 감각적인 것은 그대로지만 그 실체적 본질은 변화되었다는 것이다. 사제의 손에 들린 것, 즉 눈으로 보이는 우유적인 것은 그대로 빵과 포도주이지만, 실체적으로는 그리스도의 몸과 피다.

그러나 이러한 실체변화가 갈릴레오의 원자론에선 통하지 않는다. 만일 그리스도의 몸과 피로 바뀌었다면, 그것을 구성하는 원자들도 바뀌어야 한다. 즉 물질적인 조건들도 바뀌어야 한다. 맛과 냄새 등이 바뀌어야 한단 말이다. 그러나 그 원자는 그대로 빵이고 포도주이다. 원자론에 따르면 어떤 변화도 일어나지 않은 것이다.

가톨릭교회에선 빵과 포도주는 축성 이후 실체적 본질이 그리스도의 몸과 피다. 단순히 의미상의 변화를 이야기하는 것이 아니다. 사제는 바로 그런 성스러운 성체를 모시는 사람이다. 함부로 성체를 다루어서는 안 된다. 그것은 그저 빵이고 포도주가 아니다. 눈에 그렇게 보이고 혀에 그렇게 맛이 나도 말이다. 당시 가톨릭교회에서는 코페르니쿠스의 이론을 따르는 가톨릭교회 성도일 수는 있지만, 성체성사의 이러한 실체변화를 부정하면서 성도가 될 수는 없었다.

그는 신학자들에게 조용히 있어야 할 사람이었다. 그러나 이미 너무나 유명해진 사람이기에 함부로 그를 브루노와 같이 불로 죽일 수는 없었다. 하지만 그대로 그를 놔둘 수도 없었다. 당시 갈릴레오는 그렇게 그 시대에 불편한 존재였다. 철저하게 이성적으로 사유한 그였다. 그 이성적 사유의 결과로 이룬 놀라운 결실들이 당시에는 불편한 이단이었을 뿐이다.

IL SAGGIATORE
Nel quale
Con bilancia esquisita e giusta
si ponderano le cose contenute
nella
LIBRA ASTRONOMICA E FILOSOFICA
DI LOTARIO SARSI SIGENSANO
Scritto in forma di lettera
All'Ill.mo et Reuer.mo Mons.r D.
VIRGINIO CESARINI
Acc.o Linceo M.o di Camera di N.S.
Dal Sig.r
GALILEO GALILEI
Acc.o Linceo Nobile Fiorentino
Filosofo e Matematico Primario
del
Ser.mo Gran Duca di Toscana.

FILOSOFIA NATVRALE

MATEMATICA

IN ROMA MDCXXIII
Appresso Giacomo Mascardi.

F. Villamoena Fecit.

DEL SIG. GALILEI. 217

ducete sino à dannar con lunghi discorsi chi prende il termine vsitatissimo d'infinito per grandissimo. Quando noi abbiamo detto, che il Telescopio spoglia le Stelle di quello irraggiamento, abbiamo voluto dire, ch'egli opera intorno à loro in modo, che ci fà vedere i lor corpi terminati, e figurati, come se fussero nudi, e senza quello ostacolo, che all'occhio semplice asconde la lor figura. E egli vero Sig. Sarsi, che Saturno, Gioue, Venere, e Marte all'occhio libero non mostrano trà di loro vna minima differenza di figura, e non molto di grandezza seco medesimi in diuersi tempi? e che coll' occhiale si veggono Saturno, come appare nella presente figura, e Gioue, e Marte, in quel modo sempre; e Venere in tutte queste forme diuerse? e quel, ch'è più marauiglioso con simile diuersità di grandezza? sì che cornicolata mostra il suodisco 40. volte maggiore, che rotonda, e Marte 60.

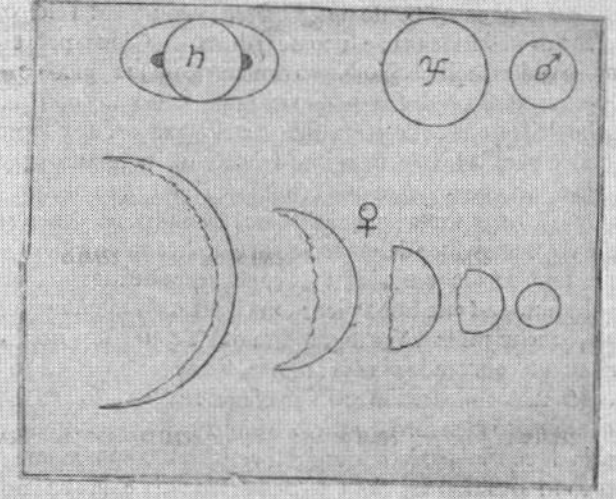

volte, quando è perigeo, che quando è a pogeo, ancorche all'occhio libero non si mostri più che 4. ò 5.? Bisogna, che rispondiate di sì, perche queste son cose sensate, ed eterne, sì che non si può sperare di poter per via di sillogismi dare ad

Ee inten-

원자론을 설명하는 갈릴레오 갈릴레이의 대표작 《시금사》의 표지와 본문. 물질의 운동 및 관찰과 실험을 중시하는 그의 입장이 잘 드러나 있다.

갈릴레오는 순진했다. 합리적 설명이면 충분하리라 생각했다. 그러나 곧 자신은 이미 그들에게 낙인찍힌 존재임을 알게 되었다. 이미 자신은 신앙의 가장 핵심적인 부분을 거부한 사람이 되어 있었다. 자신의 원자론이 얼마나 위험한 것인지 그는 그때 알았을 것이다. 그러나 그는 원자론을 사과할 수도 없었다. 신학자들은 갈릴레오에게 지동설이니 천동설이니 하는 이야기로 죄를 물었기 때문이다.

"그래도 지구는 돈다"

어린 시절의 고생이 떠올랐을까? 혹시나 치열한 고민으로 이루어온 이 모든 것이 사라져버리진 않을까 염려했을까? 브루노와 같이 자신도 죽는 것이 아닐까? 많은 것이 두려웠을 것이다. 친구에게 보낸 편지에서 우린 그의 두려움을 읽을 수 있다.

> 나의 지금 감옥은 매우 비좁고 영원히 계속될 '죽음'이라는 다른 감옥이 될 가능성이 높다고 생각해야 할 것 같습니다.[45]

갈릴레오는 자신이 부정한다 해도 부정될 수 없는 사실을 부정한다. 그는 그것이 부정될 수 없음을 이미 충분히 알고 있었다. 그러나 그는 1633년 자신의 지난한 고민의 결과물을 포기했다.

1633년 바티칸 교황청에서 이루어진 갈릴레오의 재판. 브리지먼 예술관 소장 작품.

저의 손으로 직접 서명합니다. 1633년 6월 22일 로마의 미네르바 수도원에서, 저, 갈릴레오 갈릴레이는 자필로 이와 같이 모든 것을 포기합니다.[46]

자연학이란 그렇다. 갈릴레오는 자신이 포기한다고 해서 그 진리가 다르게 되지 않음을 알았을 것이다. 자신이 지구가 돈다는 것을 부정한다고 지구가 더 이상 돌지 않는 것도 아니다. 그러나 자신이 합리적으로 이해하고 있는 그대로의 사실을 더 이상 말해서는 안 된다. 그는 성체성사를 부정하고 가톨릭의 핵심 이론을 부정하는 사악한 존재로 이미 자신이 지목당하고 있음을 알았다. 그는 두려웠다. 그들이 마음을 먹으면 얼마나 큰 죄를 자신에게 선고할지도 알았다.

그러면서 또 한 가지를 알았을지 모른다. 자신이 그저 한 사람의 수도자일 뿐인 브루노와 달리 당시 유럽 최고의 학자였기에 쉽게 죽이지는 못할 것이라고 말이다. 자신을 탄압하고 자신을 굴복시킴으로 그들이 누리는 효과에 어느 정도 따라주면 목숨은 건질 거란 사실도 알았을 것이다. 그는 자신을 괴롭히는 이들의 그 뜻을 따라주기로 했다. 그때서야 그는 '유죄추정의 원칙'으로 이어지는 재판에 고개를 숙이는 것이 가장 쉽게 자신이 생존하는 길이란 것을 알게 되었다. 그리고 1633년 6월 22일 스스로 학자로서 가장 치열한 지적 고민의 결실이 담긴 자신의 이론이 거짓임을 인정한다.

갈릴레오의 굴욕은 곧 유럽 전역에 알려진다. 갈릴레오와 같은 노선의 데카르트는 자신의 저서를 출판하지 않기로 했다. 그도 그렇게 힘든 길은 자신이 없었을 것이다. 그럼에도 역사의 힘은 곧 갈릴레오의 위상을 반전시켰다. 1635년 갈릴레오의 《대화Dialogo》를 구입해 읽은 사람들도 그의 책에서 악마의 모습을 발견하지 못했고, 그 책은 오히려 날개 돋친 듯 팔려나갔다. 시에나의 피콜로미니 대주교Ascanio II Piccolomini(1590~1671)는 마지못해 자백한 이단아 갈릴레오가 아닌 선량한 가톨릭신자 갈릴레오로 그를 대접하였다.

그러나 그는 여전히 가택연금의 상태였다. 그뿐 아니라 1637년 이후 갈릴레오의 시력은 빠르게 나빠지기 시작했다. 그리고 곧 시력을 상실해버렸다. 더 이상 볼 수 없었다. 1638년엔 성당에 가는 것도 허락을 받아야 했다. 하지만 그는 1641년 1월 8일 세상을 떠난다. 살아서는 허락을 받아야 갈 수 있던 성당이었지만 죽어서는 다른 이들의 손에 인도되어 영원한 안식을 위해 찾았다.

그의 주검은 피렌체의 산타 크로체 성당으로 옮겨졌다. 그의 묘를 장식하기 위해 3,000스쿠디라는 큰돈이 지출되어도 좋다는 대공의 허락을 받았다. 이러한 소식이 로마의 교황청에도 알려졌지만 교황청도 이를 공식적으로 막지 않았다. 그러나 이단아에게 어울리지 않는 대접에 대한 불편한 마음을 간접적으로 전하고 결국 그의 화려한 장례식을 준비하던 이들은 포기했다. 그의 유해는 1737년 3월 12일이 되어서야 당시 교회 당국자가 참여한 가운데 성당의 본관에서 편하게 영원한 안식을 맞이할 수 있게 되었다.

이탈리아 피렌체의 산타 크로체 성당에 있는 갈릴레오의 묘비.

갈릴레오의 처음과 마지막은 슬프다. 처음은 가난한 청년의 힘든 삶이라 슬프다. 대학을 마무리하지 못했지만 치열하게 공부하며 성공하려는 사람이었다. 그의 유일한 자산은 고민하는 지성이었다. 하지만 그 고민의 대가로 그는 이단이 되었다. 그의 원자론은 이미 그를 이단으로 만들고 있었다. 하지만 교회는 원자론이 아닌 그의 우주관을 두고 공격하였다. 그리고 그를 '자백한 이단'으로 만들어버렸다. 성체성사라는 신학적인 내용이 아닌 우주론이나 신학 외부의 논의로 갈릴레오를 공격한 것은 물질과 우주의 원리를 이성적으로 파악하려는 과학자들에 대한 경고였을까? 만일 그렇다면 희생양 갈릴레오를 통한 그들의 계획은 어느 정도 성공했다. 데카르트는 당장 자기 책의 출판을 미루었으니 말이다. 그러나 이단아 갈릴레오에 대한 역사의 판단은 반역자가 아닌 선구자였다.

갈릴레오의 여러 방법론과 그의 합리적 사유의 결실은 여전히 그의 시대엔 어울리지 않는 것이었다. 그가 살아가는 현재에겐 너무나 미래적인 생각이었다. 그렇게 이단아 갈릴레오는 힘든 삶을 뒤로 하고 생을 마감한다. 그리고 1992년 교황 요한 바오로 2세 Ioannes Paulus II(1920~2005)는 가톨릭교회를 대표해 갈릴레오 재판에서 교회가 저지른 오류를 공식적으로 인정했다. 무려 300여 년이 지난 뒤에 말이다.

열두 번째 신성한 모독자

데카르트

1596-1650

나는 생각한다.
그러므로 나는 존재한다.

menclaturã sciens omitto quos ipse nosti, & [illegible]

[illegible] T. Calen. Augusti, anno à Christo seruatore nato M. D. XLIX. Basileæ.

[illegible]

Q[illegible] us [illegible] bachi[illegible] rodami [illegible] bilissimo [illegible] pictore [illegible] Holbeinio [illegible] oribus a[illegible] ne sc[illegible] citres [illegible] am cõm[illegible], exe[illegible] [illegible] utcunque [illegible] in gratia[illegible] studioforũ appo[illegible] libuit[illegible] non solum adu[illegible] & integram, qualem [illegible] Holandię descriptione propos[illegible] [illegible] sed & [illegible]

정말 신이 무엇이든 할 수 있다면, 신은 우리가 알고 있는 지금 이 세상을 순식간에 다르게 만들어버릴 수 있다. 다른 자연의 질서를 만들 수도 있다. 그렇다면 지금 우리가 알고 있는 지식이란 것도 겨우 '아직 신이 그러한 상황을 원하지 않는다'는 조건 하에서 참일 뿐이다. 조건부 진리다. 13세기 오컴과 같은 철학자는 그러한 절대적 권능을 가진 신이 있는 경우 학문이 어떻게 정당한 진리를 말할 수 있을지 물었다. 주어진 사실을 그대로 수용할 수밖에 없는 인간의 한계 상황에서 신이 마음껏 우주를 변화시켜 버린다면, 그런 절대적 권능을 가진 존재 앞에서 필연적인 학문은 어떻게 가능한지 물었다.

몽테뉴Michel de Montaigne(1533~1592) 역시 그 시대의 철학자들에게 물었다. 과연 인간은 무엇을 알 수 있는지 말이다. 몽테뉴의 질문을 직접 읽어보자.

> '이 세상에서 가장 현명한 이는 과연 무엇을 알고 있는가'라는 질문에, 그는 자신이 아는 것은 그저 아무것도 모른다는 것뿐이라 답할 것입니다.[47]

과연 인간은 무엇을 할 수 있는가

대학의 많은 스콜라 학자들은 13세기 이후 오컴과 같은 유명론자들이 던진 질문에 답을 해야 했다. 정말 무엇이든 할 수 있는 절대적 권능과 자유를 가진 신 앞에서 인간은 무엇인가? 무엇이든 할 수 있는 신이라면 그런 신 앞에서 인간이 가진 지식은 무엇이고, 그 지식이 근거한 신앙과 학문 등은 또 무엇인가? 언제 다르게 변할지 모를 진리 앞에서 인간의 태도는 무엇이어야 하는가? 대학의 많은 학자들은 이 물음에 답해야 했다. 그리고 비록 대학이 아니더라도 당시의 상황은 과연 인간이 진리를 알고 있는가에 대한 심각한 회의감이 들게 하였다. 여러 그리스도교의 갈래가 등장해 각자의 신앙에 근거하여 이것만이 바른 진리라며 서로에 대한 잔혹한 일을 서슴지 않았다.

이러한 시대적 상황은 인간이 가진 진리에 대한 인식의 문제를 고민하게 하였고, 몽테뉴와 같은 이들은 아주 극심한 회의주의의 길로 들어섰다. 바로 이때 데카르트가 태어났다. 가톨릭교회가 내세운 '단 하나의 질서'에 도전한 오캄 이후 종교개혁과 더불어 끊임없이 일어난 분쟁과 다툼, 진리에 대한 회의 속에서 데카르트는 철학의 과제를 고민했다. 그리고 그가 들고 나온 답은 너무나 상식적이었다. 누구나 알 수 있는 평범한 문장 하나였다. 듣기만 해도 무슨 뜻인지 아는 상식 하나를 들고 왔다. 그리고 많은 사람들은 그 상식을 두고 그를 이단으로 취급해 버렸다. 바로 이것이다.

> 나는 생각한다. 그러므로 나는 존재한다.
>
> Cogito ergo sum.[48]

예수회 학교에서 기초를 다지다

데카르트는 1595년 3월 30일 프랑스 투렌 지방의 투르 인근에 있는 소도시 라에La Haye, 지금은 그의 이름을 본 따 '데카르트 시'라 불리는 곳에서 태어났다. 그의 아버지는 시의원이었고 그의 어머니는 그가 태어난 이후 14개월 만에 죽는다. 데카르트 자신도 그리 건강한 아이는 아니었다. 갓난아기 시절 그는 병에 걸려 죽을 위기에 처해 있었다. 의사마저도 그의 삶을 기대하지 않았다. 그러나 마음씨 고운 간호사의 보살핌으로 그는 겨우 살아남게 되었다. 그래서 그는 다시 살게 되었다는 의미의 이름 '르네René'를 가지게 된 것일지 모른다.

조금 더 자세히 설명한다면, '다시 태어난다'는 뜻의 라틴어는 레나투스Renatus다. 이 말의 프랑스식 변형이 '르네트르Renaître'이고, 이 말의 과거분사형이 '르네'다. 이렇게 그는 르네 데카르트가 되었다. 어찌 보면 그의 이름조차도 삶보다는 죽음을 배경으로 만들어진 듯 읽힌다. 슬픈 이름이다. 그는 그리 많은 친구를 가지지도 못했다.

1606년 그는 예수회가 운영하는 라 플레슈 학교에 입학했다. 이곳에서 그는 8년 동안 중세 스콜라 방식에 따른 학문과 동시에 인본주의를 공부했다. 처음 5년간 라틴어, 수사학, 고전 문헌을 익혔고, 이후 3년간 형이상학과 자연철학 그리고 윤리학 등을 익혔다.

사실 라 플레슈 학교는 가톨릭 국가 질서를 재건하기 위해 세워진 학교였다. 당시 종교 전쟁이란 것이 외관으론 가톨릭교회와 개신교회의 다툼으로 보였지만, 실상은 왕족 사이에서 벌어진 왕위 다툼의 성격을 가지고 있었다. 또 다른 한편으로는 오랜 과거의 세력과 신흥 계급 사이의 다툼이기도 했다. 이러한 시기에 프랑스의 왕 앙리 4세Henri IV(1553~1610)가 예수회와 함께 세운 학교가 바로 라 플레슈 학교다. 앙리 4세의 심장도 바로 이곳 라 플레슈 성당에서 영원한 휴식을 취하고 있었다. 비록 앙리 4세는 낭트 칙령으로 프랑스 내 칼뱅주의자 그룹인 위그노에게 종교적 자유를 인정하였지만, 그가 세운 라 플레슈 학교는 기본적으로 가톨릭

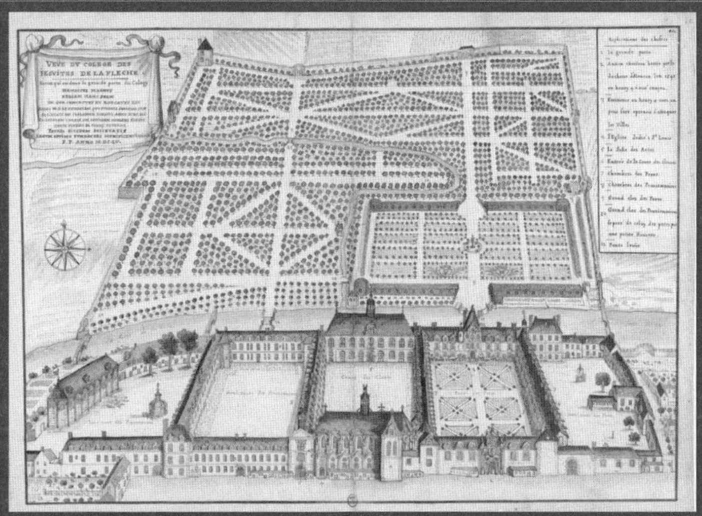

예수회가 운영하던 라 플레슈 학교의 전당을 그린 그림. 1695년 작품.

중심의 질서 회복을 목적으로 하였고 자연히 보수적인 모습을 띄고 있었다.

그럼에도 당시 유행하던 인문주의와 완전히 동떨어진 고민을 하던 곳도 아니었다. 분명한 것은 데카르트는 당시 유럽에서 가장 좋은 교육 기관 가운데 하나인 라 플레슈 학교에서 철저하게 아리스토텔레스-스콜라 노선의 철학을 익혔다는 사실이다. 이때의 경험은 이후 그의 철학에 오랜 시간 영향을 준다. 비록 그의 철학이 반反아리스토텔레스적 요소를 가진다고 해도 말이다.

라 플레슈 학교엔 프랑수아 신부Jean François(1582~1668)와 같은 이도 있었다. 그는 유명 화학자이고, 광학 연구가였다. 이러한 선생을 만났다는 것은 어린 데카르트에게 지적으로 큰 자극이었다. 하지만 이러한 자극은 앞서 말한 바와 같이 다분히 아리스토텔레스주의와 스콜라주의에 근거해 있었다. 비록 인문주의와 아예 벽을 쌓아둔 것은 아니었지만, 기본적으로 라 플레슈라는 공간 자체는 새로운 학문적 흐름보다 과거를 향해 있었기 때문이다.

그럼에도 이곳에서 데카르트는 새로운 자신만의 철학을 만들기 위한 스콜라철학의 많은 요소들을 챙길 수 있었다. 당시 유럽에서 라 플레슈 학교는 데카르트라는 씨앗이 발아를 준비하기에 가장 적절한 공간이었다. 데카르트 자신도 이 학교와 같이 철학을 잘 가르쳐주는 곳은 없었다고 회상하였다.

세상으로 나가 철학을 만나다

라 플레슈 학교를 졸업하고 푸아티에 대학에서 법학을 중심으로 수학, 자연학 등을 배운다. 그리고 1616년에 학위를 취득한다. 이것이 그가 공식적으로 학교와 가지는 마지막 인연이었다. 이후 그는 '세상이라는 커다란 책'을 읽기 위해 학교 밖으로 나아간다. 더 이상 제도권 교육 기관에서 그를 볼 수 없었다. 어느 대학의 학생이나 교수로 남지 않고 그는 삶의 공간에서 철학을 일구었다.

렘브란트Rembrandt(1606~1669)의 〈명상하는 철학자〉라는 작품이 있다. 중세 시대 철학의 공간은 대학에서 강의하는 스승의 모습으로 그려졌다. 그러나 데카르트는 대학의 강단 철학자가 아닌 세상 속 철학자의 삶을 살기 시작한다. 렘브란트 그림의 그 철학자와 같이 말이다.

22살 그는 지원병으로 입대해 네덜란드로 간다. 30년 전쟁 동안 그는 독일에 출정하였다. 그렇다고 그가 직접 무기를 손에 들고 누군가를 죽이는 군인이 된 것은 아니다. 당시 많은 귀족의 자녀들은 군대에 입대하였지만 실전에 참여하진 않았다. 오랫동안 배운 이론을 확인하면서 세상 돌아가는 모양새를 배우기 위해 군대에 입대하였다. 이것은 예수회의 선생들도 권하는 바였다. 군인이 되어 외국을 다니고 공무를 하며 궁중에 들어가 세상 돌아가는 꼴을 보는 것은 이론의 확인인 동시에 이론에 적혀 있지 않은 또 다른 무언가를 배우는 기회였기 때문이다. 데카르트 역시 그랬

렘브란트의 1632년 작품 〈명상하는 철학자〉.
데카르트도 이 철학자처럼 철저한 고독 속에서
세상을 향한 철학을 구상하지 않았을까?

다. 총칼을 들고 전쟁에 참여하는 시간을 보내기보다 인간 세상을 배웠다.

하지만 남들이 다 가니까 군대에 입대한 그런 데카르트는 아니었다. 그는 마우리츠 판 오라녜Maurits van Oranje(1567~1625)의 군대에 입대했다. 마우리츠의 군대는 당시 가장 근대화한 군대였다. 마우리츠는 전략과 전술에서 무척이나 강력한 합리주의를 추구한 인물이었다. 그는 "2+2=4"가 자신의 신조라고 할 정도로 수학에 근거한 자연과학에 기대가 큰 권력자였다. 그의 군대에는 그저 싸움을 잘하는 사람만 가득한 것이 아니었다. 건축학과 축성술 그리고 제도製圖와 무기를 개량하는 기술과 지식을 가진 이들이 가득했다. 그의 군대엔 일종의 군사 아카데미가 있었던 셈이다. 데카르트는 바로 이곳에서 군대 생활을 하였다. 그의 《방법서설Discourts de la Methode》 2부에 등장하는 건축술과 도시계획 등의 문제를 본 따 방법의 이념을 말하는 부분은 어쩌면 바로 이때 그의 삶에 녹아든 체험과 긴밀히 연관되어 있을지 모른다.

1618년 11월 10일 그는 군대 생활을 하던 브레다의 거리에서 우연히 한 명의 벗을 만난다. 바로 이삭 베크만Isaac Beeckman(1588~1637)이었다. 의사인 동시에 뛰어난 수학자이며 자연철학자인 사람이었다. 그와의 만남으로 데카르트는 수학 연구에 더욱 큰 관심을 가지게 된다. 1619년 4월 23일의 편지에서 그는 베크만을 두고 이렇게 고백하고 있다.

데카르트와 이삭 베크만의 만남을 묘사한 그림.

사실 당신(베크만)은 꿈속에 있는 나를 깨워 주었습니다. 그리고 이처럼 진지한 일로부터 떨어져 나가 있던 내 정신을 보다 뛰어난 일로 돌려준 유일한 사람이 당신입니다.[49]

혼돈 가운데 찾은 평화

수학에 대한 깊어짐과 새로운 인연과의 만남 속에서 데카르트는 1619년 그의 첫 작품인 《음악 개론Compendium Musical》을 썼다. 소중한 벗과 만나고, 첫 작품을 쓰고, 무언가 깊고 진지한 고민을 시작한 그에게서 '철학자 데카르트의 시작'을 읽을 수 있을지 모르겠다. 데카르트는 이렇게 서서히 철학자의 모습을 갖추기 시작했다. 그 무렵 데카르트는 자신이 생각이 향할 곳은 매우 거대한 꿈의 공간임을 알고 있었다.

이것은 무한한 일이며, 한 사람으로는 온전히 해결 될 수 없습니다. 믿을 수 없을 정도로 거대한 야심찬 일입니다. 나는 나의 혼돈 속으로 무엇인가 빛이 비추고 있음을 인정합니다. 그 빛을 따라 조금 더 암흑을 거두어낼 수 있으리라 생각해 봅니다.[50]

데카르트는 당시 자신의 상황을 암흑에 비유했다. 하지만 그는 그 빛을 수동적으로 기다리고만 있지 않았다. 빛은 능동적인 고민으로 전환되어 자신을 향하여 비추어질 것이라 그는 믿었다. 훗날 그는 자신의 주저인《방법서설》에서 이렇게 말한다.

오직 나 혼자 암흑 속을 걸어가는 것과 같이 앞으로 나아가자.[51]

암흑은 일종의 혼돈이다. 앞서 말한 바와 같이 데카르트가 살아가던 시기는 혼돈의 시기다. 많은 이들이 회의주의에 빠진 시기다. 절대적인 진리라 믿었던 것들이 무너지고 서로를 죽이던 그런 시기다. 구체적인 자연과학의 측면에선 아리스토텔레스의 오랜 우주관이 서서히 무너지던 혼돈기다. 데카르트는 이 혼란스러운 세상의 문제를 해결하기 위해 저마다의 시각으로 우주를 조각조각 내어 보는 것이 아니라 하나의 보편적 시선으로 우주를 바라볼 수 있어야 한다고 생각했다. 그래야 이 엄청난 혼란에서 벗어날 수 있다 생각했다. 그리고 구체적으로 그 방법을 고민했다. 보편적인 방법 말이다.《정신 지도의 규칙Regulae ad Directionem Ingenii》1부에서 그는 이렇게 말한다.

모든 학문은 인간적 지혜humana sapientia이며, 아무리 다른 여러 주제에 적용한다고 해도 항상 동일성을 유지한다. 마치 태양의 빛이 서로 다른 대상을 구석구석 빈틈없이 비추듯이 말이다.[52]

데카르트는 하나하나 나누어 보는 것이 싫었다. 그는 '보편성' 혹은 '보편적 방법'을 요구했다. 개별적인 몇 가지 사실에 뿌리 내리는 학문이 아닌 보편적 방법을 사용하는 학문이 되어야 한다고 생각했다. 그러한 방법이 암흑 가운데 빛이라 보았으며, 그것은 그저 가만히 앉아 기다린다고 신이 내려주는 성질의 것이 아니었다. 즉 '은총의 빛lumen gratiae'이 아니었다. 그것은 인간 이성의 자발성 속에서 이루어지는 '자연의 빛lumen naturalie'이었다. 그의 고민은 신앙에 일치하기 위한 고민이 아니었다. 계시 진리에 대한 진지한 고민이 아니었다. 어떻게 신의 도움을 받아 인간에게 허락되지 않은 진리를 향하여 조금이라도 나아갈까 하는 그런 수동적인 것이 아니었다. '신앙에 일치하는 것'이 아닌 '이성에 합치하는 것', 즉 합리성에 근거하여 우주를 바라보려는 능동적인 움직임이었다.

나는 생각한다. 그러므로 나는 존재한다.

이 명제는 인간 이성의 자발성이란 내용을 담고 있다. 신의 어떤 조력 없이도 이 명제는 그대로 사실이다. 신의 도움으로 어쩔 수 없이 사실인 것이 아니다. 그리고 계시 진리를 독점한 교회 권력자들의 허락이 필요한 것도 아니다. 이성적 사고가 가능한 모든 사람들이 누릴 수 있는 그러한 상식적인 진리다. 가장 합리적이지만 가장 비권위적이다. 모든 인간들이 이해하고 사유하는 가운데 모든 학문이 뿌리 내릴 수 있는 토대이자 시간과 공간의 변화에도 흔들리지 않는 진리다. 혼돈 가운데 찾은 평화로서 데카르트가 제시한 해결책은 너무나 상식적이고 너무나 평범했다. 그러나 엄청난 힘을 가지고 있었다.

데카르트, 이단아로 지목되다

신에 대한 숙고조차 데카르트는 이성의 몫으로 본다. 1630년 4월 15일 메르센에게 보낸 편지에서 그는 다음과 같이 적고 있다.

> "신이 이성의 사용을 허락한 모든 사람들은 바로 그 이성을 사용함으로 우선적으로 신을 인식하려 노력하고, 자기 자신을 알려 노력하지 않으면 안 된다." 내가 나의 연구를 시작하면서 의도한 것은 바로 이것입니다. 이러한 길을 가기로 하지 않았다면, 자연학의 기초를 구할 수 없었다고 말씀드리고 싶습니다.[53]

이성의 자발성은 신이 허락한 가장 소중한 것이다. 그 이성으로 신을 인식하고 자신을 이해하려 한다. 데카르트는 자신의 이성으로 자신의 길을 가고 싶었다. 굳이 신의 도움 없이 신이 허락한 이성에 충실하게 사고한다면, 온전한 철학을 구성해낼 수 있다 믿었다. 하지만 세상은 그를 가만히 두지 않았다. 신의 도움 없이 이

네덜란드의 칼뱅주의 신학자 보에티우스의 초상.
그는 데카르트의 이성의 자발성을 비판한 대표적인 학자이다.

루어진 명제, 신 없이 가능한 빛, 이 모든 것이 당시 칼뱅주의 철학자 보에티우스Gisbertus Voetius(1589~1676)와 그의 제자 마르티우스 스코옥키우스Martin Schoock(1614~1669)에게 무신론자라고 비판할 근거를 주었다. 즉 그들에게 데카르트는 너무나 위험한 이단아였다. 데카르트의 빛에 따르면 신을 향한 논의의 기초 그리고 진리에 대한 논의의 기초는 신앙이 아닌 이성이다. 신의 조력이 필요 없는 인간 이성의 자발성에 기초한 사고 하나로 진리를 탐구하는 새로운 길이 열리는 것이다.

데카르트의 모토는 "눈에 잘 띄지 않는 자는 잘 사노라bene vixit, benequi latuit"였다. 시끄럽게 살고 싶지 않았다. 유명한 삶도 싫었다. 유명한 갈릴레오의 사건을 보면서 자신도 그 시끄러운 문제의 주인공이 될 수 있다 생각했을 것이다. 그는 그것이 싫었다. 조용하고 싶었다. 그는 자신을 더욱 더 무거운 이단으로 만들 책인《우주론Le Monde》의 발표를 미루었다. 솔직히 갈릴레오와 같이 되는 것이 두려웠을 것이다. 논란의 공간, 그 시끄러운 공간에 휘말리고 싶지 않았을 것이다. 메르센에게 보낸 편지에서 그는 또 다음과 같이 적고 있다.

> 나는 나를 좋게 여기는 것마저도 성가시다고 할 정도로 세상을 싫어하고 있는 것은 아닙니다. 단지 나는 나 같은 사람을 사람들이 조금도 생각해주지 않는 것이 더 바람직하단 겁니다. 명성이란 것을 원하기보다는 두렵습니다. 명성을 얻는 이

의 자유와 여유는 항상 어떤 식으로든 줄어든다 생각하기 때문입니다. 지금 나는 이 두 가지를 모두 가지고 있습니다. 나에게서 이것들을 사갈 수 있을 만큼 풍족한 왕은 한 명도 없을 것입니다.[54]

그는 철저하게 혼자 암흑 속을 걷는다. 시끄러운 모든 것이 싫었다. 결국 자신을 시끄럽게 할 어떤 명성도 그는 거부한다. 철저하게 혼자 걷는다. 혼자서 자연의 빛을 따라 걷는다. 이러한 행동은 '생각하는 나'라는 주체의 긍정과 무관하지 않을 것이다. 혼란에 빠진 시대에서 데카르트는 온전한 '나'로서 조용히 지낼 수 있는 방법이 무엇인지 고민했다.

신의 이야기에 귀를 기울이며 마음에 평화를 얻는다는 것은 데카르트의 취향엔 맞지 않았다. 저마다 상대의 귀에 올린 이야기가 '신의 답'이라며 서로를 비난하기 쉽기 때문이다. 그것은 보편적인 방법이 될 수 없었다. 언제 어디서나 평화를 줄 그런 방법이 아니었다.

누구나 모두에게 평화를 줄 수 있는 방법은 자신의 밖에서 울려오는 계시에 귀를 기울이며 말 잘 듣는 인간이 되기보다 스스로 고민하고 사유하는 '사고의 주체'로 자신을 이해하는 것이라 그는 믿었다. 사고의 주체로서 자신은 절대 의심할 수 없는 존재이며, 어떤 외부의 도전에도 흔들리지 않는 것이기 때문이다. 그렇게 철학의 제1원리는 '생각하는 나'란 존재가 된다.

보에티우스와 그의 제자 마르티우스 스코옥키우스는 외부에 있는 신이 아닌 자기 내부에서 모든 의심과 혼돈을 해결할 답을 구한 데카르트를 이단이라 했다. 신이 설 곳이 없기 때문이다. 그들은 신을 향한 신앙에 이성은 조력자로 머물면 그만이라 생각했다. 신앙이 목적을 향하여 나아갈 때 이성은 노예가 되어 짐을 덜어주면 그만이라 믿었다. 이것이 전통적인 사고 속에서 신앙과 이성의 관계이며 조화였다. 성서를 읽을 때는 계시로 주어진 답을 합리적으로 이해하는 것이 관건이었다. 여기서 계시는 중심이고, 그 계시를 수용하는 신앙이 다음이며, 그 신앙을 이해하는 이성은 있으면 좋고 없으면 어쩔 수 없다. 이성적 사유로 이해하기 힘들면 그저 믿기만 하면 그만이기 때문이다.

감각도 믿지 못하겠고, 계시라는 외부로부터 오는 진리도 인식 주체인 '나'에겐 절대적인 제1원리가 될 수 없다는 데카르트. 철저하게 사고하는 자아, '생각하는 나'에 집중하는 데카르트는 신을 버리고 인간에 집착하는 무신론자로 보였다. 하지만 이 문제에 있어서 데카르트는 양보하지 않았다. '생각하는 나'로 살아야 했다. 감각에 흔들리고 신의 계시에 수동적인 존재는 인간의 본질이 아니라 믿었다.

> 나의 내부에 있는 관념으로부터 나오는 것이 아니라면, 나란 존재의 외부에 있는 어떠한 것으로부터 무엇도 제대로 얻을 수 없다.[55]

이 말은 많은 것을 의미한다. 데카르트의 철학은 자아, 즉 나란 존재의 내부에서 시작된다. 자아에서 신과 물체에게로 나아가고, 종국엔 우주 전체의 상을 만들어낸다. 그 모든 학문적 성과의 시작은 '생각하는 나'이다. 데카르트는 이 새로운 토대 위에 새로운 철학의 질서와 건축물을 세웠다. 신이 내려준 은총의 도움 없이 말이다.

소심한 혁명가 데카르트

데카르트를 이단이라 생각한 칼뱅 노선의 신학자 보에티우스에게 진리와 신앙의 유일한 원천은 오직 '신의 말씀' 즉 '계시'뿐이다. 오직《성서》뿐이다. 데카르트는 생각이 달랐다. 인간 이성의 자발성이 진리의 시작이라 했다. 신을 비롯한 모든 것으로부터 독립된 '생각하는 나'가 진리의 시작이라 보았다.

간단히 말해보자. 신의 도움은 필요 없다. 이성을 가진 모든 인간이 인간의 희망이다. 인간만이 진리를 향한 디딤돌이며, 진리로 날아갈 수 있는 주체이다. 더 엄밀하게는 '생각하는 자아'가 말이다. "나는 생각한다. 그러므로 나는 존재한다"라는 이 몇 마디 말은 바로 이러한 결연한 자아의 독립 선언이다. 인간이 스스로 진리의 주체가 되겠다는 신으로부터의 독립 선언이다.

스스로 생각하는 존재, 데카르트는 위험하고 불편한 존재였다.

루브르 박물관에 있는 르네 데카르트의 동상.

하지만 데카르트는 자신을 향한 날카로운 시선에 대해 독하게 공격하지 않았다. 그는 브루노의 죽음과 갈릴레오의 굴욕을 보았다. 그도 자신의 길로 쉼 없이 나아가면 어떤 일이 일어날지 알았다. 갈릴레오와 같이 강제로 입이 막히고 굴욕을 당하거나 브루노와 같이 자신을 불에 태워야 했다. 데카르트는 조용히 살고 싶었다. 눈에 잘 띄지 않는 조용한 삶을 행복한 삶이라 믿었다. 그러나 그는 이성의 자발성을 확신했다. 그는 두려웠지만 뒤로 물러서지 않고 작은 행보이지만 조금씩 앞으로 나아갔다. 비록《우주론》의 발표를 미루었지만, 자기 철학의 근본을 포기하진 않았다.

생각이 자유롭지 않은 세상이었다. 허락된 것만을 생각하고, 답이라 정해주는 것만을 왜 답인지 고민해야 하는 그런 시대였다. 참된 자유는 멀리만 있었다. 이성의 자발성은 부정적인 것으로만 여겨졌다.《성서》의 내용을 의심하게 하는 이성은 위험한 존재일 뿐이었다. 그러나 데카르트에게 이성은 희망의 시작이었다. 모든 것을 의심함으로 모든 진리의 가능성을 흔들면서 결코 흔들리지 않을 가능성으로 '생각하는 나'를 발견하는 것. 즉 '나의 이성'을 더 탄탄하고 확고한 진리의 토대로 내세울 수 있기 때문이다.

신적인 권위가 정해준 길을 따라 가는 것은 어찌 보면 매우 편하고 쉬운 길이다. 두렵고 떨리지만 인간 이성의 자발성에 따라 스스로 길을 만들어가는 것. 그것이 바로 이단이다. 남들이 규정한 존재로 살아가는 것이 아니라 자신의 존재를 긍정하며 자기 삶을 사는 것. 그러나 오래된 길을 포기하고 새로운 길을 개척하는 이단아의 삶은 쉽지 않고 험난하기만 하다.

결국 데카르트는 오래 살지 못했다. 그러나 그의 철학은 지금도 현재형으로 이어지고 있다. 너무나 상식적인 "나는 생각한다. 그러므로 나는 존재한다"는 이야기로 모든 인간에게 이성의 자발성과 자기 희망의 디딤돌을 선물한 데카르트의 철학은 지금도 우리 스스로를 성찰하게 한다.

새로움을 창조해낸 철학의 길은 금지된 생각에 대한 끝없는 도전이었다. 이단아 데카르트는 수백 년간 이어져온 이단의 계보를 뒤집어 철학의 주류로 만들어 버렸다. 아니, 원래 철학자는 '이단적 인간Homo Hereticus'이어야 했다. 대학의 교수도 아니며, 오래 살지도 못했던 데카르트가 이제 새로운 세상을 연 것이다. 이성을 가진 모든 이가 진리를 향하여 '희망'이라 외친다. 다시 《방법서설》의 첫 머리를 읽어보자.

양식(이성)은 세상에서 가장 공평하게 나누어진 것이다.[56]

열세 번째 신성한 모독자

스피노자

1632~1677

나는 이미 충분히 성스럽다.

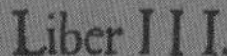

Liber III.

407

menclaturā sciens omitto quos ipse nosti, [illegible] Bene uale uir ornatiss. Calen. Augusti, anno à Christo seruatore nato M. D. XLIX. Basileæ.

[illegible]

Q[illegible] horatus do[illegible]s, B[illegible]ifaci us A[illegible]rbachi[illegible] rod ami no[illegible] bilissimo [illegible] pictore [illegible] Holbei[illegible] oribus a[illegible] ne [illegible] cō[illegible] mu[illegible], exe[illegible] de utcunque [illegible], in gratia[illegible] bi stu[illegible]forū appo[illegible] libuit [illegible] non solum adu[illegible] & inte[illegible] gram, quam [illegible] Holandiæ descriptione propo[illegible] [illegible]

신의 밖은 없다. 무한하다. 신은 끝이 없다. 신은 한계가 없다. 한계가 없어야 무한하다는 말이 가능하다. 끝이 있는 무한은 있을 수 없다. 시간적으로도 그 시작과 끝이 없고 공간적으로도 시작과 끝이 없다. 그것이 무한이다. 나는 신의 밖에 있는가? 불손하게 마음으로 하루에도 수없이 악하고 음란한 생각이 오가는 나는 신의 밖에 있는가? 만일 너무나 평범하다고 생각하는 내가 신의 밖에 있다면, 나란 존재의 경계는 곧 신의 한계다. 나의 존재로 인하여 신은 유한한 존재가 된다. 끝이 있는 존재가 된다. 나란 존재와 신의 존재가 마주하는 그 경계가 신의 끝이 된다. 나는 신으로부터 철저히 추방된 존재다. 하지만 나란 존재의 추방을 대가로 신은 유한한 존재가 된다.

이 문제를 어떻게 해결할 수 있는가? 어쩌면 스피노자의 답은 생각보다 간단하다. 이미 나란 존재는 충분히 신성하다. 나는 신과 남이 아니다. 나란 존재는 신의 외부에 추방된 존재가 아니다. 나는 신과 하나를 이루며 존재한다. 신의 존재 가운데 나의 존재가 있다. 신과 나는 남이 아니다. 하나다. 오랜 시간 인간은 신성을 찾아 너무나 먼 길을 돌았다. 신성은 나의 밖에 있지 않았다. 존재하는 모든 것이 신 가운데 있다면, 그 자체로 이미 충분히 신성하다면, 우리의 삶을 지배하는 모든 방법과 가치가 달라질 수 있다. 뒤집어질 수 있다. 신성이 나의 밖에 있지 않다면 말이다.

성욕은 저급한 죄악인가?

오랜 시간 백성들로부터 신은 너무나 멀리 있었다. 다르게 이야기하면 진리는 평범한 사람으로부터 너무나 멀리 떨어져 있었다. 일상의 삶은 무언가 진리로부터 동떨어진 것으로 보였다. 평범함은 신성에서 결핍된 공간으로 여겨졌다.

'섹스'라는 말은 왠지 '변기'와 같이 여겨졌다. 인간의 생존을 위해 변기는 너무나 유용하다. 하지만 동시에 은밀하다. 자신의 가장 개인적인 모습과 관련되는 공간이기 때문이다. 생존을 위해 필요하지만 동시에 터부시되었다. 너무나 소중하지만 왠지 멀리 있어야 할 것 같은 그러한 존재였다. 완전히 동일하진 않아도 섹스 역시 그러한 것이었다. 섹스는 인간 존재의 필수적인 요소다.

섹스 없이 인간 존재는 멸종했을 것이다. 그러나 섹스는 동시에 숨기고 가리며 참아야 하는 그런 것이었다. 섹스와 관련된 성욕을 심지어 악으로 보기도 했다. 신이 무한하고 나의 존재까지 신의 존재 가운데 한 몫을 하는 것이라면, 존재하는 모든 것의 원천이 신이며, 모든 것이 신의 존재에 참여하는 성스러운 것이라면, 성욕을 보는 관점도 달라질 수 있다. 성욕은 인간이 지닐 수 있는 신성과 떨어뜨려 생각할 수 없는 것이기 때문이다.

스피노자는 성욕을 악으로 보지 않는다. 물론 일방적인 섹스는 문제다. 범죄다. 누군가를 자신의 쾌락을 위하여 사용한다는 것은 범죄다. 하나의 신성에 대한 다른 신성의 침범, 엄밀하게 말하면 신성의 암세포 혹은 종양腫瘍과 같이 퍼져나가는 것이 성범죄다. 둘 사이 이루어진 것이지만 오직 한쪽만 기쁨을 독점하거나 다른 한쪽이 수치심과 모욕을 느끼는 건 범죄가 분명하다. 그러나 성적 기쁨도, 성욕도 악이 아니다. 성욕이야말로 인간적인 부분을 잘 보여주는 대상이다. 만일 성욕이 악이라면 우린 그 악으로 인하여 탄생한 존재가 되어야 한다. 만일 성욕이 어떤 성적 기쁨도 배제한 채 오직 새로운 생명을 낳는 것만을 목적으로 한다면, 우리는 어떤 감각이나 느낌도 없이 가만히 서로 성관계를 가지는 기이한 모습으로 살아야 한다. 성욕은 악일 수 없다. 그러나 오랜 시간 인간은 성욕에 대한 논의 자체를 경계하였다. 변기와 같았다. 너무나 절실하지만 대화의 소재로 말하지 않았다. 비록 그 방식은 다르지만 말이다.

피터 브뤼헐의 〈일곱 가지 죽음에 이르는 죄〉 연작 중 〈성욕〉.

이븐 시나의 의학 서적엔 여성이 느끼는 성적 기쁨이 자세히 표현되어 있다. 그러나 이 부분은 라틴어로 번역되는 중에 제외되었다. 성욕과 성에 대한 유럽인의 생각을 알 수 있다. 성적 기쁨은 악이었다. 없어야 하는 것이었다. 저급한 욕구일 뿐이었다. 그렇게 욕구를 고급한 욕구와 저급한 욕구로 구분했다. 존재하는 모든 것이 신성하다는 스피노자에게 이러한 구분과 그 구분에 근거한 차별이 정당할까?

존재하는 모든 것이 신성하다는 말은 금기였다. 존재하는 모든 것은 신성한 것과 불결한 것으로 구분되고, 욕구도 고급한 것과 저급한 것으로 나뉘었다. 신성한 존재와 고급한 욕구는 평범한 인간과 너무나 달랐다. 현실로부터의 도피는 고귀하고 현실 가운데 살아가는 우리 삶의 모습, 평범한 것은 신성하지 않다고 여겼다. 이에 따라 평범한 욕구들인 성욕과 식욕 등은 저급한 욕구가 되었다. 무시하고 조롱해야 할 대상으로 보았다. 그리고 그것을 당연하다 생각했다. 원래 세상은 그러한 것이라 말하면서 말이다.

성직자와 권력자는 평범한 일상의 백성보다 더 신적이고 고귀한 존재로 여겨진다. 평범한 일상을 살아가는 백성은 결핍된 신성 속에서 살아간다 여겨진다. 저급한 욕구에 사로잡힌 인간이라 조롱받고 무시되었다. 스피노자의 철학은 바로 이러한 조롱과 무시에 대한 분노에서 시작한다. 그는 일상의 평범함을 벗어난 초월성을 인정하지 않았다. 신의 존재는 바로 이 일상의 평범함 속에 함께 한다. 그 평범함의 외부에 있지 않다. 초월성이란 이름으로 우리의 밖에 있지 않다. 스피노자는 그 초월성을 명분으로 권력을 누리려는 모든 욕심에 대하여 분노하였다.

동료와 함께 급진적 철학을 시작하다

1632년 스피노자는 유대인에 대한 가톨릭교회의 탄압을 피해 포르투갈에서 망명한 아버지 미겔 데 에스피노자와 어머니 아나 데보라에게서 태어난다. 스피노자 자신은 포르투갈에 대한 기억이 없다. 그는 네덜란드 암스테르담에서 태어났기 때문이다. 하지만 스피노자의 가정은 당시 유대인이 겪어야 했던 아픔을 충분히 알고 있었다. 친할머니는 가톨릭교회에 의해 마녀라는 죄명으로 불에 태워 죽임을 당했다. 생각의 차이와 종교의 차이로 누가 누군가를 죽인다는 것, 종교적 선을 위해 누군가에게 치유될 수 없는 아픔을 준다는 것, 도덕적 악행이 가능하다는 것, 스피노자에게 당시 유럽의 그 종교적 열정은 일종의 광기로 다가왔을지 모른다. 선이란 이름으로 가장된 아집의 집약체 정도로 말이다.

스피노자의 아버지 미겔은 성공한 유대인 상인이었고, 암스테르담 유대인 학교의 관리인이었다. 하지만 개인적으로 그렇게 행복하진 않았을 것이다. 자신의 어머니는 화형을 당했고, 세 사람의 아내가 차례로 세상을 떠났다. 여섯 명의 자녀 가운데 세 명은 성인이 되기 전에 세상을 떠났다. 미겔은 1654년 사망한다. 21세의 스피노자는 아버지가 운영하던 '스피노자 상회'를 물려받았다.

스피노자는 20살이 되던 1652년 이미 이단아로 여겨지던 자유사상가 '반 덴 엔데Franciscus van den Enden(1602~1674)'와 함께 라틴어를 공부하기 시작했다. 여기서 당시 예수회의 또 다른 모습을 발견하게 된다. 수아레스와 같은 이단아의 소속은 예수회였다. 브루노를 죽이고 갈릴레오를 굴복시킨 일에 앞장 선 것도 예수회였다. 데카르트의 어린 시절 교육을 담당했던 학교도 예수회였다. 시대의 이단아 반 덴 엔데는 한때 그런 예수회의 일원이었다. 그는 급진적인 민주주의자이며, 스피노자를 철학의 세계로 이끈 인물 가운데 한 명이다. 어쩌면 스피노자는 그를 통하여 데카르트 철학의 일부를 맛보았을지 모른다.

1660년대 많은 이들은 반 덴 엔데를 데카르트주의자 혹은 무신론자로 생각했다. 데카르트의 의도가 무엇이든지 상관없다. 그는 인간 이성의 자발성이 가지는 힘을 보여주었다. 그 자발성은 신이란 이름의 권위로 백성을 향한 탄압을 정당화한 이들에게 무기가 되었다. 그러한 데카르트의 철학을 바탕으로 쓰인 반 덴 엔데의 책은 가톨릭교회의 금서 중 하나로 분류되었다. 그의 책은 읽어서는 안 되는 금지된 생각들이었다. 이제 세상을 향하여 고민하기 시작한 스피노자의 옆엔 바로 이런 사람이 있었다.

반 덴 엔데와 함께 철학의 세계로 접어들던 시기에 스피노자는 아버지의 죽음을 맞이한다. 그는 유대인의 의무라며 이어오던 것을 수용했다. 11개월 동안 슬픔의 시간을 가졌다. 유일한 혈육인

Vrye Politijke Stellingen,

EN

CONSIDERATIEN
van STAAT,

Gedaen na der ware Christenens *Even gelijke vryheits gronden*; strekkende tot een rechtschape, en ware verbeeteringh van STAAT, en KERK.

Alles
Kort / en beknopt / onder verbeeteringh / voorgestelt /

DOOR

Een Liefhebber van alle der welbevoeghde Borgeren *Even gelyke vryheit*, en die, ten gemeene-beste, *Meest Van Zaken Houdt.*

't Volks welvaert is de hooghste WET,

En

Des zelfs stem, *is* Gods stem.

HET EERSTE DEEL.

t' Amsterdam, Gedrukt voor den Autheur.
En zijn te bekoomen by Pieter Arentsz. Raep, Boekverkooper / in de Beursstraet / in de drie Rapen / 1665.

반 덴 엔데의 대표 저작《자유로운 정치적 명제》.
익명으로 출판된 이 작품에서 그는 민주주의를 옹호하고
국가의 사회적·교육적 임무 등을 제창했다.

이복누이가 유산을 모두 상속받겠다고 요구하는 바람에 법정 다툼이 있었다. 승소했지만 모든 재산을 그녀에게 물려주었다. 그리고 그는 이제 유대교 사회를 떠난다. 스피노자는 '베네딕투스 데 스피노자'라는 라틴어 이름을 사용하기 시작한다.

끊임없이 추방당한 싸움꾼

데카르트는 인간 이성의 자발성이 가지는 힘을 알려주었다. 17세기 이후 많은 철학자들이 그저 전통이란 이름으로 권위를 강요하는 이들에 대하여 이성의 자발성으로 따지고 들었다. 스피노자는 이러한 상황에서 더욱더 위험한 인물이었다. 그 자신이 그리스도교인이 아니었다. 유대인이었다. 그리스도교를 중심으로 움직이던 유럽이었다. 어떤 그리스도교인가를 두고 다투던 유럽이었다. 가톨릭 신자인지 아니면 개신교 신자인지를 두고 다투었다. 그런데 그는 어디에도 속하지 않았다. 그는 그대로 이질적인 존재가 되었다.

17세기 네덜란드는 유대인을 공식적인 시민으로 인정하지 않았다. 그들은 함께 살지만 다른 존재들이었다. 유대인들은 그 가운데 자신들의 정체성을 유지하기 위해 노력하였다. 혹시 자신들을 탄압하지 않을까 불안한 마음도 있었다. 그리스도교의 눈치를 보면서 동시에 자신들의 정체성에도 신경을 써야 했다.

그런 유대교 사회에서도 스피노자는 불편한 존재다. 그는 당시 유대교 사회의 다른 이들과 논쟁하며 천사가 실제로 존재하는 것, 영혼이 불멸한다는 것을 두고 이러한 것은 합리적으로 증명할 길이 없다 주장했다. 그냥 주어진 대로 믿었던 것일 뿐,《성서》속에 적절한 근거가 있는 것도 아니라고 주장하였다. 세르베투스가 칼뱅을 두고 삼위일체에 대한 논의는《성서》속에 나오는 것이 아니라 주장하다가 불에 타 죽은 일을 기억해보자. 스피노자의 주장은 유대교 정체성에 신경을 써야 하는 상황에서 아주 불편한 것이었다. 다섯 가지 도구라는 이름의 '펜타츄크Pentateuch', 즉 모세 5경을 두고도 이성을 중시하는 학생인 자신보다 신학적으로 더 나을 것이 없는 사람이 쓴 책이라 주장했다. 도발적이었다. 지금도 교회에서 신약성서의 복음서 저자들이 알고 보면 지금의 나와 다를 것이 없다 주장한다면, 불편한 존재가 될 것이다. 신이 인간에게 계시한 내용이 담긴 그 문헌을 두고 말이다. 유대교의 이런저런 회유에도 불구하고 스피노자는 스스로 이단아임을 드러냈다. 결국 1656년 7월 유대교는 그를 파문했다. 그리고 1660년 아래와 같은 내용으로 그는 이단으로 파문되어 마땅하다 했다.

> 천사의 결정과 성인의 판단에 따라 스피노자를 저주한다. 그를 영원히 유대교에서 제명하며, 추방한다. 이제 잠을 잘 때에도 깨어 있을 때도 항상 저주를 받으라! 집을 나갈 때도 집에 돌아 올 때에도 항상 저주를 받으라! 신은 그를 절대 용서하지 마시고 분노가 저 자를 향하여 불타게 하소서! 어느 누

사무엘 히르첸베르크의 1907년 작품 〈파문을 일으킨 스피노자〉.

구도 그와 친해서는 안 되며, 그와 같이 살아도 안 되며, 그의 벗이 되어서도 안 되고 그가 쓴 책을 읽어서도 안 된다![57]

종교의 이름으로 저주했다. 사랑의 종교가 신에게 저주를 청했다. 다른 생각이 저주의 이유가 되었다. 함께할 수 없으며 영원히 고통스러운 존재로 살아야 한다는 저주가 퍼부어졌다. 스피노자는 바로 이것이 사랑을 이야기하는 종교, 선함을 이야기하는 종교의 정체임을 자신의 삶으로 알게 되었다.

스피노자는 반 덴 엔데가 운영하는 학교에서 일을 하면서 자신의 철학을 이어갔다. 이미 1652년과 1653년에도 스피노자는 반 데 엔데의 학교에서 공부했었다. 그에게 라틴어를 배우고, 데카르트의 철학을 익히고 당시 유행하던 사상의 흐름을 익혔다. 또한 스피노자는 당시 아집에 빠진 종교에 반대하며 인간 이성의 자발성에 근거한 범신론적이고 평화적인 공산주의에 고무된 콜레지안트주의자Collegiants, 즉 평등주의적이고 평화주의적인 원시기독교로의 복귀를 추구하는 이들과 16세기에 창시된 개신교회의 한 부류인 메노니파Mennonites와 만남을 이어갔다.

스피노자는 이렇게 그리스도교라는 중심의 외부에 있던 유대교에서 또 다른 외부로 나아갔다. 유산을 받고 유대교 사회에서 살아가는 삶을 포기한 스피노자다. 스피노자는 싸움꾼이 되어야 했다. 외부에서 외부로 나아가며 그는 중심의 안일함을 당연시하는 이들의 그 당위와 싸워야 했다. 더 신성한 것과 덜 신성한 것,

중심과 외부를 끊임없이 구분하며 무시를 당연시하는 이들과 싸워야 했다. 그 싸움이 어쩌면 스피노자의 삶이었다.

스피노자의 렌즈로 본 세상

안일한 행복보다 치열한 행복, 힘든 행복의 길을 선택한 스피노자다. 그는 자신의 철학을 위해 성공한 상인의 길이 아닌 힘든 철학자의 삶을 선택했다. 그는 노동을 해야 했다. 렌즈를 만드는 기술자가 되어 안경, 망원경, 현미경에 사용하는 렌즈를 갈고 닦았다. 스피노자에게 자신의 철학은 렌즈였다. 보지 못하는 것을 보여주는 렌즈 말이다. 보이지 않는 것, 이해되지 않는 것, 합리화되지 않는 것, 그저 믿으라는 것, 보이지 않는 것을 보인다 믿고 살아가는 시대에 그는 렌즈와 같은 철학이 필요하다 생각했다.

이런 힘든 시기에 스피노자는 저작을 내기 시작했다. 1660년 《신과 인간 그리고 인간의 행복에 대한 소고Korte Verhandeling van God, de Mensch en deszelfs Welstand》, 1662년 《지성개선론Tractatus de Intellectus Emendatione》, 1663년 《데카르트 철학의 원리에 대하여Principia Philosophiae Cartesianae》, 1670년 《신학-정치학 논고Tractatus Theologico-Politicus》, 1675년에서 1676년 쓰인 미완의 《정치학 논고Tractatus Politicus》 그리고 1677년 《히브리어 문법 요강Compendium Grammatices Linguae Hebraeae》이 나왔고 같은 해 스피노자의 대표작 《기하학적

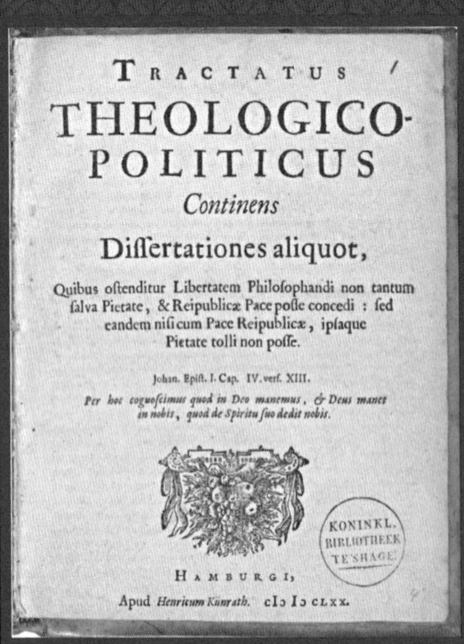

TRACTATUS
THEOLOGICO-
POLITICUS
Continens
Diſſertationes aliquot,
Quibus oſtenditur Libertatem Philoſophandi non tantum ſalva Pietate, & Reipublicæ Pace poſſe concedi : ſed eandem niſi cum Pace Reipublicæ, ipſaque Pietate tolli non poſſe.

Johan. Epiſt. I. Cap. IV. verſ. XIII.

Per hoc cognoſcimus quod in Deo manemus, & Deus manet in nobis, quod de Spiritu ſuo dedit nobis.

HAMBURGI,
Apud *Henricum Künrath.* cIↄ Iↄ CLXX.

1670년 출간된 스피노자의 대표작《신학-정치학 논고》.
역시 익명으로 출간됐으나
1674년 홉스의《리바이어던》과 함께 네덜란드 정부로부터 출판 금지를 당한다.

방식에 따른 에티카Ethica in Ordine Geometrico Demonstrata》가 쉼 없이 나왔다.

이단아인 그의 책이 세상에 쉽게 나온 것은 아니었다. 스피노자는 익명으로 《신학-정치학 논고》를 출판한다. 이미 그의 실명으로 책을 내기 힘든 세상이었다. 종교적 열광에 사로잡힌 사람들은 권위에 도전하는 스피노자를 죽이려 했다. 익명으로 출판되었지만, 《신학-정치학 논고》는 비난을 받는다. 그런 비난에도 스피노자는 멈추지 않는다. 이단이란 이름이 주어졌지만, 그의 철학은 무시할 수 없었다. 당시 하이델베르크 대학은 그를 초빙하려 했다. 단, 이단의 모습 그대로 수용할 수는 없었다. 신에 대한 도전적인 발언과 철학은 멈추어 달라 조건을 걸었다.

스피노자에게는 살아가는 모든 것들이 자신의 존재를 긍정한다. 자기 존재의 힘을 긍정하는 세상이 스피노자가 꿈꾸는 것이다. 스피노자에게 무한한 신은 그 끝이 없다. 시작도 끝도 없는 '자기 원인causa sui'이다. 그 무한한 신 가운데 존재하는 모든 것이 있다. '신'과 '나'는 서로 남이 아니다. 함께 하나로 존재한다. 나의 존재는 부정되어야 할 것이 아니다. 긍정되어야 한다. 나의 힘과 신의 힘은 서로가 남이 아니다. 나의 존재와 신의 존재가 서로 남이 아니듯이 말이다. 스피노자가 《정치학 논고》에서 한 말을 읽어보자.

자연적인 것들이 존재하고 행동하게 하는 힘은 전적으로 충

분한 모습으로 우리 앞에 나타나는 신의 힘이다. 그러면 자연권이 무엇인지 우리는 쉽게 알 수 있다.[58]

모든 존재하는 자연적인 것은 각자의 행복을 위한 힘을 가진다. 그 힘은 근본적으로 내가 나의 모습으로 존재하려는 권리와 무관하지 않으며 그 힘과 권리는 신의 존재와 남이 아니다. 한 자연적인 것이 자기 행복을 위하여 행동하는 것은 그것의 '자연권'이며, 그 자연권의 근거엔 신이 있단 말이다. 스피노자에게 자연권은 힘의 표현이다. 그럴 힘이 있다는 것이다. 그리고 그 힘은 신에게 나온 것이다. 모두 평등하게 가지고 있다. 종교 지도자이기에 더 많은 힘을 가지고 있는 것도 아니고, 국가 권력자라고 그 힘을 더 많이 소유한 것도 아니다. 신에게 더 많은 신성함을 받은 것은 더욱더 아니다. 스피노자의 렌즈로 볼 때 세상은 평등했다. 종교 지도자도 정치 권력자도 더 신성하거나 더 높은 수준의 권리와 힘을 가진 것이 아니었다. 스피노자는 이렇게 말했다.

사실 왕은 신이 아니다. 그는 한 명의 인간일 뿐이다.[59]

다르게 이야기하면 왕도 신부도 목사도 모두 그냥 '인간'일 뿐이다. 이것은 왕이나 신부 그리고 목사를 무시하는 이야기가 아니다. 스피노자는 자신의 렌즈로 보는 세상을 그대로 이야기했을 뿐이다. 결국 모두가 하나같이 인간일 뿐이다. 평등을 무시하고 스스로를 우등한 존재로 여기고 자신 이외에 다른 이들을 열등하다 여기며 부당한 통치를 정당하다 치장하는 국가와 종교는 스피노자에게 있어 혁명을 부르는 공간이었다. 혁명은 세상을 변화시키는 수단이 아니라, 세상이 원래 있어야 하는 모습, 그 원형을 회복하려는 '회귀본능'이다. 적어도 스피노자의 렌즈에는 말이다. 스피노자는 자신의《신학-정치학 논고》에서 다음과 같이 말한다.

> 국가가 있는 까닭은 인간을 두려움에 사로잡혀 남에게 종속되게 하려는 것이 아니다. 오히려 개인이 두려움에 사로잡혀 살지 않고 자유롭게 살아가기 위하여 국가가 있으며, 개인이 가능한 한 안전하게 살게 하기 위하여 국가가 있다. 남으로부터 고통당하지 않고 살기 위해 국가가 있으며, 존재하고 행동할 수 있는 자신의 자연권을 지키기 위해 국가가 있다. 나는 다시 말한다. 국가의 존재 이유는 스스로 합리적 존재의 지위를 누리며 인간을 짐승이나 기계의 처지로 살아가게 하는 것에 있지 않다. 그와 반대로 국가가 존재하는 이유는 인간의 영혼과 육체가 더 안전하게 자신이 할 일을 하기 위함이며, 미움과 분노 혹은 간계를 통해 하지 않고 악한 마음 없이 서로가 서로를 관용하기 위해서다. 정리하면, 국가의 존재 이유는 바로 자유다.[60]

여기서 마키아벨리Niccolò Machiavelli(1469~1527)를 떠올릴 수 있

다. '얼마만큼의 힘이냐에 따라 그만큼의 권리tantum juris quantum potentiae!' 스피노자의 렌즈에 평범한 모든 사람들은 신의 존재와 남이 아니며 그들의 힘과 권리 역시 신의 힘과 하나다. 그런 그들의 힘에 따라서 그들의 권리를 인정해야 한다. 국가와 종교는 그들을 통치하려는 곳이 아니다. 그들의 권리와 힘을 인정하고 자유롭게 그들의 존재를 긍정하며 살아가도록 돕는 곳이다. 강한 자의 악행으로 두려워하거나 아파하지 않게 국가는 평범한 이들의 그 '평범함'을 지켜주어야 한다.

스피노자는 누군가의 신성과 어딘가의 신성이 아닌 모두의 신성과 모두의 존엄을 믿었다. 모두의 자유가 정당하기에 그 자유의 권리도 자연스러운 것이라 믿었고, 그것이 진정 '신의 무한성'에 적합한 것이라 믿었다. 우리 존재는 신에게 남이 아니며, 신의 무한 가운데 신과 하나인 것으로 존재한다 믿었던 것이다.

스피노자는 이단이 되었다. 오랜 시간 스스로의 생각으로 살아가기보다는 권위에 고개 숙이며 살아가도록 대중에게 최면을 걸던 이들에게 이단이었다. 부당한 권력으로 정당한 권리를 무시하던 국가와 종교의 지도자들, 이성의 자발성보다는 수동적인 삶을 강요한 그들의 눈에 스피노자는 이단이었다. 없어져야 할 존재이며, 영원히 저주 받아야 할 존재였다. 그런 스피노자에게 평등 세상은 오랜 시간 허락되지 않았다. 철학자 레싱Gotthold Ephraim Lessing(1729~1781)은 "스피노자 이외에 참된 철학자는 없었다"라며 스피노자의 그 이단성을 극찬했다. 그러나 많은 사람들은 그의 철학을 무신론이나 유물론이란 이름으로 비난하였다.

그에게 신은 초월적인 존재로 자연의 외부, 남으로 있지 않다. 이 땅 가득한 울음과 웃음, 그 평범함과 다른 곳에 있지 않다. 성욕과 식욕으로 살아가는 평범한 우리와 다른 곳에 있지 않다. 신을 바로 여기가 아닌 '남'에게 있다고 생각하는 이들에게, 그리고 진리와 참 행복은 지금 우리가 살아가는 이곳과 다른 초월적인 어떤 곳에만 있다는 이들에게 스피노자는 헛된 철학자일지 모른다. 이단일지 모른다. 그러나 그는 지금 바로 여기, 이 자리의 신성함을 이야기했다. 권위라는 이름으로 군림하는 '남'이 신이 아니란 말이다.

실패마저 흡수하는 이단의 철학

스피노자는 위로부터 주어진 권력에 대한 절대 복종이 당연하게 여겨지던 시대를 살았다. 그리고 이단의 길을 걸어간 다른 많은 선배와 같이 그 역시 그 시대를 살기엔 너무나 미래를 내다보는 영혼을 가진 존재였다. 그는 그 어색한 시대를 향하여 분노하였다. 입을 다물고 교수의 삶을 살아가는 대학의 많은 지식인에게 분노했다. 당시 유럽을 가득 채우고 있던 종교적 광기에도 분노했다. 그리고 왕의 권력이 신으로부터 왔다는 독재자들의 논리에도 분노했다. 그는 그렇게 그 시대의 자발적 이단이 되었다.

풀 한포기도 신이다. 함부로 무시 받아야 할 존재는 없다. 존재

네덜란드 헤이그에 있는 스피노자의 동상.

하는 모든 것이 신이다. 신과 신성함은 우리의 밖에 있지 않다. 부당하게 평범함을 지배해온 권력은 우리의 일상을 조롱했다. 종교와 국가의 권력자는 자신들이 신에게 더 가까운 우등한 존재이며 백성은 그저 열등한 존재라고 무시했다. 많은 백성들은 자신에게 주어진 현실을 스스로 멸시하며 자신을 극복되어야 할 무엇으로 판단했다. 그 판단이 부당한 우등함의 자만을 당연한 것으로 만들어버렸다. 이단아 스피노자는 바로 이러한 자기 부정을 거부한다. 우리의 삶은 오직 현재를 살기 위한 것으로 긍정되어야 한다. 자신의 삶을 긍정하는 이성의 자발성이 스피노자의 렌즈로 보는 참다운 세상의 본모습이다.

참다운 철학은 바로 이렇게 세상을 바꾸기 위한 외로운 외침이다. 권력자들과 다투고 싸우기에 철학은 참으로 무력해 보일지 모른다. 때로는 싸우는 과정에서 상처받고 버림받고 실패할지도 모른다. 그러나 철학은 실패마저도 흡수하여 자신의 존재 방식으로 삼는다. 그 실패로 얻게 된 고통도 자신의 존재를 자각하고 이해하기 위한 것이다. 고통을 통해 아직 더 많은 것을 해야 할 존재의 이유를 더욱 강하게 자각하는 것이 참다운 철학의 힘이다. 철학의 행복은 이와 같이 쉽지 않다. 실패마저도 행복의 이유가 되는 것이 철학이다. 그것이 바로 이단의 철학이다. 그리고 스피노자는 바로 그런 이단의 길을 걸어간 위대한 철학자다.

1677년 2월 21일 그는 신과 완전한 하나가 된다.

| 나가며 |

21세기를 살아가는 우리는 모두 이단이다

단 한 가지 태도만을 요구하며 누군가를 바라본다. 조금 더 솔직하게 말해보자. 내 의견에 동의할 것을 강요하며 누군가를 본다. 시선의 다름을 허락하지 않는다. 이런 태도는 중세 유럽뿐만 아니라 오늘날에도 우리 주변에서 종종 볼 수 있는 풍경이다. 여전히 '다른 생각'을 향한 폭력적 시선이 멈추어지지 않는 모습을 우리는 숱하게 본다.

그러나 21세기를 살아가는 우리의 큰 고민 가운데 하나는 바로 이것이다. 더 이상 '다름'을 인정하지 않을 수 없다. 한 가지 의견만을 강요할 수 없는 시대다. 지금껏 하나의 길만 고집하고 거기서 조금 이탈한 '외부'를 향하여 역사적으로 수도 없이 많은 폭력을 저질러왔다. 그 피해자의 눈물을 거름 삼아 지금의 우리가 있지 않은가 생각해보아야 한다.

지금 우리가 당연시 여기는 많은 것들이 과거에는 이단, 사라져야 할 불편한 것들이었다. 과거 양반 중심의 신분제 사회를 살아가는 동안 평등 사회는 이단이었다. 양명학은 만물일체론萬物一體論 등을 주장하며 신분제 사회를 거부하였다. 신분제 사회를 고수하는 성리학의 입장에서 양명학은 이단이었다. 사회를 파괴하는 불편한 존재였다. 제사를 거부하는 등 전통에 도전하는 서학도 이단일 뿐이었다. 조선이란 사회는 그랬다. 다름을 허락하지 않았다.

서구도 마찬가지였다. 그리스도교만이 유일한 행복의 근원이라 믿었다. 인간 이성의 고유한 능력으로 얻어지는 행복은 무엇인가 부족한 것이며, 온전한 행복이라 할 수 없었다. 그리스도교의 행복 이외의 모든 행복은 이단이었다. 인간 이성으로 궁리하여 얻는 행복은 올바른 행복이 아니었다. 행복의 유사품 정도일 뿐이었다. 진짜 행복은 오직 그리스도교를 통해 얻을 수 있었다. 더 정확하게 말하면 교회의 가르침을 수용할 때 가능했다.

함부로 스스로 생각해서는 안 되었다. 신앙이 답이라고 규정한 테두리 안에서 인간 이성을 활용하는 것이 인간의 유일하고 온전한 능력이라 믿었다. 다른 어떤 행복도 이단이었다. 유대교와 이슬람도, 무신론의 행복도 인정받지 못했다. 오직 그리스도교의 행복만이 인정되었다. 스스로 행복이 무엇인지 어떻게 살아야 하는지 생각할 필요도 없었다. 아주 은밀한 부분, 이를테면 성생활에 이르기까지 모든 것을 교회의 지시에 따라야 했다. 교회가 인정하는 우등한 욕구만이 허락되고 인간 고유의 욕구들, 인간의 몸에 붙은 욕구들은 열등한 욕구로 치부되어야 했다. 그렇게 유럽은 단 하나의 행복만이 허락되었다.

스피노자의 할머니는 유대인이었기에 죽어야 했다. 수아레스의 어머니가 어린 시절 경험한 아픈 기억들도 그녀의 유대인이라는 정체성 때문이었다. 그들은 유럽인들이 강요한 '같음'에 어울리지 않는 '다른' 존재였다. '다름'이라는 규정은 무자비한 폭력을 행사할 수 있는 합법적이고 도덕적인 명분이 되었다. 세르베투스의 죽음을 보자. 그는 삼위일체를 거부했다. 스스로 그리스도교의 외부, 다른 존재가 되었다. 그 다름은 칼뱅에게 살인이라는 무거운 죄를 오히려 '도덕'으로 치장할 수 있게 해주었다. 가톨릭교회도 개신교회도 그의 살인을 두고 생각보다 크게 분노하지 않았다. 아니, 분노란 애초에 없었다. 어쩌면 그리스도교 외부에 대한 그들의 독한 마음이 "살인하지 말라"는 신의 무거운 계명보다 더 크게 다가왔을지 모른다.

20세기 이후 많은 철학자들이 서로 다른 이들이 한 곳에서 어떻게 조화를 이루고 살지 고민했다. 더 이상 다름을 향한 폭력을 정당화할 수 없었다. 그 다름이 인류의 역사에 얼마나 큰 도움을 주었는지 깨닫게 되었기 때문이다.

현대 철학자 장-뤽 낭시Jean-Luc Nancy는 같음만을 강요하는 인간 사회에 대하여 고민하였다. 그는 《무위의 공동체La communaute desœuvree》에서 '단수이면서 복수인 존재'를 이야기한다. 한 사람은 하나의 단일한 모습으로 존재할 수 없다. 하나의 존재이지만 복수의 형태로 존재한다. 나는 누군가의 아버지이고 남편이며 선생이고 작가이다. 한국인이고 철학연구가이기도 하다. 아들이고 친구이기도 하다.

이렇게 다양한 모습이 하나의 인간에 존재한다. 이 가운데 어느 하나의 면만이 진짜 '나'라고 할 수 있는가? 한 인간이 이처럼 다면체로 존재하는데 공동체는 어떠하겠는가? 하나로 동질화된 존재들로는 통일체를 만들 수 없다. 하나의 생각에 하나의 욕구만으로 움직이는 인간이 단 하나의 공동체를 만드는 것은 상상일 뿐이며, 설사 있다 해도 이는 어떤 역동성도 없는 무력한 존재일 뿐이다. 또 다른 현대 철학자 찰스 테일러Charles Taylor 역시 같음만이 강요되는 사회를 두고 고민했다. 개인은 절대 홀로 있을 수 없다. 세상에 나 혼자 존재한다면 개성과 정체성 역시 발견할 수 없다. 더불어 살아가야 하는 공간에서는 남들의 인정이 필요하다.

개인의 정체성은 사회적 인정 속에서 형성된다. 서로가 고유한 개성을 유지하기 위해서라도 각자의 차이는 인정되어야 한다. 여럿이 모여 하나의 단일한 공동체를 이룰 때 다수는 소수를 이단이라 공격 할 수 있다. 하지만 그래서는 안 된다. 소수의 문화적 다름을 인정해야 한다. 그 인정 속에서 각각의 개인은 스스로 정체성을 확립해갈 수 있다. 어찌 보면 다름은 허락의 대상이 아니다. 다름은 나쁜 것도 아니다. 어쩔 수 없이 억지로 함께 살아야 하는 그러한 나쁜 존재가 아니다. 철학자 김상봉金相奉은 오직 타자를 통해 그리고 타자와 더불어 주체가 될 수 있다고 했다. 이를 '상호주체성'이라 불렀다. 나는 오직 너를 통해 그리고 너와 함께 우리가 될 수 있다고 했다. 그리고 '우리됨' 속에서 진정한 의미의 자아, 즉 주체가 될 수 있다고 했다. 함석헌咸錫憲은 사람은 고립을 두려워한다고 했다. 홀로는 살 수 없다고 했다. 그렇다. '다름'이 곧 '우리'로 존재해야 한다. 서로 다름을 인정하고 상호 주체성을 마련함과 동시에 고립에 빠지지 않도록 도와야 한다. 같음을 공유하는 세상과 공동체는 오히려 개인의 개성을 죽인다. 독립된 존재로 살아가지 못하게 한다.

나에게 동의할 것을 기대하며 남을 본다. 아니, 같음을 강요하며 남을 본다. 이것은 강제다. 폭력이다. 똑같은 생각을 강요하며 이것이 자신의 권리라 주장한다. 이상한 논리이다. 남에게는 잔인한 폭력을 행사하면서 자신에게는 관대와 선처를 요구한다. 이제 이 이상한 권력자들의 논리에서 벗어나야 한다.

13명의 철학자들을 본다. 그들은 자신에게 같음을 강요하는 세상과 싸운 인물이다. 치열하게 싸운 '이단적 인간'이다. 어쩌면 철학자란 '이단적 인간'이 되어야 한다. 높은 권력 앞에 고개 숙이고 그들에게 듣기 편한 이야기만 하는 것이 참된 철학은 아니다. 어쩌면 권위와 정통을 향하여 끊임없이 불편한 이야기를 하는 '신성모독행위'가 철학이고, 그 행위의 주체인 '신성한 모독자'가 바로 철학자다.

그리고 우린 그 이단적 인간, '신성한 모독자'를 더 이상 배제의 대상으로 보아서는 안 된다. 그들을 없는 존재로 치부해서는 안 된다. 그들은 새로운 시대를 향한 희망이 될 것이다. 이제까지 역사 속 수많은 이단의 선조들이 오늘을 위해 과거 시대와 힘든 싸움을 벌여왔다. 오늘의 우리는 도처에 숨어 있는 이단이 '미래'를 향하여 나아갈 수 있게 해야 한다. 생각하지 말고 살라는, 지금도 부단히 이루어지는 폭력적 권위에 맞서 인간 이성의 독립 운동을 계속 이어나가야 한다.

어쩌면 우리 모두는 저마다 '이단적 인간'일지 모른다. 단지 여러 사람의 시선을 의식하며 나의 고유한 다름과 개성을 숨기고 살아가는 것일지 모른다. 많은 사람들이 같음을 강요하는 사회적 시선 앞에 고개 숙이고 '남들이 원하는 나'로 살아간다. 하지만 모든 인간은 저마다 서로 다른 존재다. 이제 있는 그대로의 '자신'으로 존재하기 위해 '다름'을 벗하며 살아야 할 때다. 13명의 힘든 삶을 보자. 우리가 상식처럼 여기는 같음을 강요한 시선이 그들에게는 죽음이 되고 고통이 되었다.

나 역시 이단이다. 나 역시 외로운 이단의 길을 간다. 똑같은 생각과 시선에서 벗어나 나의 '다름'을 온 존재로 외치며 말이다. 그리고 '나'라는 이단은 또 다른 수많은 벗들로 인해 존재할 수 있었다. 나는 나 혼자만의 것이 아니다. 이 외로운 길에 늘 함께해준

아내 안현주 님, 너무나 소중한 천사인 아들 유한결 님과 딸 유은결 님, 성실을 알려주신 아버지 유만근 님, 헌신을 알려주신 어머니 이상분 님, 자랑스러운 동생 유영철 님, 응원해주시는 장모님 채말남 님 그리고 날 믿어준 이승우 선생님, 정성원 선생님, 이무영 선생님, 안승훈 선생님, 전방욱 선생님, 이재경 선생님, 박우석 선생님, 김상봉 선생님, 공지영 선생님, 박현동 아빠스님, 왕기리 선생님, 정민철 목사님, 박승찬 선생님, 믿어준 정다운 선생님, 송재옥 선생님, 조성진 변호사님, 현우석 신부님, 주원준 선생님, 표정훈 선생님, 김율 선생님, 신창석 선생님…… 또 이곳에 적지 못한 나의 수많은 벗들, 나의 존재의 한 조각이 되어준 그분들께 이 책을 바친다. 정말 고맙다.

미주

1. Lutz, Cora (ed.) (1939). Iohannis Scotti Annotationes in Marcianum, Cambridge, MA: Medieval Academy of America. p.64.
2. Auctoritas siquidem ex vera ratione processit, ratio vero nequaquam ex auctoritate. Omnis enim auctoritas, quae vera ratione non approbatur, infirma videtur esse. Vera autem ratio, quum virtutibus suis rata atque immutabilis munitur, nullius auctoritatis adstipulatione roborari indigent. (Eriugena, De Divisione Naturae, L.1, c.69)
3. Quid est aliud de philosophia tractare, nisi verae religionis, qua summa et principalis omnium rerum causa, Deus, et humiliter colitur, et rationabiliter investigatur, regulas exponere? Conficitur inde, veram esse philosophiam veram religionem, conversimque veram religionem esse veram philosophiam. (Eriugena, De Divina Praedestinatione, ch. 1)
4. William Goldman, The Life of Avicenna: A Critical Edition and Annotated Translation (Albany: State University of New York Press, 1974), pp.25-26.
5. Dimitri Gutas, Avicenna and The Aristotelian Trandition. p.28.
6. Dimitri Gutas, Avicenna and The Aristotelian Trandition (Leiden: Brill, 1988), p.24.
7. 이 부분은 특히 이븐 시나의 삶에서 주요한 부분이다. William Goldman, The Life of Avicenna: A Critical Edition and Annotated Translation, p.33; Dimitri Gutas, Avicenna and The Aristotelian Trandition. p.28.
8. William Goldman, The Life of Avicenna: A Critical Edition and Annotated Translation, p.43.
9. Averroes, Faith and Reason in Islam: Averroes' Exposition of Religious Arguments(Kitāb al-kashf), Ibrahim. Y. Najjar(tr.)(Oxford: Oneworld, 2001), pp.122-123.
10. 아베로에스,《결정적 논고》, 이재경 옮김 (서울: 책세상, 2005), 25.
11. Francis Bacon, Nova Atlantis, in The Works of Francis Bacon, (Baynes and son, 1824) III, 263.
12. Roger Bacon, Opus majus-A translation by Robert Belle Burke,

Volume 1. (Russell &Russell, 1962) p. 124.

13. Roger Bacon, Opus majus-A translation by Robert Belle Burke, Volume 1, p. 128

14. 《성서》의 〈창세기〉 9장 12~13절.

15. Ockham, In II Sent., 18, Opera Omnia V, p.404에 등장하는 유명한 문장이다. 이와 유사한 표현은 오컴의 문헌에서 다수 발견된다. 거의 같은 의미의 "다수성은 쓸데없이 가정되어서는 안 된다Numquam ponenda est pluralitas sine necessitate"와 같은 표현도 있다.

16. Ockham, Summa Totius Logicae I. c.12

17. Meister Eckhart, "Magistri Echardi opera Parisiensia. Tractatus super oratione dominica. Responsio ad articulos sibi impositos de scriptis et dictis suis. Acta Echardiana". Die lateinischen Werke. Band 5. SS. 596-600.

18. Meister Eckhart, Die deusche Werke 3, 481-490.

19. 이러한 맥락의 유사한 논의들과 그렇게 해석될 글은 에크하르트의 글 곳곳에 있다. Meister Eckhart, Die deusche Werke I, Predigt 15와 Predigt 38 그리고 Meister Eckhart, In Ioann, n.2, Die lateinische Werke 3, 4.

20. Meister Eckhart, Opus tripartitum, n.12, Die lateinische Werke I, S.156.

21. Paracelsus, Sämtliche Werke. Karl Sudhoff, Wilhelm Matthiessen, and Kurt Goldammer (ed) (Munich and Berlin, 1922-1933) 2, 163.

22. Paracelsus, Sämtliche Werke. 7, 291.

23. Paracelsus, Sämtliche Werke. 10, 116.

24. Paracelsus, Sämtliche Werke. 12, 193.

25. Paracelsus, Sämtliche Werke. 12, 97.

26. Paracelsus, Sämtliche Werke. 12, 195.

27. Sebastian Castellio, De Arte Dubitandi et confidenti, ignorandi et sciendi, ed. e. feist (leiden: brill, 1981), 49.

28. Sebastian Castellio, Contra libellum Calvini, article 116. 이와 관련된 글로는 다음이 있다. Hans Rudolf Guggisberg, Art. Castellio, Sebastian (1515-1563), in Theologische Realenzyklopädie 7 (1981), SS. 48-665, S. 121.

29. Philip Schaff, History of the Christian Church vol.3, §138의 글이며, 필자

는 다음에서 번역하였다. Muhammad Wolfgang G. A. Schmidt, And on this Rock I Will Build My Church. A New Edition of Schaff's History of the Reformation 1517-1648, (disserta Verlag, 2017), p. 619.

30. Calvin, Defensio orthodoxae fedei de sacra Trinitate (1554). 하지만 이곳의 인용은 De Greef, The Writings of John Calvin (Baker Academic, 1993), 163-64의 것이다.

31. Stefan Zweig, Castelio against Calvin or Conscience against Violence (1951), p.92.

32. Sebastian Castellio, Contra libellum Calvini, article 116.

33. 이 글은 세르베투스의 마지막 옥중 서신 서명 부분의 글이다. 그의 삶의 마지막 분위기와 상황에 대하여 다음의 글을 참고하길 바란다. Carl Theophilus Odhner, Michael Servetus: His Life and Teachings, (Fb&c Limited, 2015), John Farquhar Fulton, Madeline E. Stanton, Michael Servetus: Humanist and Martyr (Literary Licensing, LLC, 2013).

34. Giordano Borno, Gesammelte Werke, Herausgegeben und übersetzt von Ludwig Kuhlenbeck, Jena, 1904-09, 6, S.232.

35. Giordano Borno, Gesammelte Werke 6, S.232.

36. Giordano Borno, Opera Latine (1879-1891), 3, SS.XI-XII.

37. Giordano Borno, Opera Latine (1879-1891), 3, S.XII.

38. Giordano Borno, Gesammelte Werke, 2, SS.112-113.

39. Giordano Borno, Opera Latine (1879-1891), I 3, S.140.

40. Giordano Bruno, Von der Ursache, dem Princip und dem einen, Adolf Lasson (trans.) (Hamburg, 1977), SS.324-325.

41. 이와 관련된 부분은 다양한 곳에서 읽을 수 있다. Giordano Bruno Opera Latine I, 2, S.312; I, 3, S.136; Giordano Bruno, Von der Ursache, dem Princip und dem einen, S.385.

42. Giordano Borno, Gesammelte Werke, 6, S.228.

43. Galileo Galilei, Opera (1890-1909), 15, p.115.

44. Galileo Galilei, Opera (1890-1909), 15, pp.25-26.

45. 친구인 디오다티에게 보낸 편지 가운데. Hans-Christian Freiesleben, Galileo Galilei-Physik und Glaube an der Wende zur Neuzeit (Stuttgart, 1956), S.157.

46. Galileo Galilei, Opera (1890-1909), 19, pp.406-407.

47. Michel de Montaigne, Essais de Michel seigneur de Montaigne. L.1, c.30. 247.

48. 《방법서설》에선 "Je pense, donc je suis"라는 불어로 표현하였으나 《철학의 원리》에서 라틴어로 "Cogito ergo Sum"이라 적었다.

49. Descartes, Oeuvres De Descartes, 11 vols., Charles Adam and Paul Tannery (ed.), (Paris: Librairie Philosophique J. Vrin, 1983), X, 150.

50. 1619년 3월 26일 서간. Descartes, Oeuvres De Descartes, V, 154.

51. Descartes, Discours de la méthode, Deuxième partie, Victor Cousin (ed.), (Levrault, 1824), pp.132-146.

52. Descartes, Regulae ad directionem ingenii, regula 1. "Nam cum scientiae omnes nihil aliud sint quam humana scientia, quae semper una et eadem manet, quantumvis differentibus subjectis applicata, nec majorem ab illis distinctionem mutuatur, quam solis lumen a reum ..."

53. Descartes, Oeuvres De Descartes, I, 135.

54. Descartes, Oeuvres De Descartes, I, 135.

55. Descartes, Oeuvres De Descartes, X, 359-366.

56. Descartes, Le Discours de la Méthode, (1637), Première partie, "Le bon sens est la chose du monde la mieux partagée."

57. Steven Nadler, Spinoza: A Life, (Cambridge University Press, 2001), p.120.

58. Spinoza, Tractatus Politicus, 2, 3.

59. Spinoza, Tractatus Politicus, 7, 1.

60. Spinoza, Tractatus Theologico-Politicus (1670) c.20.

신성한 모독자

시대가 거부한 지성사의 지명수배자 13

1판 1쇄 인쇄 2018년 2월 06일
1판 1쇄 발행 2018년 2월 13일

지은이 유대칠
펴낸이 고병욱

기획편집1실장 김성수 **책임편집** 김경수 **기획편집** 허태영
마케팅 이일권, 송만석, 황호범, 김재욱, 김은지, 양지은 **디자인** 공희, 진미나, 백은주 **외서기획** 엄정빈
제작 김기창 **관리** 주동은, 조재언, 신현민 **총무** 문준기, 노재경, 송민진

펴낸곳 청림출판(주)
등록 제1989-000026호

본사 06048 서울시 강남구 도산대로 38길 11 청림출판(주)
제2사옥 10881 경기도 파주시 회동길 173 청림아트스페이스
전화 02-546-4341 **팩스** 02-546-8053

홈페이지 www.chungrim.com
이메일 cr2@chungrim.com
페이스북 https://www.facebook.com/chusubat

ISBN 979-11-5540-121-7 03100

- 추수밭은 청림출판(주)의 인문 교양도서 전문 브랜드입니다.
- 이 도서의 국립중앙도서관 출판시도서목록(CIP)은 서지정보유통지원시스템 홈페이지(http://seoji.nl.go.kr)와 국가자료공동목록시스템(http://www.nl.go.kr/kolisnet)에서 이용하실 수 있습니다. (CIP제어번호: CIP2017035323)